Sigurd Hebenstreit

Kindzentrierte Kindergartenarbeit

Sigurd Hebenstreit

Kindzentrierte Kindergartenarbeit

Grundlagen und Perspektiven in Konzeption und Planung

Herder Freiburg · Basel · Wien

Für Sarah

Einbandgestaltung: Joseph Pölzelbauer, Freiburg
Einbandfoto: © Arnold Brunner, Horben

5. Auflage

Herstellung: Freiburger Graphische Betriebe 1999
ISBN 3-451-26909-0

Inhalt

Vorwort 7

1. Absetzung: Unbewußte Regeln und Rituale in der Kindergartenpraxis 11

   1.1. Welche Regeln bestimmen den Kindergartenalltag? . 13

   Raum 13 – Zeit 15 – Erwachsenenkommunikation 19

   1.2. In welchem Verhältnis stehen die Regeln zu dem erzieherischen Auftrag des Kindergartens? 20

   Notwendigkeit 20 – Grenzverletzungen 23 – Einschränkungen 16

2. Anfangspunkt: Ein Kind ist ein Kind 33

   2.1. Welche pädagogischen Sichtweisen benötigen wir zur Annäherung an ein Verständnis von Kindergartenkindern? 34

   Erwachsenenzentrismus 35 – Entwicklungspsychologien 36 – Entwicklungsdimensionen 39

   2.2. Welche emotionalen Themen bestimmen die Entwicklungssituation von Kindergartenkindern? 41

   Ondi 42 – Spiel 45 – Entwicklungsthemen 46

   2.3. Welche Denkmöglichkeiten stehen Kindergartenkindern zur Verfügung? 50

   Spiel 51 – Intuition 55 – Weltbild 59

   2.4. In welchem Verhältnis steht das Kind zu der Gesellschaft? 62

   Zivilisation 63 – Gegenwart 66 – Vorsichtigkeit 67 – Individualität 69

3. Perspektive: Erziehungsziele in der Kindergartenarbeit . . 73

3.1. Was ist „Erziehung"? 74

3.2. Welches ist die Zielsetzung für die Arbeit im Kindergarten? 87

Technisches 88 – Inhaltliches 91

4. Planung: Allgemeine Modelle und Beispiele 97

4.1. Was meint und was leistet Planung der Kindergartenarbeit? 99

Aufgabenstellung 100 – Planungsübersicht 102 – Leistungen 105

4.2. Wie gelangen wir zu einer Kindergartenkonzeption? . 111

Aufgaben 111 – Gliederungen 113 – Schritte 116

4.3. Was beinhaltet „Projektplanung"? 121

4.4. Warum Planung für den nächsten Tag? 125

Aufgabe 126 – Möglichkeiten 130

5. Konkretion: Elemente kindzentrierter Kindergartenpädagogik 135

5.1. Welche Aufgaben und Grenzen hat die Beziehungsgestaltung zwischen Erzieherin und Kindern? 136

Prozeßhaftigkeit 137 – Kinderperspektive 139 – Einwand 142 – Bestimmung 144 – Grenzen 146 – Handwerkszeug 148

5.2. Welche räumlichen, materialen, zeitlichen und inhaltlichen Rahmenbedingungen benötigt eine kindzentrierte Kindergartenpädagogik? 152

Raum 153 – Material 157 – Zeit 161 – Inhalte 163 – Spiel 166

5.3. Welche Leistungen erbringt der Kindergarten für die Eltern und welche Einflußmöglichkeiten haben sie? . 172

Familienbilder 173 – Kindergartenauftrag 176 – Elternarbeit 182 – Grenzen 185

Nachwort 189

Vorwort

Kindergartenkonzeptionen haben ihre Zeit. Es ist jetzt bald zwanzig Jahre her – 1973 erschien der programmatische Aufsatz Jürgen Zimmers „Ein Bezugsrahmen vorschulischer Curriculumentwicklung“* –, daß der situationsorientierte Kindergartenansatz formuliert wurde. Mit ihm konnte in den 70er Jahren die Gefahr der Zerschlagung des Kindergartens durch die Herausnahme der Fünfjährigen verhindert werden; gleichzeitig enthielt er Aspekte der Reform, so daß der Kindergarten nicht in sich verschlossen blieb, sondern sich zum Umfeld hin öffnete. Nicht zuletzt ermöglichte er eine gemeinsame Plattform für viele Erzieherinnen und Kindergartenvertreter, so daß bis Mitte der 80er Jahre eine für den Kindergarten wichtige Phase der Konsolidierung eintrat. Der Kindergarten wurde durch den Situationsansatz anders: starre Ritualisierungen konnten aufgebrochen werden, und neuere sozialwissenschaftliche Erkenntnisse fanden Eingang in die Konzeption. Trotzdem blieb er als Kindergarten erkennbar: als sozialpädagogische Einrichtung, die einseitige Lernansprüche zurückwies und sich als Integrationsfeld für Kinder und Eltern unterschiedlicher sozialer Schichten und unterschiedlicher Kulturen verstand.

Spätestens seit Mitte der 80er Jahre zeigen sich aber auch Begrenzungen des Situationsansatzes. Diese werden gegenwärtig zunächst an Einzelfragen mit sehr unterschiedlichen und sich teilweise widersprechenden Forderungen sichtbar:

- Gegenüber der Formulierung der Erziehungsziele auf sozialer Ebene tritt die Berücksichtigung frühkindlicher Entwicklungsbedürfnisse stärker in den Vordergrund, und die Begriffe des Curriculum, der Bildung und des Lernens werden überlagert von denen des Lebens und Lebensraumes sowie der Erziehung.
- Unabhängig von Bildung und Erziehung wird von Politikern gefordert, der Kindergarten solle einen zentralen Beitrag zur Ermöglichung außerhäuslicher Berufsarbeit von Frauen leisten, so daß der Gesichtspunkt der Betreuung erneut Konjunktur hat.
- Erzieherinnen, sicherlich auch gestärkt durch die Erfahrung mit

* In: Jürgen Zimmer (Hrsg.); Curriculumentwicklung im Vorschulbereich, Bd. 1; München 1973.

dem Situationsansatz, werden politisch aktiv, schließen sich zusammen, klagen eine Verbesserung der Rahmenbedingungen ein und vertreten ihre Eigeninteressen offensiv.

- Hervorgehoben wird, den Kindergarten materiell und konzeptionell so auszustatten, daß er zu einem Kindergarten für alle Kinder werden kann, damit auch behinderte Kinder ein Recht auf Förderung in einer wohnortnahen, integrativen Einrichtung haben.
- Nach einer Phase größerer Erzieherinnenarbeitslosigkeit in den alten Bundesländern ist absehbar, daß wir bald in eine Situation fehlender Fachkräfte kommen werden, so daß der Ausbildungsbereich, der auch bezüglich der konzeptionellen Ausrichtung und der inhaltlichen Planungsarbeit nach neuen Wegen sucht, vor einer schwierigen Aufgabe steht.
- Der Anspruch an Fortbildung hat sich erhöht, und wir finden ein ausgebautes, wenngleich immer noch nicht hinreichendes System an Fachberatung vor, das in vielen Fällen eine feste Größe im Prozeß der Kindergartenreform geworden ist, wobei Fachberater und auch Fortbilder eine pädagogische Bestimmung des Kindergartens benötigen, von der her sich ihre Angebote steuern.

  Wesentlich kommt hinzu, daß mit der Vereinigung Deutschlands auch der Kindergartenbereich materiell und konzeptionell vor einer großen Herausforderung steht: Wie läßt sich ein System, das von der Versorgungsquote her zwar weit ausgebaut, dessen konzeptionelle Grundlage aber von einem zum anderen Tag am Ende war, so verändern, daß es eine pädagogische Ausrichtung erhält, die dem demokratischen Anspruch und der Forderung nach Individualität entspricht?

  Es gibt also Gründe dafür, daß knapp zwanzig Jahre nach der Formulierung des Situationsansatzes der Versuch gemacht wird, die grundlegenden Fragen der Kindergartenpädagogik neu zu stellen.*

Wir stellen unsere hier vorgelegte Kindergartenkonzeption unter die Überschrift „kindzentriert", was eine Reihe von Fragen provozieren mag:

- Kindzentrierte Kindergartenpädagogik: Zeigt nicht schon die Verdoppelung des Wortes „Kind" an, daß jede Kindergartenar-

---

* Siehe hierzu auch: Heidi Colber-Schrader u.a., Soziales Lernen im Kindergarten, München 1991; Armin Krenz, Der „Situationsorientierte Ansatz" im Kindergarten, Freiburg 1991; Norbert Huppertz, Erleben und Bilden im Kindergarten, Freiburg 1992.

beit an dem Wohl des Kindes orientiert ist? Wird durch dieses Schlagwort deshalb nichts Neues, Spezifisches ausgesagt? Wir wollen uns als Antwort auf diese Fragen mit der Praxis des Kindergartens aus einer kritischen Sichtweise beschäftigen und aufzeigen, daß es institutionenspezifische Handlungsweisen gibt, die die Individualität eines einzelnen Kindes einschränken. (Kapitel 1 – *Absetzung:* Unbewußte Regeln und Rituale in der Kindergartenpraxis)

- Kindzentrierte Kindergartenpädagogik: Wissen wir nicht – nach Jahren des konkreten Umgangs mit Kindern und nach einer intensiven Beschäftigung mit Entwicklungspsychologien – was ein Kind ist, wie es denkt und fühlt, so daß wir an dieser Stelle keinen neuen Anfang für eine Kindergartenpädagogik zu erwarten haben? Wir wollen davon ausgehen, daß uns wissenschaftliche Theorien der Psychologie und Soziologie wichtige Hilfen zum Verständnis dessen geben, was „Kinder" sind, daß aber das einzelne Kind in seiner Individualität und mit seinen Entwicklungsmöglichkeiten dadurch nicht eingefangen wird. Die pädagogische Beziehung ist so der immer wieder neue Versuch der Annäherung an das Kind. (Kapitel 2 – *Anfangspunkt:* Ein Kind ist ein Kind)
- Kindzentrierte Kindergartenpädagogik: Haben wir in unseren Kindergärten nicht einen Bildungsauftrag, so daß das Verständnis von Kindern zwar eine wichtige Voraussetzung ist, damit wir ein pädagogisches Programm entfalten können, aber im Kindergarten geht es nicht nur um „Verstehen", sondern auch um eine positive Beeinflussung der Weiterentwicklung der Kinder? Wir wollen in unserer Kindergartenkonzeption den Begriff der „Erziehung" in den Mittelpunkt rücken und zu begründen versuchen, Erziehung sei unter pädagogischer Perspektive die notwendige Hilfe des Erwachsenen, damit ein Kind zu einem Mehr an Selbstbewußtsein gelangen könne. (Kapitel 3 – *Perspektive:* Erziehungsziele in der Kindergartenarbeit)
- Kindzentrierte Kindergartenpädagogik: Erübrigt sich die Planung der pädagogischen Arbeit, wenn alles um die Individualität des einzelnen Kindes kreist, so daß sich nur ein entwicklungsfördernder Rahmen bereitstellen läßt, eine gezielte, vorwegnehmende inhaltliche Vorbereitung aber unmöglich wird, da dadurch die Gefahr der Einengung des Kindes bestünde? Im Gegensatz zu der Behauptung dieser Frage wollen wir zu begründen versuchen, daß eine stärkere Ausrichtung der Arbeit an den Entwicklungsbedürfnissen von Kindergartenkindern ein Mehr an Planung not-

wendig macht. Für drei verschiedene Zeitebenen – das Kindergartenjahr, der kommende Monat, der nächste Tag – wollen wir Hilfestellungen für die planerische Arbeit anbieten. (Kapitel 4 – *Planung:* Allgemeine Modelle und Beispiele)

- Kindzentrierte Kindergartenpädagogik: Gibt es aus dem bisher Gesagten konkrete Schlußfolgerungen für die Arbeit der Erzieherin, oder verbleibt alles auf einer allgemeinen, unverbindlichen Ebene, so daß jede einzelne in ihrem Kindergartenalltag alleine dasteht? Andererseits: Werden hier wieder erneute und immer höhere Anforderungen an die Erzieherin formuliert, die sich angesichts der ohnehin angefüllten Belastungen nicht realisieren lassen? Wir beschreiben abschließend keine höheren und größtenteils keine neuen Anforderungen, sondern konzentrieren unsere Aufmerksamkeit auf die Reflexion der Haupttätigkeiten der Erzieherinnenarbeit – vor allem die der direkten Beziehungsgestaltung und der indirekten Strukturierungsaufgaben – in der Erwartung, daß ihre pädagogische Durchdringung genügend Veränderungspotential enthält. (Kapitel 5 – *Konkretion:* Elemente kindzentrierter Kindergartenpädagogik)

1. Absetzung: Unbewußte Regeln und Rituale in der Kindergartenpraxis

Wir betrachten verschiedene Bilder, die uns ohne Kommentar gezeigt werden:

- Wir sehen ein Gefängnis und wissen: dies ist ein Gefängnis.
- Wir sehen ein Krankenhaus und wissen: dies ist ein Krankenhaus.
- Wir sehen eine Schule und wissen: dies ist eine Schule.
- Wir sehen einen Kindergarten und wissen: dies ist ein Kindergarten.

Woher wissen wir: dies ist ein Gefängnis, ein Krankenhaus, eine Schule, ein Kindergarten? Wie kommt es, daß die Wahrscheinlichkeit groß ist, aus einem Packen von Bildern ohne Schwierigkeiten die Aufnahmen von Kindergartengruppenräumen herausfinden zu können, selbst wenn keine Kinder auf ihnen zu sehen sind? Und: ist eigentlich etwas Problematisches daran, daß uns dieses Identifizieren so leicht fällt? Ist es nicht viel mehr Ausdruck davon, daß hier ein pädagogisches Angebot entfaltet wird, das für diese Altersgruppe passend und sinnvoll ist?

Das Bild von den Bildern soll unseren Blick auf eine kritische Sichtweise der Institution Kindergarten lenken, um von dort aus eine konzeptionelle Neuorientierung zu versuchen. Konzeptionen entstehen nicht in einem luftleeren Raum am Schreibtisch, sondern sie knüpfen an den historisch entwickelten Stand des Kindergartens an und versuchen, sowohl nach den zu bewahrenden Elementen zu fragen als auch zentrale Reformpunkte zu benennen. Damit eine verändernde Idee wirksam werden kann, benötigen wir ein Bild der gegenwärtigen erzieherischen Situation; ein Bild, das realistisch in der Weise ist, daß es faktische Kernpunkte der Praxis aufzeigt, aber auch ein Bild, das Akzentsetzungen vornimmt, um Einbruchstellen der konzeptionellen Idee aufzuweisen. Wir zielen also in diesem ersten Kapitel nicht auf Vollständigkeit und Differenziertheit in der Beschreibung der pädagogischen Situation des Kindergartens, sondern heben den Aspekt hervor, auf den die Entfaltung der konzeptionellen Neuorientierung in den folgenden Kapiteln bezogen ist.

Da es keine empirischen Untersuchungen über die gegenwärtige Erziehungssituation in den Kindergärten gibt, die über Oberflächlichkeiten hinausgingen und für unseren Zweck brauchbar wären, arbeiten wir im folgenden mit Beispielen, die wesentliche Merkmale der gegenwärtigen Praxis benennen sollen. Dabei wird ein eindeutiges Bild gezeichnet, obwohl uns bewußt ist, daß die Praxis der Kindergärten in Deutschland eine Fülle von Schattierungen aufweist. Doch gerade weil es die Absicht unserer Kindergartenkonzeption ist, für die Ausnahme von der Regel zu werben, werden wir diese in der folgenden Darstellung vernachlässigen. Die Benennung kritischer Aspekte mag die Abwehr hervorrufen, da solle von außen das Bemühen von Erzieherinnen schlecht gemacht werden, indem Beispiele aufgetischt würden, die so nicht stimmten. Doch für die folgende Beschreibung übernehme ich selbst die Verantwortung; sie ist nicht von außen geschrieben, sondern gibt Verhaltensweisen wieder, die ich als Erzieherin beobachtet, aber auch selbst praktiziert habe. Es geht *nicht* um die Nestbeschmutzung, *nicht* um eine vom Schreibtisch aus leicht aus der Feder fließende Besserwisserei, sondern um eine kritische Selbstanalyse – in der Erwartung, daß Kolleginnen sich in ihr wiederfinden und nach Auswegen aus pädagogischen Sackgassen suchen.

Hintergrund unserer Darstellung ist eine institutionenspezifische Sichtweise: Institutionen haben etwas ihnen Eigentümliches, was Institutionen der gleichen Art gleich macht und sie von anderen Institutionen unterscheidet. Feststellbar ist dies an der wahrnehmbaren äußeren Oberfläche, durch sie hindurch aber auch an mehr oder weniger bewußten Regeln, die die Gesetzmäßigkeiten des inneren Getriebes bestimmen. Die Gleichheit einer Institution geht einerseits auf die konkrete Aufgabenstellung, die sie zu erfüllen hat, zurück, andererseits aber auch auf die Eigendynamik der Entwicklung einer Institution. Diese führt häufig dazu, daß die Problemstellung, auf die die Institution antwortet, spezifisch definiert wird und viele Nebenbedeutungen ausgegrenzt werden. Im Extremfall kann der Ausgrenzungsprozeß so weit fortgeschritten sein, daß zwischen dem Auftrag der Institution und der historisch sich ergebenden Institutionenrealität ein krasses Mißverhältnis besteht. Institutionen verfestigen sich, schaffen einen sich selbst erhaltenden Kreislauf, der dann auch ohne die Klientel, auf die die Institution bezogen war, auskommt.

Wir gehen von der Hypothese aus, daß für die erzieherische Gestaltung des Kindergartens kein Faktor größere Bedeutung hat als die Regeln und Rituale, die von einer Erzieherinnengeneration auf die nächste weitervererbt werden. Diese selbst sind den Beteiligten häufig nicht bewußt, sondern erscheinen als Selbstverständlichkeiten, über die Nachdenken sich nicht nur nicht lohnt, sondern die als Gegenstand des Nachdenkens sich gar nicht erst aufdrängen. Diese Situation bedingt dann eine relative Unwirksamkeit konzeptioneller Programme, die – weil sie nicht den Unterbau des Kindergartens berühren – die erzieherische Situation nicht verändern können, sondern oberflächlich-interessante Ergänzungen, Varianten des Nichthinterfragten bleiben. Für eine im folgenden zu entfaltende Kindergartenkonzeption, die sich als kindzentriert versteht, wäre dies fatal. Deshalb wollen wir in diesem Kapitel danach fragen:

- Was sind die äußeren und inneren Gesetzmäßigkeiten, die die Gleichheit der Institution Kindergarten bedingen?
- An welchen Stellen schießt die institutionelle Normiertheit des Kindergartens über die pädagogische Zielsetzung hinaus?
- In welchem Spannungsverhältnis stehen die Bedingungen der institutionellen Verfaßtheit zu den individuellen, lebendigen Bedürfnissen von Kindern und Erzieherinnen?
- Welche Konsequenzen ergeben sich aus diesen Überlegungen für eine am Erziehungsauftrag orientierte Gestaltung des Kindergartens?

1.1. Welche Regeln bestimmen den Kindergartenalltag?

Wir beschreiben in diesem Abschnitt nichts Spektakuläres, sondern Beispiele, die jede Erzieherin kennt, da sie mit leichten Abwandlungen in 90% der Kindergärten vorkommen. Dabei gehen wir von außen nach innen, indem wir in diesem Abschnitt die sichtbare Oberfläche des Kindergartens nachzeichnen, bevor wir im nächsten Abschnitt nach den Folgen für eine erzieherische Beziehungsgestaltung zwischen Erzieherinnen und Kindern fragen. Die geregelte Normalität des Kindergartenalltags läßt sich für die räumliche Gestaltung, die zeitliche Strukturierung und die Beziehungen zwischen den Erwachsenen verfolgen.

Raum

Ein Gruppenraum für 25 Kinder verfügt über wenigstens 26 Stühle und eine solche Anzahl an Tischen, daß die 26 Stühle gleichzeitig daran Platz haben. Gegliedert ist der Raum durch Schränke in Brusthöhe von Kindergartenkindern, die in der Art ihrer Anordnung „Ecken" schaffen: in jedem der Gruppenräume gibt es wenigstens eine Bau- und Puppenecke, häufig auch noch Lese- und

Kuschelecke. In der Mitte des Raumes stehen die Tischgruppen: ein Bastel-, ein Mal-, ein Konstruktions-, ein Spiele-, ein Frühstückstisch. Optimalerweise ist die Beleuchtung so eingerichtet, daß in allen „Ecken" und auf allen Tischgruppen die gleichen Lichtverhältnisse herrschen. Das Material, wenn nicht schon fabrikmäßig in Kästen verpackt (Memory, Lotto, Puzzle), wird in genormten Kisten oder Schubladen aufbewahrt, auf denen vorne ein Schildchen aufgeklebt ist, das mit einem Bildchen den Inhalt der Kiste anzeigt. Die Schachteln, Kästen und Kisten haben ihren Ort im Kindergartenraum. Gegliedert nach Spiel- und Aktivitätsbereichen der Kinder gehören Malsachen, Maldecke, Malblätter zum Maltisch, Bausteine und Autos in den Schrank nahe dem Bauteppich und Konstruktionstisch, Memory und Puzzle zum Spieltisch.

Geprägt wird der Kindergartenraum und darüber hinaus das ganze Gebäude durch eine spezifische Ästhetik:

- die mit Fingerfarben bemalten oder mit Transparentpapier beklebten Fensterscheiben,
- ein in Auto-, Zug-, Tier-, Blumen- oder sonstige Form gebrachter Geburtstagskalender, der Name, Geburtsdatum und Photo der Kinder enthält,
- Pinwände mit Bildern der Kinder und Poster, die vorzugsweise große und kleine Tiere zeigen.

Adjektive zur Beschreibung dieser Kindergartenästhetik sind: bunt, grell, vielfältig, verwirrend, überladen.

Verlassen wir den Kindergartenraum und gehen auf den Flur. In der Nähe der Gruppentür für die 25 Kinder 25 Haken, zumeist Doppelhaken, einer für die Jacke, einer für die Butterbrottasche, und über dem Doppelhaken ein kleines Bildchen: Schmetterling, Sandeimer, Blume – für 25 Kinder 25 verschiedene Bildchen, die uns später noch einmal im Waschraum begegnen: zum Kennzeichnen der 25 verschieden-gleichen Handtücher. Vor der Doppelhakenreihe eine oder mehrere große Bänke – der Platz zum Ausziehen, die Ablage für Haus- oder Straßenschuhe. Wenn der Kindergarten über einen größeren Eingangsbereich verfügt, finden wir in der Halle wenige größere Spielgeräte – vielleicht einen Kaufladen, eine Sitzecke, große Bausteine. An den Wänden der Flure schriftliche, oft schön gestaltete Informationen für die Eltern: der Rahmenplan, die Einladung zum Elternabend, die Bitte um Mithilfe bei einem Vorhaben.

Ein Kindergarten älterer Bauart verfügt über einen, ein Kindergarten jüngerer Bauart über mehrere Ausgänge nach draußen: dort finden sich Sand, Rasen, Steinplatten; Rutsche, Kletterturm, Spielgerät; eine Unterbringungsmöglichkeit für Sandspielzeug und Fahrzeuge. Umgeben sind der Kindergarten und das Außengelände von einem Zaun (bzw. Mauer oder Hecke), und dieser Zaun hat eine vielfache Bedeutung. Er ist die eindeutig markierte Grenze zwischen innen und außen, eine Grenze, die die Kinder entweder nur mit ihren Eltern überwinden (in deren Aufsichtsbereich sie dann wieder übergehen) oder deren Überschreitung besondere Arrangements erforderlich macht, die vielfältigen Regeln und Sicherheitsmaßnahmen unterworfen sind.

Zeit

So gegliedert wie der Gruppenraum ist auch der Tagesablauf. Es gibt Zeremonien beim Ankommen und Entlassen der Kinder. Beispielsweise: Die Erzieherin sitzt am Tisch im Gruppenraum, die Kinder ziehen sich im Flur die Pantoffel an, sagen den Erzieherinnen ihrer Gruppe guten Tag und gehen zu der Spielzone, in der sie spielen möchten. Oder: Die Erzieherin steht im Flur, begrüßt die Kinder und wechselt mit einigen Müttern ein Wort. Zum Abschluß wird gemeinsam ein Schlußlied gesungen, die Erzieherin geht zur Tür, ruft die Kinder auf, deren Abholungsberechtigte draußen warten, und stellt sicher, daß kein Kind, das nicht alleine nach Hause gehen darf, unberechtigt den Gruppenraum verläßt – nach vier Stunden Arbeit und häufigem Ansprechen und Angesprochen-Werden von Eltern und Abschluß des Vormittags keine leichte Aufgabe.

Zwischen Begrüßung und Verabschiedung liegt ein Ablauf von Spiel- und Beschäftigungsphasen, der sich täglich gleicht: Die erste und zeitlich ausgedehnteste ist das Freispiel, in dem die Kinder Spielort-, -material, -partner, -dauer selbst bestimmen und die Erzieherin zwischen organisatorischen, unterstützenden, anregenden, mitspielenden, schlichtenden Aufgaben hin und her pendelt. In dieser Hinsicht trifft das Wort „Frei"-spiel zu. Was jedoch häufig in der Betrachtung zu kurz kommt, ist die Begrenzung der Freiheit durch einen mehr oder weniger engen Rahmen von Regelungen und Ordnungsvorstellungen. Es gibt Kindergärten, die den Rahmen sehr eng setzen: Die Gruppentür bleibt geschlossen, und es gibt feste Regeln des Nachfragens und Genehmigens von „Besuchen" in anderen Gruppen. Die Zahl der Kinder auf dem Bauteppich und in der Puppenecke ist limitiert, die Spiele finden vorzugsweise an Tischen statt, Verstöße gegen die Ordnung werden sanktioniert. Auf der anderen Seite hat sich in vielen Kindergärten in den letzten Jahren hier vieles aufgelockert: Waschraum und Flur werden als Spielzonen miteinbezogen, die Möglichkeiten von Kindern, in anderen Gruppen zu spielen, ist erleichtert, der Selbstregulierung von Konflikten durch Kinder wird mehr Vertrauen entgegengebracht. Trotz dieser positiven Entwicklung scheint uns in den meisten Kindergärten die Freiheit des Freispiels durch bestehende „Kindergartengesetze" eng umgrenzt:

- durch die Normierung des sozialintegrativ-freundlichen Erziehungsstils und des dementsprechenden Erzieherinnentons,
- durch die Angst vor dem Chaos, dem Schmutz, dem Aufbrausen – vor extremen Stimmungslagen, die schnell wieder auf ein Maß mittlerer Normalität geschraubt werden müssen,
- durch die Lenkung der Spielmöglichkeiten von Kindern auf geregelte Formen, bzw. das Zulassen von schmutzig-matschigen Aktivitäten nur in einem stark geordneten Rahmen,
- durch die Begrenzung auf einen engen Raum, der nur mit gewährten Sondererlaubnissen überschritten werden darf,
- durch die Einschränkungen mittels Ordnungsregeln, die für sich genommen vielleicht plausibel erscheinen, in ihrer Gesamtheit jedoch die freie Entfaltung der Kinder behindern,
- durch das nur in wenigen Kindergärten gewährte Recht der Kinder, zu jedem Zeitpunkt ihren Spielplatz im Gebäude oder auf dem Außengelände frei wählen zu können.

Bestandteil des Kindergartenvormittags ist das Frühstück, entweder in Form des gemeinsamen oder häufiger des „freien" Frühstücks, wobei das Wort „frei" angesichts vielfältiger Regeln über Ort, Geschirr sowie Butterbrottasche holen und wegbringen, Eßsitten, Aufforderungen der Erzieherinnen häufig nicht zutreffend ist. Unabhängig davon, ob „freies" oder gemeinsames Frühstück oder eine Abwechslung zwischen beiden Formen, auf eine Beobachtung ist noch hinzuweisen: Normalerweise sind für 25 Kinder 25mal die gleichen Teller, 25mal die gleichen Tassen und 25mal die gleichen Untertassen vorhanden. Dies erleichtert – falls vorhanden – das Einräumen in die Spülmaschine, und es läßt Besitzansprüche und Konflikte unter Kindern, die bei 25 verschiedenen Bechern entstehen würden, nicht aufkommen.

In die Freispielphase eingebettet oder als besondere Phase danach ist die Beschäftigung. Weil die Erzieherinnenarbeit nicht in Organisation, Mitspielen und Trösten aufgehen, sondern der Kindergarten als Bildungseinrichtung erscheinen soll – verstärkt durch die Ansprüche der Vorschulerziehung Ende der 60er/Anfang der 70er Jahre –, gibt es in vielen Kindergärten ein „gezieltes Angebot", das nach anderen Spiel- und Ordnungsregeln als das Freispiel abläuft. Die Erzieherin hat das Vorhaben geplant und Material bereitgestellt, sie fordert einzelne Kinder gezielt dazu auf, an der Beschäftigung teilzunehmen, und unterbricht dafür auch schon einmal eine Freispielsituation eines Kindes. Die Möglichkeit der Kinder, die Gruppenzusammensetzung selbst zu bestimmen, ist durch gezielte Überlegungen der Erzieherin eingeschränkt, und die Erzieherin befaßt sich länger in dieser Situation mit ihnen.

Beendet wird das Freispiel durch das Aufräumen, angesichts der Überfülle des Materials und der spezifischen Kindergartenordnung oft eine für alle Beteiligten stressige Phase. Es gibt Regelungen, die das Aufräumen steuern, beispielsweise: Jeder räumt dort auf, wo er gespielt hat. Ziel des Aufräumens ist es, daß der Gruppenraum nach zwei, drei Stunden Freispielzeit wieder so aussieht wie vor den zwei oder drei Stunden, eine Regel, die nur durch die Erlaubnis außer Kraft gesetzt wird, ein besonders gelungenes Produkt etwa auf dem Bauteppich stehen lassen zu dürfen.

Je nach Wetterlage folgt eine unterschiedlich lange Zeit, in der alle nach draußen gehen, wobei für die meisten Kindergärten die Regel gilt, daß entweder alle Kinder einer Gruppe nach draußen gehen oder keines. Für die Kinder ist der Drang, „nach draußen zu kommen", stark, oft entsteht ein Gerangel, das zu verhindern es wiederum Regelungen gibt. Im Erzieherinnenverhalten gibt es zwischen drinnen und draußen häufig charakteristische Unterschiede, die an einem Beispiel illustriert seien:

Barbara ist achtzehn Jahre und seit wenigen Tagen neu als Vorpraktikantin in der Einrichtung. Sie ist voller Energie und versucht, nicht nur zu beobachten, sondern sich auch aktiv in das Kindergartengeschehen einzugeben. Alle Kinder und alle Erzieherinnen sind draußen auf dem Hof, die Kinder spielen, die Erzieherinnen stehen zu zweit oder dritt zusammen und unterhalten sich. Nur Barbara spielt mit den Kindern. Wild wird sie von einer Horde von Kindern gejagt, es geht die Treppe rauf und runter, über die Rutsche, in das Gebüsch. Die Kinder und auch Barbara schreien so laut, daß man sie schon von weitem hören kann. Es hat keine zwei Wochen gedauert, bis auch Barbara sich angepaßt hat: sie organisiert jetzt Dinge, die die Kinder zum Spielen benötigen, sie sitzt mit einzelnen Kinder auf der Sandkastenumrandung, sie schlichtet einen Streit zwischen Kindern, und sie unterhält sich viel mit den Kolleginnen. Nur eins hat sie in dem Jahr nicht wieder gemacht: laut schreiend mit einer Horde von Kindern wild über das ganze Kindergartengelände zu jagen.

Abgeschlossen wird der Kindergartenvormittag mit einem Stuhlkreis, eine rituelle Aktionsform, deren einzelne Bestandteile oft festen Regeln unterliegen:

- Wie die Tische beiseite räumen, damit Platz für den Stuhlkreis entsteht?
- Wer stellt die Stühle auf?
- Wie wird bestimmt, wer neben der Erzieherin sitzen darf?
- Wie wird Ruhe hergestellt?
- Welche Palette an Liedern, Spielen, Geschichten kommt vor?
- Wie wird das Kind bestimmt, das ein Spiel vorschlagen darf?
- In welchem Verhältnis stehen neue Spielangebote der Erzieherin zu dem Vorschlagsrecht der Kinder?
- Wie wird eine Gesprächssituation in der großen Gruppe geschaffen?
- Wie wird mit Kindern, die nicht mitmachen wollen, umgegangen?
- Ab welchem Geräuschpegel wird ordnend eingegriffen?
- Durch welche Zeremonien wird der Stuhlkreis beendet?

Es gibt viele solcher Fragen, die in einer Einrichtung oder von einer Erzieherin in spezifischer Weise beantwortet werden und die damit ein Regelwerk schaffen, das den Ablauf des Stuhlkreises in täglich gleicher Weise sichert. Häufig kann man dabei in Kindergärten feststellen, daß für viele Kinder der Stuhlkreis eine beliebte Spielform ist, während für einen guten Teil der berufserfahrenen Erzieherinnen die Gleichförmigkeit des Ablaufs, die immer wieder von den Kindern gewählten wenigen „Hits“ an Spielen und Liedern eher ein Problem darstellen.

Aus dieser täglichen Gleichförmigkeit ragen die Feste und Feiern heraus, die aber aus der Perspektive mehrerer Jahre betrachtet wieder ihre Regelmäßigkeiten haben. Da ist zunächst der für den Kindergartenalltag bedeutsame (Kirchen-) Jahreskreislauf: Von der Eingewöhnungsphase der neuen Kinder über Sommerfest, St. Martin, Adventszeit, Nikolaus, Weihnachten, Karneval, Ostern bis hin zu Entlaßfeiern der Schulkinder. Häufig haben sich dabei für ein bestimmtes Fest bestimmte Formen ausgeprägt, die, weil sie sich bewährt haben, im Laufe der Jahre nur geringen Variationen unterworfen werden. St. Martin – mit oder ohne Pferd, mit oder ohne Feuer; auf jeden Fall: Wochen vorher mit (Eltern und) Kindern Laternen basteln, die Spaziergangsroute festlegen, auf nicht allzu nasses und kaltes Wetter hoffen, Verkauf von Brezeln und Glühwein, das Einüben der Lieder.

Ein besonderes, in jeder Gruppe 25mal im Jahr praktiziertes Ritual ist die Geburtstagsfeier. Kindergärten unterscheiden sich in dem Ausmaß und der Intensität, mit der dieses Ritual praktiziert wird, aber einmal in Kraft gesetzt bleibt es über lange Zeit erhalten und wird allenfalls durch neue Elemente ergänzt: der Geburtstagskranz, das Aussuchen der Geburtstagsgäste, das Sitzarrangement der Gruppe, das Hereinholen des Geburtstagskindes, die Auswahl der Geburtstagslieder, die Geburtstagskerzen, das Hoch-leben-Lassen, das Auspacken der Geschenke, das Verteilen der Gegengeschenke, die Mittelpunktrolle des Geburtstagskindes während des Stuhlkreises.

Erwachsenenkommunikation

Regeln und Rituale gibt es auch auf den unterschiedlichen Ebenen der Erwachsenenkommunikation im Kindergarten: der Erzieherinnen untereinander, zwischen Erzieherinnen und Träger, zwischen Erzieherinnen und Eltern. Diese Regeln legen fest, was zwischen den Beteiligten zum Thema gemacht wird, und was nicht, wie über ein Thema geredet wird, und wie nicht. Nur vier Beispiele mögen andeuten, was hiermit gemeint ist:

- In einem Kindergarten möchte die Leiterin, daß das Mitarbeiterinnenteam über das Berufliche hinaus auch privat viel Kontakt hat. Sie fühlt sich als „Mutter“ der Einrichtung, und die Kommunikation der Erzieherinnen untereinander wird von dem Thema beherrscht: Wie und mit welchen Schuldgefühlen emanzipieren sich die Erzieherinnen-Kinder von der sie festhalten wollenden Leiterinnen-Mutter?
- In einem anderen Erzieherinnenteam wird über Jahre hinweg eine Kollegin als Außenseiterin ausgesucht und von den übrigen „geschnitten“. Die Personen, die diese Rolle spielen, wechseln ebenso wie die Themen, an denen das Außenseiterdasein abgehandelt wird, aber eins bleibt gleich: der Kampf der Gruppe gegen den Sündenbock und der Versuch der betroffenen Kollegin, den „Schwarzen Peter“ möglichst schnell weiterzureichen.
- In einem Kindergarten beherrscht eine kleine, aktive Gruppe von Mittelschichteltern den Elternrat. In allen Auseinandersetzungen, und es sind nicht wenige, geht es darum zu zeigen, daß die Eltern eigentlich die besseren Erzieherinnen wären und Erzieherinnen Hilfspersonal der Eltern sind.
- In einem Kindergarten mißtraut der Träger dem Arbeitsengagement seiner Arbeitnehmerinnen. Mit Zuckerbrot und Peitsche

versucht er, einen Ansatzpunkt für sein Eingreifen zu finden, und über Jahre hinweg geht es um nichts anderes als die Suche nach und die Abwehr von strategischen Eingriffspunkten.
Die Beispiele ließen sich fortsetzen. Gemeinsam ist ihnen, daß sie auf allen Seiten viel Energie binden und die geschaffenen Verletzungen und die Wut die eigentliche Zwecksetzung der Veranstaltung Kindergarten überlagern. Dabei laufen die Konflikte häufig ohne Bewußtheit der die Dynamik in Gang haltenden Spielregeln ab, da eine oder oft beide Seiten kein Interesse haben, an die eigentlichen Konfliktursachen zu gelangen, um den Fluß des Geschehens nicht versiegen zu lassen. Das kann bis zur Entwicklung gehen, daß die Konflikte in dem Gemäuer der Einrichtung zu sitzen scheinen, denn auch wenn über Jahre hinweg keine Person mehr vorhanden ist, die an dem ursprünglichen Problem beteiligt war, halten sich die Konfliktlinien, da jede Seite bemüht ist, bei neu eintretenden Personen neue „Kinder" heranzuziehen.

1.2. In welchem Verhältnis stehen die Regeln zu dem erzieherischen Auftrag des Kindergartens?

Der letzte Abschnitt könnte den Eindruck entstehen lassen, es würde gegen jegliche Regeln und Rituale im Kindergarten polemisiert. Aber ist es nicht so, daß ohne Regeln ein soziales Zusammenleben unmöglich wäre? Verlangen die Kinder nicht auch selbst nach Ritualen, wenn wir etwa an das Beharren auf die exakte Einhaltung der Geburtstagszeremonie denken? Soll hier die gescheiterte antiautoritäre Erziehung wiederbelebt werden? Um solche Mißverständnisse zu vermeiden, ist auf den positiven Sinn von Regeln und Ritualen aus Sicht der Kinder und aus Sicht der Erzieherinnen hinzuweisen.

Notwendigkeit

Ein kleines Kind, das aus der Familie in den Kindergarten überwechselt, verläßt einen Raum, der ihm vertraut und für es überschaubar ist. Vielleicht hat es bisher die meiste Zeit alleine mit seiner Mutter zugebracht, vielleicht ist es der Mittelpunkt gewesen, um den das Familienleben kreiste. Die Welt des Kindergartens ist dem gegenüber ganz anders: größer, vielschichtiger, mannigfacher, zwar auch um die Bedürfnisse von Kindern zentriert, aber nicht des Kindes. Die vielen Menschen, die Überfülle des Spielmaterials, all dies ist für die meisten Kinder anziehend und spannend, aber die Gefahr ist auch groß, den Überblick zu verlieren. Regeln und Rituale schaffen demgegenüber Orientierung, z.B. in räumlicher Hinsicht durch die überschaubare Gegliedertheit und dadurch, daß jedes Spielmaterial seinen Ort hat. Der wiederkehrende Rhythmus des Tagesablaufs verschafft zeitliche Orientierung, so daß das Kind die Zeitspanne bis zur Wiederkehr der Mutter abschätzen kann.

Der Kindergartenalltag ist nicht nur bunt und vielschichtig, sondern er birgt aus der Perspektive des Kindes auch manch gefahrvolle Momente: die ganz andere Art zu essen, die oft ein Mehr an Selbständigkeit verlangt; die andere Art getröstet zu werden, die einem zeigt, daß man nicht zu Hause ist; die vielen neuen Spiele, die einen herausfordern, von denen man aber nicht weiß, ob man sie schafft; die vielen Kinder, von denen man manch Neues erfährt, das man nicht versteht. Regeln und Rituale vermitteln gegenüber den Gefahren ein Gefühl der Sicherheit und Geborgenheit, indem sie zeigen: Vieles im Kindergarten mag anders als zu Hause sein, aber es ist auch eine stabile, verläßliche Welt. Von den Zeremonien der Begrüßung, durch die ein Kind sich täglich im Kindergarten aufgenommen fühlt, bis zu dem Abschlußlied im Stuhlkreis, durch das die Kinder noch einmal die Gemeinschaft erleben, findet ein reichhaltiges Kindergartenprogramm statt, dessen Chaos durch die verbindlichen Regeln gebannt wird. Durch den Rahmen, den die Ritualisierung schafft, wird das Maß an Überraschungen, die das Zusammenleben so vieler Menschen birgt, reduziert, so daß das Neue in einem für das Kind förderlichen Verhältnis zu seinem Sicherheitsbedürfnis steht.

Vierundzwanzig andere Kinder: das sind nicht nur 24 mögliche Spielpartner, sondern auch 24 mögliche Angreifer. Es gibt die Angst, körperlich verletzt, isoliert, um Begünstigungen betrogen, beleidigt, erpreßt zu werden; es gibt die Angst der Mädchen vor den Jungen, die ihre körperliche Kraft ausspielen und chauvinistisch davon ausgehen, die Kinderwelt zu beherrschen; es gibt die Angst der kleinen vor den großen Kindern, die mit einer Kraft rennen, klettern und toben können, die bewundernswert ist, aber auch an die Seite drückt; es gibt die Angst des Außenseiters vor der Gruppe, die einem Tag für Tag bestätigt, daß man nicht dazugehört, weil man nicht „in Ordnung“ ist. Rituale mindern Angst, sie helfen, ein Gruppenleben zu schaffen, indem die Schwachen vor den Starken Schutz finden. Regeln, die für alle verbindlich sind, wenden sich gegen das Faustrecht und schaffen einen gleichberechtigten Zugang zu allgemein gewünschten Privilegien. Indem die Regeln die Angst vor den Übergriffen der anderen mindern, baut der Kindergarten ein wünschenswertes Erfahrungsfeld für soziales, nicht-aggressives Verhalten auf.

Die meisten Kinder, die in den Kindergarten kommen, bringen einen ausgeprägten Egozentrismus mit. Verstärkt durch die Tatsache der zunehmenden Einzelkindsituation sind kleine Kinder heute häufig der Mittelpunkt des Familienlebens, um den sich alles dreht. Angesichts dieser „Kindzentriertheit" ist es für Eltern schwierig, einen richtigen Maßstab zwischen der Zurückstellung eigener Bedürfnisse und dem Nachgeben der Wünsche des Kindes einerseits und dem Durchsetzen des Erwachsenenlebens und dem Kind Grenzen setzen andererseits zu finden. (Vielleicht ist die Beziehung aber auch anders herum: man „liebt" sein Kind mit einer Intensität, daß die Kraft für ein weiteres nicht reicht.) Dieser Egozentrismus des Kindes wird gestärkt durch die entwicklungspsychologisch erklärte Situation drei- und vierjähriger Kinder, die erst anfänglich dabei sind, sich selbst zu finden, und deshalb nur unzureichende Differenzierungen zwischen sich und anderen vornehmen können. Im Kindergarten prallen diese Eigenwelten der Kinder zum ersten Mal dauerhaft aufeinander, und seine Regeln schaffen eine Gesetzmäßigkeit, die Gleichheit ermöglicht. Der Selbstdarstellung des einzelnen werden Grenzen gesetzt, die notwendig sind, damit jedes Kind zu seinem Recht kommt. Damit diese Grenzen keine willkürlichen sind, beispielsweise abhängig von der Sympathie oder Antipathie der Erzieherin, werden für alle gültige Regeln aufgestellt, so daß Gerechtigkeit geschaffen wird. Sicherlich bedeutet dies auch eine Einschränkung momentaner Bedürfnisse der Kinder, aber auch die Gewißheit, einmal selbst „an der Reihe zu sein".

Nicht nur aus der Sicht des Kindes, sondern auch aus der von Erzieherinnen sind die Regeln und Rituale notwendig. Wer einmal mit einer Gruppe arbeitet, in der fast alle Rahmenbedingungen, die durch Regeln und Rituale geschaffen werden, fehlen, in der ständig ausgehandelt werden muß, wer, wo, was mit wem spielt, da nur ein unstrukturierter Raum zur Verfügung steht, in der ständig darum gestritten wird, wer was darf bzw. nicht darf –, wer in einer solchen Situation arbeitet, erlebt hautnah, daß sich dies nur für eine kurze Zeit aushalten läßt, als lebenslange Berufsarbeit jedoch die Kraft einer jeden Erzieherin übersteigen würde. Wir bedürfen der Routinen, damit die Arbeitsbelastung dadurch auf ein zuträgliches Maß reduziert wird, so daß wir nicht ständig über alles neu nachdenken und nicht jeden Tag von vorne anfangen müssen. Auch für uns schafft die Struktur eine Orientierung, eine Überschaubarkeit dessen, was uns am nächsten Tag erwartet und was wir in einer konkreten Situation tun müssen. Auch für uns wird das Maß des Neuen, das sich im Zusammenleben mit 25 Kindern von selbst ergibt, reduziert, so daß wir nicht im Chaos untergehen, sondern handlungsfähig bleiben. Erst dadurch, daß es einen Rahmen des Kindergartengeschehens gibt, der vieles im Alltagsleben von selbst regelt, haben wir die Möglichkeit, das Besondere zu planen, uns auf die Individualität eines einzelnen Falles einzulassen.

Grenzverletzungen

Hat sich mit den zuletzt genannten Punkten das Blatt doch wieder gewendet? Wenn Regeln und Rituale aus der Sicht der Kinder und der Erzieherinnen notwendig sind, damit der Kindergarten seiner erzieherischen Aufgabe überhaupt nachkommen kann, dann ist dies doch eine Bestätigung der im vorigen Abschnitt scheinbar so negativ beschriebenen Kindergartentradition! Doch dieser Schritt ist zu schnell, er verwechselt die These, daß wir Regeln und Rituale brauchen, mit der Behauptung, daß wir *diese* spezifischen Kindergartenregeln und -rituale brauchen. Wir möchten deshalb im folgenden kritische Anfragen an die ritualisierte Kindergartenpraxis stellen, die deutlich machen sollen, daß ihre Regeln auch Grenzen der Kommunikation zwischen Erzieherinnen und Kindern schaffen, die sich auf die erzieherischen Möglichkeiten hemmend auswirken.

Es ist notwendig, die Ebene der wahrnehmbaren Äußerlichkeit zu verlassen, um zu ihrer pädagogischen Bedeutsamkeit vorzudringen. Grenzen, die durch Regeln gesetzt werden, bleiben häufig unsichtbar, erscheinen als „natürlich“, und erst die Grenzverletzung macht die Einschränkung durch die Regel deutlich. Bevor wir einzelne Defizite einer ritualisierten Kindergartenpraxis für das erzieherische Verständnis von Kindern benennen, beginnen wir deshalb mit der Schilderung zweier Beispiele, die nicht zufällig außerhalb des Kindergartenrahmens spielen und so auf dessen Grenzziehung hinweisen.

Das erste Beispiel: Silke und Johanna sind zwei muntere, in jeder Hinsicht gesunde Zwillinge im Alter von fünf Jahren. Sie haben ein gutes Verhältnis zu ihrer Erzieherin, und weil sie ausgebildete Techniken beherrschen, bei besonderen Aktivitäten im Mittelpunkt zu stehen, nimmt die Erzieherin die beiden auch diesmal mit, um im nahegelegenen Geschäft einzukaufen. Sie hat gerade die Eingangstür von außen wieder abgeschlossen, da fangen beide Mädchen von sich aus an zu berichten: Wie und wann die Großmutter gestorben ist; wie sie in einem Raum ihres Hauses aufgebahrt wurde; wie die Eltern sie dazu bringen wollten, die tote Großmutter noch einmal anzuschauen; wie sie während der Tage Angst hatten, oben von ihrem Zimmer über die Treppe, vorbei an dem Raum der Großmutter zu gehen; wie Johanna einmal ganz kurz die tote Großmutter berührt hat. Mit zunehmender Zeit steigern sich Silke und Johanna in ihren Bericht hinein und aktivieren in dem Gespräch den Gefühlsanteil der damaligen Situation: zwischen Angst und Neugierde, Zwang und Mut, Nähe und Ekel. Wenige Wochen vor diesem Einkaufsgespräch haben Silke und Johanna bei einer Kollegin an der Bearbeitung einer didaktischen Einheit „Tod“ teilgenommen, einem nach allen Regeln des Situationsansatzes geplanten und mit vielfältigen Aktivitäten durchgeführten Projekt. Das frappierende ist nun, daß beide Mädchen im Verlauf dieser über Wochen durchgeführten „didaktischen“ Beschäftigung mit dem „Tod“ kein Wort über die gestorbene Großmutter und ihre Gefühle dabei geäußert haben. Warum sprechen sie ein Problem, das sie massiv in ihren Köpfen bewegt, nicht im Rahmen des Kindergartens an, der dies zufällig sogar explizit zum Thema macht? Warum kommen dagegen bei einem so banalen Einkaufsgang die Gefühle massiv hervor? Ist es möglich, daß dies etwas mit dem Abschließen der Tür, dem Verlassen des Kindergartens, der exklusiven Dreiersituation zu tun hat? Natürlich hat die Erzieherin den Kindern nicht verboten, im Kindergarten über den Tod der Großmutter zu sprechen, eher wäre sie dankbar gewesen, paßt es doch gut zum Thema. Aber Silke und Johanna haben gespürt, daß es unbenannte Regeln im Kindergarten gibt, die Gefühlsäußerungen mit existentieller Intensität als nicht in den Rahmen passend ausschließen. Erst wenn der Rahmen verlassen wird, kann eine andere Beziehungsform zwischen Erzieherin und Kind möglich werden, die auch die Ansprache intensiverer Themen möglich macht.

Das zweite Beispiel: Dreißig „Schul“-Kinder und fünf Erzieherinnen machen für vier Tage eine Abschlußfahrt. Es wird viel unternommen, die Stimmung ist entspannt, und von wenigen Ausnahmen abgesehen tritt die Heimwehproblematik nicht in den Vordergrund. An einem Nachmittag wandert die Gruppe in einen Wald und macht nach einer guten Stunde eine längere Pause. Während die Kinder herumlaufen, Stöcke sammeln und Schnecken suchen, stehen vier Erzieherinnen zusammen und unterhalten sich. Eine Kollegin setzt sich etwas abseits auf ein kleines Grasstück. Sofort kommen einige Kinder zu ihr, und es beginnt eine Situation zwischen Aktivität und ausruhen wollen: Geschichten erzählen, Lieder singen, in den Arm genommen werden. Langsam setzt sich ein Spiel durch, bei dem die

Erzieherin das Klettergerüst ist, eine Situation zwischen Kampf und Zärtlichkeit. Janina drängt sich dabei immer mehr in den Vordergrund: Sie will hochgehoben, festgehalten, auf den Beinen geschaukelt werden. Nach einiger Zeit fällt der Erzieherin auf, daß nicht nur Janina sich in den Vordergrund drängt, sondern daß sie selbst Janina auch anders behandelt als die übrigen Kinder: sie öfter und länger dranläßt. Ihre eigenen Empfindungen sind andere: sie ist nicht mehr nur das Klettergerüst, sondern wird selbst ausgelassen, schreit laut, ist mit ihren Gefühlen Teil des Geschehens. Als die Erzieherin Janina zum soundsovielten Male hochwirft, schießt ihr ein Gedanke durch den Kopf: In dieser Situation ist Janina ihr Kind! Es ist nicht die Redensart, bestimmte, niedliche Kinder könne man „mit nach Hause nehmen“, es ist auch nicht der Gedanke, das Kind zu „adoptieren“, sondern es ist in der Situation ein Gefühl der Erzieherin, das die Individualität dieser Beziehung betont. Dieses Gefühl dauert nur wenige Momente, dann spürt die Erzieherin die mißtrauischen Blicke der Kolleginnen. Sie denkt, daß sie denken: Nach einer guten Stunde Wanderung mit den Kindern ist auch für die Erzieherinnen Pause angesagt; eine Erzieherin tobt und schreibt nicht „so“ mit den Kindern. Sie ist zu weit gegangen, hat eine Grenze übertreten. Eine Erzieherin organisiert, spielt, redet, tröstet, tobt hin und wieder auch mit den Kindern, aber dies alles in einem bestimmten Rahmen, und diesen Rahmen hat sie übertreten.

Die beiden Beispiele sollen auf eine Intensität der Erzieherinnen-Kind-Beziehung aufmerksam machen, die innerhalb des Rahmens Kindergarten keine Ausdrucksmöglichkeit hat. Vieles bleibt hier an der Oberfläche, viele Bedürfnisse und Fragen, die die Kinder haben, kommen im Kindergarten nicht vor, weil sie durch den gesetzten Rahmen von vorneherein ausgeklammert werden. Sie sind dann von der Erzieherin weder sicht- noch spürbar und deshalb auch nicht situativ aufzunehmen. Der Kindergarten schafft eine Situation, die einiges zuläßt, aber auch vieles ausgrenzt. Soll der Kindergarten auch auf die tiefergehende Situation von Kindern bezogen sein und ihnen hierfür Hilfestellungen anbieten, dann muß ein weiterer Rahmen geschaffen werden, der es den Kindern ermöglicht, sich intensiver darzustellen. Dies setzt voraus, daß die Erzieherin sich kritisch mit den das Kindergartengeschehen prägenden Regeln und Ritualen auseinandersetzt: Leistet die ritualisierte Kindergartenarbeit das, was ihr Auftrag ist, nämlich Kindern einen Rahmen für eine sinnvolle Entwicklung zu bieten? Bringt der bestehende Rahmen die Lebendigkeit der individuellen Beziehung der Erzieherin zu den Kindern zum Ausdruck, oder ist er ein totes Ritual, das mehr ausgrenzt als belebt? Aus der Perspektive solcher Fragen ist nicht der Sinn von Regeln generell zu bezweifeln, sondern die bestehende Praxis zu befragen. Dies soll im folgenden in sechs Punkten geschehen, wobei für jede These Beispiele benannt werden, die Anregungen geben sollen, die eigene Praxis kritisch zu reflektieren.

Einschränkungen

a) Regeln schränken die Bewegungsfreiheit von Kindern ein

Es ist weitgehend akzeptiert, daß die Möglichkeit zu grobmotorischen Bewegungen für Kinder im Kindergartenalter von existentieller Bedeutung für ihre kognitive, affektive und soziale Entwicklung ist. Kinder lernen weniger durch Papier-Bleistift-Aktivitäten als durch aktive, körperliche Auseinandersetzung und durch die Wahrnehmung ihres Körpers in der Umwelt. Betrachten wir unter dieser Prämisse die Regeln des Kindergartens, so werden viele Probleme offensichtlich. Kindergärten unterscheiden sich nach Einrichtungsdatum in starkem Maße durch das zur Verfügung stehende Raumangebot, was in der konkreten Situation durch die Erzieherin häufig nicht zu beeinflussen ist. Aber unabhängig von diesen objektiven Faktoren gibt es auch spezifische Regeln der Kindergartenpädagogik, die die Bewegungsfreiheit von Kindern einschränken. Wenn etwa Kinder sich nur in ihrem Gruppenraum aufhalten dürfen, oder wenn es für „Besuche" in anderen Gruppen so viele Regelungen des An- und Abmeldens, Genehmigens und Verbietens gibt, daß sie eher Ausnahme- als Regelfälle bilden, dann wird von der vorhandenen Fläche des Kindergartens insgesamt im Spielalltag nur eine Hälfte genutzt (die Gruppenräume), während die andere (Flure, Waschräume, Küche, Turnhalle etc.) Verkehrsfläche ist und nur für besondere Aktivitäten herangezogen wird. Auch die Art der Raumgestaltung schafft materielle Regeln, die die Bewegungsfreiheit einschränken: Raumteiler, Tische und Stühle sind so angeordnet, daß ein Fangenspiel von drei Kindern nur im Slalom möglich wäre und für die ganze Gruppe als Störung erschiene – weshalb es angesichts dieser Raumgestaltung notwendigerweise Regelungen geben muß, die das Laufen im Gruppenraum einschränken. Man muß sich diesen Irr-Sinn wirklich klarmachen: Da werden Einrichtungen für Kinder gebaut, von denen jedermann weiß, daß sie fast ständig in Bewegung sind und sein müssen, und innerhalb der Gemäuer herrscht ein Klima, bei dem Rennen, Toben, Schreien objektive Störungen sind. (Wer dies nicht glaubt, versuche einmal, in dem Gruppenraum eines Kindergartens Seilchen zu springen oder Autos von der einen zur anderen Seite zu schießen.) Die Selbstverständlichkeit geht in diesem Punkt so weit, daß die schreitenden, an Tischen und in den Ecken spielenden Kinder gar nicht mehr den Eindruck aufkommen lassen, hier läge eine Behinderung vor. Spürbar wird sie erst, wenn die Erzieherin einer solchen Gruppe die Tür zum Spielplatz aufschließt: man hat das Gefühl, einen Hundezwinger zu öffnen, aus dem ein Haufen junger Hunde sich befreien muß. Um diese Situation zu verhindern – und es ist nicht angenehm, so angerempelt zu werden, daß man kaum den Schlüssel ins Schloß bekommt, und außerdem könnten sich Kinder in dem Trubel verletzen –, muß es also erneut Regeln geben, die dies verhindern: „Als erste gehen heute die Kinder, die rote Schuhe anhaben, dann ..." Oder: „Wer schreit und schubst, kommt als letzter nach draußen."

b) Regeln schaffen eine entfremdete Kindergartenwelt

Zwei Szenen aus demselben Kindergarten am selben Vormittag. Szene 1: Die Erzieherin ist mit wenigen Kindern in die Turnhalle gegangen. Schrittweise baut sie einen Parcours auf, dessen letzte Station darin besteht, von einem Tisch auf eine dicke Matratze zu springen. Dies geschieht nach der Aufforderung durch das Startsignal der Erzieherin und unter Berücksichtigung zunehmender Schwierigkeiten der Arm- und Beinhaltung. Szene 2: Der Kindergarten befindet sich noch im Aufbau. Dies bringt es mit sich, daß das Außengelände zur Zeit in Bearbeitung ist. So besteht es vorläufig aus zwei gut drei Meter hohen Erdhaufen, einer großen Röhre, einigen alten Büschen. Die Kinder erklimmen die Erdhügel: Ein kleiner, etwas tolpatschiger Junge hat augenfällig Schwierigkeiten mit der Unebenheit und Steilheit des Berges, auch muß er sich vor herunterrollenden Steinen und Erdbrocken in acht nehmen, aber er will es wie die anderen schaffen, hoch über allem und auch den Erzieherinnen zu stehen. Ein großer Junge steht gut zwei Meter über dem Abgrund. Soll er sich trauen, dort hinunterzuspringen? Er geht wieder etwas zurück, doch dann nimmt er allen Mut zusammen und springt. Es tut ein bißchen weh, aber schnell klettert er wieder hinauf. Vor dem nächsten Sprung ruft er alle laut zusammen, damit sie seinen Wagemut live beobachten können. In wenigen Wochen wird all dies nicht mehr möglich sein: der Erdhügel wird abgeflacht, die Unebenheiten werden beseitigt, Rasenplatten verlegt, und „richtige" Spielgeräte bilden den Mittelpunkt des Platzes. Der Vergleich der beiden Szenen soll zeigen: Durch die Didaktisierung, für die die Turnstunde als Beispiel steht, findet eine Entleerung kindlichen Lebens statt. Aus Kindern, die schreien, Angst haben, ihren Mut zusammennehmen, sich zanken und wieder vertragen, werden Kinder, die von ihrem intensiven Leben entfremdet werden. Der Übungseffekt ist nicht, von 70 cm auf eine dicke Matte zu springen – wo doch die tatsächliche Herausforderung bei 1,50 m beginnt –, sondern die Einpassung des kindlichen Körpers in eine didaktische Welt, die gegenüber dem wirklichen Leben risikoarm, glatt, verallgemeinernd, langweilig, disziplinierend ist. Das Beispiel sollte nicht nur auf die Art der räumlichen Ausstattung bezogen werden, sondern auch auf all die Regeln, die das Zusammenleben im Kindergarten bestimmen. Wir bräuchten im Kindergarten mehr von der Erdhügelatmosphäre.

c) Regeln brechen Emotionen

Der Kindergarten ist geprägt von der Geometrie des rechten Winkels und der Härte des Holzes. Dafür dienen uns die Tische und Stühle nochmals als Beispiel. Ihre Dominanz steuert in hohem Maße die Möglichkeiten und Unmöglichkeiten emotionaler Ausbrüche: An einer Tischkante kann man sich den Kopf stoßen; voller Wut mit flacher Hand auf den Tisch schlagen dürfte Schmerzen zur Folge haben; dem Austausch von Zärtlichkeiten auf Kinderstühlen sind deutliche Grenzen gesetzt. Vergleichen wir dagegen ein weiches Sofa: ein Kind kann sich voller Aggressionen dort hineinstürzen; wenn es traurig ist, kann es in das Polster hineinweinen; körperliche Kontakte kommen beim Zusammensein mehrerer Kinder und beim Vorlesen eines Bilderbuches durch die Erzieherin „automatisch" auf. Nun werden auf einer praktischen Ebene im Kindergartenraum beide – Stuhl und Sofa – nebeneinander vorkommen. Die Frage, die sich stellt, ist die nach der Gewichtung der Anteile: Was steht im Vordergrund: die harte, disziplinierende Form des Stuhles oder die weiche, chaotisches Verhalten ermöglichende Form des Sofas? Die Regel mit den 26 Stühlen und diversen Tischen füllt den Kindergartenraum so an, daß für das Weiche, Emotionale, Chaotische, Aggressive, Sexuelle nurmehr „Ecken" (Kuschelecke etc.) übrig bleiben. Angesichts dessen, was wir über die für Kinder im Kindergartenalter typischen Handlungsformen wissen, läge eine Umkehrung der Regel nahe: Im Vordergrund der Hauptgestaltung sollte stehen, der Breite kindlicher Emotionalität Möglichkeiten zur Darstellung zu geben, während die für ältere Kinder und Erwachsene eher typischen Aktivitäten, die am Tisch sitzend ausgeführt werden, in den „Ecken" Platz hätten. Über das Beispiel der Raumgestaltung hinaus gilt diese Tendenz für all die Regeln, die den Sinn haben, kindliche Emotionen von Freude und Trauer, Zärtlichkeit und Wut,

Aktivität und Angst auf ein institutionen-gerechtes Maß zu normalisieren.

d) Regeln entindividualisieren Erzieherinnen und Kinder

Warum gibt es in einer Einrichtung mit 75 Kindern 75mal die gleichen Teller, Tassen und Untertassen? Warum nicht eine bunte Sammlung unterschiedlicher Becher, bei denen das Kind sich für „seinen" entscheiden kann oder an jedem Tag mal einen anderen ausprobiert? Warum ist es in einigen Kindergärten verboten, daß Kinder Spielsachen von zu Hause mitbringen? Warum gibt es in Einrichtungen Regelungen, die festlegen, welche Spielsachen mitgebracht werden dürfen und welche nicht? Warum gibt es in einigen Einrichtungen die Regel eines „Spielzeugtages" einmal in der Woche, an dem dann die Kinder ihr Lieblingsspielzeug mitbringen dürfen? Auf solche Fragen gibt es praktische Antworten: die Probleme, wenn das mitgebrachte Spielzeug verschwunden ist oder kaputt geht; das Problem mit immer aufwendigerem Spielzeug durch angeberische Kinder; die He-Männer und Mask-Autos, die pädagogisch nicht erwünscht sind. Dies scheint überhaupt der Sinn vieler Regeln zu sein: Probleme zu lösen, bevor sie aufgetreten sind. Hinter den „Spielzeug-von-zu-Hause-mit-und-nicht-mitbring-Regeln" kommt der „Anstalts"-Charakter sozialpädagogischer Institutionen zum Vorschein: die Normierung alltäglicher Bedürfnisse, der Ausschluß des Privaten und die Grenzziehung zwischen dem Leben innerhalb und außerhalb der Einrichtung. Für eine solche Einrichtung, die auf die zweckrationale Erfüllung von Organisationszielen ausgerichtet ist, erweist sich alles Individuelle schnell als Störung. Kindergärten sind im Vergleich zu Krankenhäusern, psychiatrischen Anstalten und Gefängnissen kleine Einrichtungen und zeitlich nur auf einen bestimmten Tagesausschnitt begrenzt, weshalb die Schaffung individueller Freiräume leichter fällt, aber die genannten Beispiele sollen darauf hinweisen, daß es auch im Kindergarten Regeln und Rituale gibt, die auf eine Entindividualisierung hinauslaufen. Sie zeigen sich z.B. auch in den bestehenden „Gerechtigkeitsvorstellungen". Das „gleiche Recht für alle" macht im juristischen Bereich Sinn, für pädagogische Prozesse nicht. 25 Kinder in der Kindergruppe, d.h. 25 verschiedene oder verschieden akzentuierte Bedürfnisse, die 25 verschiedene Handlungsweisen der Erzieherin verlangen. Wird dieser Gedanke angewandt, dann befreit er auch von all den Einschränkungen, die in der Praxis dadurch entstehen, daß man nur das tun kann, was prinzipiell auf 25 Kinder übertragbar wäre. Die Tendenz zur Entindividualisierung gilt nicht nur in Bezug auf Kinder, sondern auch für die Erzieherin selbst. Kindergärten könnten nicht so ähnlich sein, wie sie es faktisch sind, wenn die Besonderheit jeder Erzieherin stärker zum Tragen käme.

e) Regeln distanzieren Erzieherinnen von Kindern

Wenn die These richtig ist, daß Kindergartenregeln eine Tendenz zur Entindividualisierung haben, dann ergibt sich daraus auch eine Trennung der Erzieherinnen von den Kindern, da sie mehr als austauschbare Rollenträgerinnen denn als individuelle Personen erscheinen. Denken wir beispielsweise an das Geburtstagszeremoniell in einer Kindergartengruppe. Im Verlaufe eines Jahres wird es 25mal durchgezogen, so daß die Kinder, die es trifft, austauschbar sind. Dadurch aber kommt weder die Individualität der Kinder noch die Einmaligkeit der Beziehung Erzieherin – Kind zum Ausdruck. Die oft recht aufwendigen Geburtstagsrituale – während der Freispielzeit neben den anderen Aufgaben her vorbereitet und in der Gesamtgruppe während des gemeinsamen Frühstücks oder Stuhlkreises durchgeführt – absorbieren die Arbeitskraft der Erzieherin auf einer organisatorischen Ebene, so daß für den Blick auf das einzelne Kind wenig Zeit bleibt. Ergebnis ist, daß z.B. in ritualisierter Form die Frage gestellt wird: „Und was hast du schon zu Hause geschenkt bekommen?", und während das Kind antwortet und die Erzieherin die Antwort echohaft im staunenden Ton wiederholt, denkt sie: „Jetzt noch die Wunderkerzen, dann die Bonbons verteilen lassen und das Abschlußlied! Bin ich eigentlich noch gut in der Zeit?" Nur selten ist in einem solchen Ablauf Platz, sich die Frage zu stellen: „Wo zeigt sich meine besondere Art und Weise, dieses Kind zu lieben?" Das Gegenargument, die Kinder würden auf die genaue Einhaltung der Rituale achten und für die Geburtstagskinder sei dies häufig der Höhepunkt im Kindergartenjahr, ist richtig. Der Geburtstag hat im Prozeß des Älter-werden-Wollens eine hohe emotionale Bedeutung, und viele Kinder lieben es, einmal im Mittelpunkt des Geschehens zu stehen. Aber genau damit wird für uns das bezeichnet, was wir mit Trennung zwischen Kindern und Erzieherinnen gemeint haben: hohe emotionale Aufladung einerseits – Organisation andererseits; als Individuum im Mittelpunkt stehen wollen einerseits – und gleichförmiges Durchziehen eines Rituals, das auch ohne dieses individuelle Kind funktionieren würde, andererseits. Vielleicht ist dies die unbewußte Bedeutung vieler normierender Kindergartenregeln: Sie halten einem die Kinder vom Leib!

f) Regeln erschweren die Erzieherinnenarbeit

Wir haben oben argumentiert, daß ohne Regeln und Rituale die Arbeitsbelastung der Erzieherin so groß wäre, daß sie sie dauerhaft nicht durchhalten könnte. Auf der anderen Seite aber kann eine zu hohe Regelungsdichte die Arbeit auch erschweren. Dazu ein konkretes Beispiel: Die Kinder einer Gruppe sollen gemeinsam nach draußen geschickt werden. Um dieses Ziel zu erreichen, gelten folgende Regeln:

1. Alle Kinder müssen ohne Anziehsachen im Stuhlkreis sitzen.
2. Die Kinder holen ihre Schuhe und Jacken in den Stuhlkreis.
3. Die Kinder ziehen sich, soweit sie es können, alleine an.
4. Die Erzieherin hilft den Kindern, Schuhe und Jacke zu schließen.
5. Die Kinder bringen ihre Pantoffel in die Garderobe.
6. Alle Kinder sitzen angezogen im Stuhlkreis.
7. Die Erzieherin schließt die Tür zum Außengelände auf.
8. Alle Kinder gehen, ohne zu schubsen und zu rennen, nach draußen.

Auch geübte Kindergartengruppen werden für diese Phase nicht unter 10 bis 15 Minuten auskommen. Unabhängig davon, was diese Zeremonie für Kinder bedeutet, wird auch die Belastung der Erzieherin deutlich: Einhaltung des Rahmens und ein Hin-und-her-Wechseln zwischen den konkreten Hilfen für einzelne Kinder beim Anziehen und der Disziplinierung derjenigen, die es nach außen drängt. Wenn eine Erzieherin hier nicht ein „sehr dickes Fell" hat, ist die Wahrscheinlichkeit, hektisch zu werden und in Schweiß gebadet zu sein, groß. Wenn die acht genannten Regeln durch eine einzige ersetzt würden: – „Wer fertig ist, geht schon nach draußen!" –, wären für die Kinder unnötige Disziplinierungen genommen, und die Erzieherin könnte in Ruhe einem Kind beim Anziehen helfen, ohne von hinten angesprungen und von allen Seiten gleichzeitig angesprochen zu werden. Wir denken, daß viele Kindergartenregeln die Arbeitsbelastung der Erzieherin eher erhöhen als vermindern, beispielsweise die Begrenzung auf einen engen Raum oder die Blickrichtung auf die Gesamtgruppe und nicht jedes einzelne Kind. Würde der Ballast unnötiger Reglementierungen weggelassen, wäre viel Energie gewonnen, die z.Z. durch Aufstellung und Überwachung von Regeln gebunden wird. Die Wahrscheinlichkeit, daß in einem freieren Kindergartenleben die Erzieherin die Kinder in einem anderen Licht als vorher wahrnimmt, ist groß, und die individuellere und intensivere Beziehungsgestaltung würde bei den meisten die Berufsmotivation erhöhen.

Die zuletzt genannten Kritikpunkte sollen nicht gegen jegliche Regeln und Rituale in der Kindergartenpraxis streiten, denn sie sind notwendig, um Erzieherinnenarbeit als Berufsarbeit möglich zu machen, und sie sind um der Kinder Willen notwendig, weil sie Orientierung vermitteln, Sicherheit geben, Ängste reduzieren und Schutz – vor anderen, aber auch vor dem eigenen unendlichen Chaos der Gefühle des Kindes – bieten. Die vorstehenden Thesen wollen vielmehr Anlaß geben, die bestehenden Regeln daraufhin zu befragen, ob sie die genannten Funktionen tatsächlich erfüllen. Professionelle Erziehung steht vor einer paradoxen Situation: Zweck ist, einen Beitrag zur Herausbildung von Individualität zu leisten, aber sie tut dies in einem institutionellen Rahmen, der normiert und Individualität ausgrenzt. Diese Spannung läßt sich nicht aufheben, aber es ist eine pädagogische Notwendigkeit, sie zu reflektieren und den Grad an Bewußtheit selbstverständlicher Regeln zu erhöhen.

2. Anfangspunkt: Ein Kind ist ein Kind

- Ein Kind klettert, tobt, rennt, ein Kind ist in sich versunken, ruhig und zurückgezogen;
- ein Kind ist laut und leise, schnell und langsam, fröhlich und traurig, mutig und ängstlich;
- ein Kind hat Kraft, Ausdauer und Spontaneität, Lebendigkeit, ein Kind hat Angst und ist machtlos;
- ein Kind sehnt sich nach Beachtung, Zuwendung und Liebe, ein Kind will für sich allein sein;
- ein Kind spricht und schweigt, singt und quäkt, ist unhörbar und schreit, trampelt und schließt sich ein;
- ein Kind ist zärtlich und voller Zorn, besorgt und egoistisch, liebevoll und aggressiv;
- ein Kind will groß sein und die Welt erobern, ein Kind spürt, es ist klein, abhängig und nutzlos;
- ein Kind fordert: „Laß mir meine Widersprüche", und es fordert: „Hilf mir aus meinen Widersprüchen heraus".

Wir beginnen unsere Kindergartenkonzeption mit dem „Kind", was selbstverständlicher erscheint, als es in den meisten Fällen ist. Was ein Kind ist, setzt der Erwachsene als bekannt voraus; im Mittelpunkt steht deshalb die Veränderung des Kindes, die Zielsetzung der Erziehung und der entsprechend aufbereitete Inhalt, und es stellt sich allenfalls die motivationspsychologische Frage, wie der ausgewählte Inhalt und die gesetzte Zielsetzung sich in die Köpfe der Kinder hineintransportierten lassen.

Zur Charakterisierung der hier vorgeschlagenen Kindergartenkonzeption wird der Begriff „kindzentriert" verwendet. Dies bedingt die Notwendigkeit einer expliziten Darlegung dessen, was wir aus pädagogischer Sichtweise heraus unter „Kind" und „Kindheit" verstehen. Wir wollen deshalb in diesem Kapitel fragen:

- Können wir und wie weit können wir als Erwachsene ein Kind verstehen?
- Unter welchen pädagogischen Vorentscheidungen betrachten wir entwicklungspsychologische Aussagen zur Kindheit?
- Was läßt sich allgemein über die emotionale Situation und die kognitiven Verarbeitungsmöglichkeiten von Kindern zwischen drei und sechs Jahren aussagen?

- Wenn Kinder „Kinder ihrer Zeit“ sind, wie steht es dann heute um das Verhältnis des Kindes zu der es umgebenden und in sie hineinwachsenden Gesellschaft?*

2.1. Welche pädagogischen Sichtweisen benötigen wir zur Annäherung an ein Verständnis von Kindergartenkindern?

Ausgangspunkt der folgenden Darstellung ist die These, das Kind sei nach wie vor ein „unverstandenes Wesen“, das durch zwei nur scheinbar gegensätzliche Tendenzen verzerrt betrachtet wird: Vergöttlichung auf der einen, Mißachtung auf der anderen Seite. Das Kind ist der Messias, es soll es besser haben, frei sein, das zu verwirklichen, was der Erwachsene für sich ersehnt hat; oder das Kind ist noch niemand, ein unvollständiger Mensch, der erst durch die Bemühungen des Erwachsenen entwickelt werden muß. Daß beide Tendenzen nur scheinbar gegensätzlich sind, erkennt man daran, daß sie sich häufig rasch abwechseln können: Das Kind ist klein, es erscheint offen für alle Hoffnungen des Erwachsenen, aber dann ist es nicht so großartig, wie der Erwachsene es in seiner Phantasie gemacht hat, es zeigt „Macken“, macht Schwierigkeiten, die bekämpft werden müssen, und wenn auch dies nichts hilft, wird es mit gleichgültiger Mißachtung fallengelassen. Vergöttlichung – wie kreativ, sensibel, intelligent, sozial verantwortlich Kinder doch im Vergleich zu uns Erwachsenen sind – und Mißachtung – welche Mühen wir uns Erwachsenen doch mit den dummen, lästigen, egoistischen, faulen Kindern machen müssen – sind beide Ausdruck einer egozentrischen Haltung von uns Erwachsenen: wir sehen das Kind nicht so,

---

* Die folgende Darstellung beruht auf psychologischen und soziologischen Theorien, die nicht hinreichend in ihrem Eigengewicht referiert werden können, weil dies den Umfang dieses Buches sprengen würde. Um zumindest einen Ansatzpunkt zum Einstieg in die Originalliteratur zu geben, seien für die drei Hauptbezugstheorien jeweils zwei Buchtitel genannt: Für die Psychoanalyse die „Vorlesungen zur Einführung in die Psychoanalyse und Neue Folge“, Frankfurt 1970[2]; und Erik H. Eriksons Buch „Kindheit und Gesellschaft“, Stuttgart 1971[4]. Für die Entwicklungspsychologie Piagets eines seiner Hauptwerke: „Nachahmung, Spiel und Traum“, Stuttgart 1975; und seine Frühschrift „Das Weltbild des Kindes“, Stuttgart 1978. Drittens schließlich für die Soziologie von Norbert Elias sein Standardwerk: „Über den Prozeß der Zivilisation“, 2 Bd., Frankfurt 1989[14] sowie seine Einführung „Was ist Soziologie?“, München 1971[2]. Die Auswahl der sozialwissenschaftlichen Theorien wird dabei von pädagogischen Gesichtspunkten geleitet, die wir zunächst erörtern wollen.

wie es ist, sondern unsere Wahrnehmung ist beherrscht von unseren Hoffnungen und Ängsten.

Erwachsenenzentrismus

Wenn wir uns einem Verständnis dessen, wie das Kind wirklich ist, annähern wollen, müssen wir uns von diesem Erwachsenenzentrismus befreien. Diese Forderung ist in der Praxis auch deswegen nur schwer zu erfüllen, weil „das" Kind immer nur in Relation zu uns Erwachsenen betrachtet werden kann. Alle Versuche in der Geschichte der Pädagogik, von der Natur des Kindes unter Absehung der gesellschaftlichen Einwirkung auszugehen – von Rousseau über Montessori und die Waldorf-Pädagogik bis zur antiautoritären Erziehung –, haben sich widersprechende pädagogische Anthropologien, was die Natur des Kindes sei, hervorgebracht, hinter denen einseitige Erwachsenenbilder durchscheinen. Auf ihnen gründen Erziehungskonzepte, die in ihrer autoritären Berufung auf die Natur des Kindes fragwürdig erscheinen, auch wenn in ihnen häufig von der Freiheit des Kindes die Rede ist. Diese wird vielmehr reduziert auf die Bestätigung des Bildes, was man vorab von dem Kind gezeichnet hat, während alle anderen Verhaltensweisen, die in dem pädagogischen Plan nicht vorgesehen sind, als „Deviation" (Maria Montessori) ausgeschlossen werden.

Was ein Kind ist, erschließt sich uns auf der anderen Seite auch nicht durch unmittelbare, scheinbar vorurteilslose Beobachtung. Verständnis für ein Kind zu erwerben, bedeutet, hinter der wahrnehmbaren Oberfläche des Verhaltens Zusammenhang zu entdekken, unbewußten Motivationen sprachlichen Ausdruck zu geben, die Geschichtlichkeit einer einzelnen Verhaltensweise zu erkennen. Ebenso wie wir Erwachsene besitzt das Kind eine Tiefendimension emotionaler Antriebe und kognitiver Strukturen, durch die seine aktuellen und sichtbaren Äußerungen geprägt sind und ihnen Sinn geben; und ebenso wie wir Erwachsene besitzt das Kind eine individuelle Geschichte, die seine Gegenwart erklärt und Möglichkeiten sowie Grenzen seiner zukünftigen Entwicklung beeinflußt. Wollte man den Gefahren ideologischer Setzungen über die „Natur des Kindes" entgehen, indem nur noch die äußerlich sichtbare Beobachtung des Kindes Geltung hätte, würde dies durch ein Verständnis von Kindern erkauft, das zu den wesentlichen Dimensionen ihres Lebens nicht vordringen kann und durch die Oberflächlichkeit pädagogisch wenig hilfreich wäre. Die Wahrscheinlichkeit ist groß, daß die festgestellten Beobachtungen dann ausschließlich durch die

Brille der Erwachsenen interpretiert würden und dadurch die kindliche Tiefenstruktur seines Denkens und Fühlens verzerrten.

Um dem Dilemma zu entgehen, daß einerseits eine Festschreibung der „Natur des Kindes" eine autoritäre Pädagogik befördert, die nur sieht, was in ihr ideologisches Bild paßt, und daß andererseits eine scheinbar vorurteilslose Beobachtung pädagogisch wenig fruchtbar ist, da sie nicht hinter die Kulissen des Sichtbaren schauen läßt, ist eine reflektierende Betrachtungsweise notwendig, die dadurch die Gefahren des Erwachsenenzentrismus vermeidet, daß sie ihre Perspektiven expliziert und somit der kritischen Diskussion zugänglich macht. Es ist eine schmale Gratwanderung, auf der einen Seite theoretische Vorentwürfe eines Bildes von Kindern zu benötigen, damit ein Verstehen überhaupt möglich wird, und auf der anderen Seite der Gefahr zu entgehen, daß durch diese Blickrichtungen sich erwachsenenzentristische, das Kind verfehlende Vorannahmen durchsetzen, die ein Verstehen verhindern. Um dies zum Ausdruck zu bringen, sprechen wir nicht von dem richtigen Verständnis von Kindern, sondern vorsichtiger von der Annäherung an Kinder. Wir können Kinder und ein Kind nicht „verstehen", auch weil sie in einem fortlaufenden Wandlungsprozeß begriffen sind, der immer auch Möglichkeiten enthält, die unser Bild sprengen.

Diese genannten Einschränkungen gelten nicht nur für Überlegungen von Kindern auf einer allgemeinen Ebene, sondern ebenso für den konkreten Erziehungsprozeß selbst. Eine Erzieherin benötigt ein Bild von einem bestimmten Kind, um dessen Äußerungen verstehen und Hilfen für seine Entwicklung anbieten zu können, aber sie muß dieses Bild auch ständig selbstkritisch daraufhin überprüfen, inwieweit es diesem einzelnen Kind gerecht wird, und wo einige Voreingenommenheiten es verzerren. Der pädagogische Prozeß kann von dieser Seite aus als ein Annäherungsversuch an ein Verständnis eines im Werden begriffenen Menschen betrachtet werden.

Entwicklungspsychologien

Eine wichtige Hilfe, zu einem Mehr an Verständnis von Kindern zu gelangen, bieten uns die Entwicklungspsychologien. Doch so wie es nicht „das" Kind gibt, gibt es nicht „die" Entwicklungspychologie, sondern nur sehr unterschiedliche Theorien und empirische Untersuchungen, die sich auf verschiedene Aspekte kindlicher Entwicklung beziehen und einen mehr oder weniger weiten Umfang haben. Auch der Entwicklungspsychologe gewinnt seine Ergebnisse nicht durch Beobachtung „der Natur des Kindes", sondern durch eine von theoretischen Vorentscheidungen ausgehende und zu ihnen zurückführende Arbeit. Wir können diese Vorentscheidungen als pädagogisch-anthropologische Blickrichtungen bezeichnen.

Vereinfachend gesagt, lassen sich zwei gegensätzliche Standpunkte des Entwicklungsverständnisses skizzieren: Die quantitative Sichtweise sieht in dem Kind einen „kleinen Erwachsenen", der noch nicht so viel weiß, so genau denken, so intensiv fühlen, so kompetent handeln kann. Ähnlich wie aus dem 50 cm großen und 3000 g schweren Säugling mit der Zeit der 1,80 m große und 65 kg schwere Erwachsene wird, besteht auch die psychische Entwicklung in einer mehr oder weniger stetigen Zunahme von Fähigkeiten. Die qualitative Sichtweise betont demgegenüber, daß das Kind nicht als im Vergleich zum Erwachsenen weniger „vollständig" gesehen werden kann, sondern sie hebt die Andersartigkeit verschiedener, aber jeweils in sich vollständiger, ganzheitlicher Strukturen zwischen Säugling, Kind, Jugendlichem, Erwachsenen hervor. Entwicklung besteht in dem notwendigen Nacheinander des Ablaufs verschiedener Stufen des menschlichen Lebenslaufs. Eine solch qualitative Betrachtungsweise schließt quantitative Entwicklungsprozesse nicht aus, da eine neue Entwicklungsstruktur nicht plötzlich hervorbricht, sondern durch Wachstum auf der jeweiligen Stufe aufgebaut wird.

In unserer Kindergartenkonzeption betonen wir diese zweite Sichtweise. Ein Kindergartenkind denkt, fühlt und handelt nicht weniger oder weniger kompetent als ein Erwachsener, sondern anders, und diese Andersartigkeit hat ihren eigenen Wert im Verlauf des menschlichen Lebens. Es ist deshalb nicht das Ziel der erzieherischen Bemühungen, möglichst schnell zu der eigentlich wichtigen Erwachsenenkompetenz überzuleiten, sondern wichtig ist, die Breite und Intensität der Strukturen zu fördern, in denen das Kind denkt, fühlt und handelt. Damit die Erzieherin einem Kind aber die Hilfestellungen geben kann, derer es auf seiner jetzigen Stufe bedarf, muß sie sich von ihrem eigenen Egozentrismus befreien und die qualitative Andersartigkeit des Kindes verstehen.

Die Frage nach unserem Verständnis von Kindern ist nicht vorurteilslos, sondern getragen von einem spezifisch pädagogischen Interesse, nämlich der Frage nach einer dem Wohl des Kindes dienenden Entwicklungsförderung. Entwicklungspsychologische Theorien enthalten implizite pädagogische Konsequenzen, die in der Bestimmung des Verhältnisses zwischen der sozialisierenden

Umwelt und den sich entwickelnden kindlichen Strukturen ihren Grund haben. Wiederum vereinfachend lassen sich drei Positionen unterscheiden:

- Entwicklung kann als innere, von den Erbanlagen gesteuerte Reifung verstanden werden, zu der die Aktivität der Umwelt, aber auch die des Kindes wenig beitragen kann. In dem Beiwort „Garten" von Kindergarten ist eine solche Sichtweise angelegt: So wie der Gärtner eine Blume nicht wachsen und blühen machen kann, sondern allenfalls das überwuchernde Unkraut beseitigt, bei langer Trockenheit Wasser gießt und vielleicht ein wenig düngt, stellt auch der Kindergarten einen Schonraum dar, damit der Bauplan des Kindes, der seit der Geburt in ihm angelegt ist, sich möglichst ungestört aus sich selbst heraus entfalten kann.
- Andere Entwicklungspsychologien betonen demgegenüber die Bedeutung der Umwelt. Von zentraler Wichtigkeit sind die von den Erwachsenen gesteuerten Lernprozesse, durch die im Kind die notwendigen Kompetenzen aufgebaut werden. Bilder zu dieser Vorstellung sind: das Kind als „tabula rasa", als ein leeres Blatt, auf das der Erwachsene schreibt, oder die Vorstellung vom Füllen leerer Gefäße. In der Vorschulerziehung Ende der 60er und Anfang der 70er Jahre, die dem traditionellen Kindergarten vorwarf, er verdumme die Kinder künstlich, und es gelte dagegen, durch systematische Lehr-Lernprozesse die Entwicklung des Kindes anzuregen und zu bereichern, war eine solche Sichtweise von Kindern vorherrschend.
- Eine dritte Gruppe entwicklungspsychologischer Ansätze hebt die Interaktion zwischen der kindlichen Eigenaktivität und der Umwelt hervor. Mit Interaktion ist mehr gemeint als die kompromißhafte Formel eines „sowohl-als-auch" oder einer quantitativen Einschätzung des Anteils der fördernden Umwelt und der anlagegesteuerten Reifung. Vielmehr geht es um ein Verständnis des gelingenden oder mißlingenden Zusammenspiels zwischen innen und außen. Dabei spielt der Gesichtspunkt der Aktivität des Kindes eine entscheidende Rolle. Erfahrungen werden nicht durch die Umwelt der Psyche des Kindes aufgedrängt, und es entwickelt sich auch nicht quasi automatisch aus sich selbst heraus, sondern die Erfahrung der Außenwelt wird durch das handelnde und wahrnehmende Kind in seinem Innern mit Hilfe der vorhandenen Strukturen neu konstruiert. Wenn wir auch hier nach einem Bild suchen, können wir an die Nahrungsaufnahme, Verdauung und damit das körperliche Wachstum denken: Es wäre unsinnig zu sa-

gen, die Nahrung sei wichtiger als die Tätigkeit der Verdauungsorgane – oder umgekehrt; ebenso unsinnig wäre die Behauptung, körperliches Wachstum bestünde zu 50 % aus Nahrung und zu 50 % aus Verdauung; vielmehr kommt es auf das Zusammenspiel zwischen beiden an. Das Beispiel läßt sich in der Weise auf die psychische Entwicklung des Kindes übertragen, daß das Kind notwendiger Weise Anregungen der Umwelt bedarf, die jedoch nicht direkt die Entwicklung bedingen, sondern „Nahrung" für die vorhandenen und sich entwickelnden kognitiven und emotionalen Strukturen des Kindes sind. Durch seine Aktivität baut das Kind sich in seinem Innern ein Bild seiner Umwelt neu auf und gleichzeitig bewirkt es dadurch eine Veränderung seiner inneren Strukturen, so daß in der Folge die Interaktion von innen und außen auf ein neues Niveau gehoben wird.

Für unsere hier zu entfaltende Kindergartenkonzeption eignet sich eine solche Sichtweise kindlicher Entwicklung, die die Eigenaktivität des Kindes betont. Wir finden so eine pädagogische Haltung, die die Gefahren der Ohnmacht der Erzieherin, die bei der Hervorhebung der Reifung naheliegt, und ihrer Allmacht, die einseitige Lernpsychologie suggerieren, vermeidet. Wir sehen das Kind als einen Menschen, der sich nur in enger Beziehung zu seiner natürlichen, personalen und sächlichen Umwelt entfalten kann, aber er wird dies in pädagogisch-normativer Hinsicht dann am besten können, wenn seine Umwelt sich um eine „Passung" an die Aktivitätsstrukturen des Kindes bemüht. Denn Entwicklung kann einerseits durch die Umwelt gehemmt, verhindert, abgebogen, zerstreut, sie kann andererseits von außen befruchtet, angestoßen, gelenkt, zerstört werden, aber sie kann nicht von dem Erwachsenen gemacht, hergestellt werden, sondern sie beruht auf der Eigenaktivität des Kindes. Nichts wird in seinen eigenen Kopf und seine eigene Seele hineingelangen, als was es nicht durch die eigene Tätigkeit seines Auges, seines Ohres, seiner Hand hineingebracht hat.

Entwicklungsdimensionen

Noch ein weiterer Punkt ist bei der Frage der Voraussetzungen für ein pädagogisches Verständnis von Kindergartenkindern zu klären: In welchem Verhältnis stehen die Entwicklungen in kognitiver, emotionaler und sozialer Hinsicht? Handelt es sich um verschiedene Anteile, so daß deren Gewichtung für den Prozeß frühkindlicher Erziehung zu klären wäre, oder gibt es nur einen einheitlichen Entwicklungsprozeß, so daß die Aufteilung in verschiedene Bereiche künstlich ist?

In unserem Verständnis gehen wir davon aus, daß die emotionale, kognitive und soziale Entwicklung keine getrennten Bereiche bilden, sondern Aspekte ein und desselben Entwicklungsgangs sind. Emotionale Spannungen treiben zum Handeln und Denken, und es gibt keine Handlung und keinen Denkprozeß ohne einen solchen Antrieb; andererseits aber muß ein diffuses Gefühl Ausdruck in dem Inhalt eines Gedankens oder einer Handlung finden, um Gestalt anzunehmen. Unsere Fähigkeiten zum Handeln, Wahrnehmen und Denken bilden interne Strukturen, die die Möglichkeiten des Agierens und Reagierens in unserer Umwelt bestimmen; andererseits geschieht der Aufbau dieser Handlungs- und Denkstrukturen und auch die Weise, in der wir unsere Gefühle modellieren, in einer natürlichen und sozialen Gesellschaft. Feststellen läßt sich deshalb an jeder Handlung

- ein affektiver Aspekt, der die triebhafte Komponente des Tätigwerdens des Individuums in sein Umfeld hinein erklärt,
- ein kognitiver Aspekt, der das Möglichkeitsniveau des Individuums, in einer konkreten Umwelt sein Triebziel zu erreichen, bestimmt, und
- ein sozialer Aspekt, der einerseits als „Nahrung“ für die Wünsche und den Möglichkeitsaufbau des Individuums dient sowie andererseits die Zielrichtung der Handlung und die Verschiebung des Triebwunsches beeinflußt.

Innerhalb eines jeden der drei Entwicklungsaspekte gibt es spezifische Widersprüchlichkeiten: für den emotionalen Aspekt hat sie Freud mit seiner dualistischen Triebtheorie als Sexualität und Aggression beschrieben; Piaget bezeichnet mit Assimilation und Akkommodation ein aufeinander bezogenes Gegensatzpaar der kognitiven Entwicklung; und der Symbolische Interaktionismus benennt personale und soziale Identität als die beiden Teilbereiche, die es in der Ich-Identität zu integrieren gilt. Im Verlauf der Entwicklung muß auf allen drei Ebenen ein Gleichgewichtsprozeß hergestellt werden, der die jeweiligen Spannungen aufhebt. Darüber hinaus muß auch zwischen den emotionalen, kognitiven und sozialen Aspekten ein Gleichgewichtszustand erreicht werden, so daß eine doppelte Form der Anpassung geschaffen wird: Regulierung der Triebe, realistische Weltsicht und kompetentes Handeln einerseits, Bedürfnisbefriedigung, Rekonstruktion der Wirklichkeit und soziale Anerkennung andererseits.

Halten wir also zusammenfassend fest:

- Betonung der qualitativen Unterschiedlichkeit der emotionalen und kognitiven Strukturen zwischen dem Kind und dem Erwachsenen,
- Anerkenntnis des notwendigen Eigenrechts der kindlichen Andersartigkeit im Gesamt der Lebensphasen,
- die zentrale Rolle der Eigenaktivität des Kindes beim Aufbau seines Selbst- und Weltbildes
- sowie die Einheitlichkeit des Entwicklungsprozesses in kognitiver, emotionaler und sozialer Hinsicht

sind entscheidende Prämissen, unter denen wir unser Bild von Kindergartenkindern betrachten.

2.2. Welche emotionalen Themen bestimmen die Entwicklungssituation von Kindergartenkindern?

Die 1980 vom Deutschen Jugendinstitut herausgegebene revidierte Fassung des „Curriculum Soziales Lernen" weist in zehn Teilen 27 didaktische Einheiten auf, deren Themen von „Was meine Eltern tagsüber tun" über „Ausländische Kinder" bis zu „Was Kinder gerne haben wollen" reichen. Über diese Projekte hinaus, die sich primär auf soziale Interaktionen beziehen, läßt sich eine ebenso reichhaltige Palette an Inhalten denken, die sich mit Fragen des naturwissenschaftlichen und technischen Weltverständnisses beschäftigen. Wir erhalten eine unabschließbare Fülle von Themen, da jeder Aspekt der natürlichen und sozialen Welt Inhalt des Kindergartengeschehens werden kann. Im Gegensatz dazu wollen wir den Begriff der kindlichen Situation nicht auf das Außen, sondern auf das Kind selbst beziehen, indem wir nach den emotionalen Themen fragen, die für Kinder im Kindergartenalter zentral sind. Diese sind nicht beliebig, sondern die entwicklungspsychologische Reflexion betont einige wenige Leitthemen, deren Ausgestaltung in der konkreten Situation einzelner Kinder unterschiedlich ist, die aber eine gemeinsame Struktur aufweisen. Solche auf die sich entwickelnde Emotionalität drei- bis sechsjähriger Kinder bezogenen zentralen Themen wirken in Bezug auf die Auswahl und Gestaltung von konkreten sozialen Situationen wie „Filter", deren Beachtung bei der Planung der inhaltlichen Arbeit wichtig ist, weil sie die kindliche Perspektive enthüllen und deren Entwicklungschancen bedingen.

Ondi

Die folgende Darstellung ist beeinflußt durch die psychoanalytische Entwicklungspsychologie, insbesondere die grundlegenden Arbeiten Erik H. Eriksons. Wir wollen dabei aber nicht von dem Referat der Literatur ausgehen, sondern ein ausführliches Beispiel vorstellen, das uns ein Mädchen im Alter von drei bis vier Jahren zeigt. Daß es nicht im Kindergarten spielt, sondern aus der Familiensituation des Kindes stammt, hängt auch damit zusammen, daß die Beobachtungsmöglichkeit im Kindergarten häufig eingeschränkt ist, so daß die Intensität kindlichen Fühlens und Denkens nicht im tatsächlichen Ausmaß sichtbar wird.

Das Beispiel handelt von Ruth, die während des Beobachtungszeitraums zwischen drei und vier Jahre alt ist und gemeinsam mit ihrem Vater lebt. Am 6. Dezember feiert Ruth zweimal Nikolaus, zuerst im Kindergarten und dann auf der Geburtstagsfeier ihrer Freundin. Das Ereignis hinterläßt einen bleibenden Eindruck: Nikolaus wird über mehr als zwei Jahre der ständige Begleiter von Ruth, er geht mit ihr ins Bett, sie spielen zusammen, zanken und vertragen sich. Zu Beginn des neuen Jahres kommt eine weitere Figur hinzu: Ondi, und es ergeben sich nun wechselhafte Koalitionen zwischen Ruth, Nikolaus und Ondi. Nochmals drei Monate später – am Tag der Auferstehung Christi – kommt schließlich Suse hinzu, die im Gegensatz zu den anderen beiden eine kindgerechte Geburt erlebt: Suse ist in Ruths Bauch gewachsen, Ruth ist zum Arzt gegangen, der ihr den Bauch aufgeschnitten und Suse herausgeholt hat. Suse ist ein Baby, das viel Verständnis und Pflege benötigt, aber sie kann schon sprechen und Ruth deshalb mitteilen, was sie möchte. Nikolaus und Ondis Alter ist dagegen unbestimmter: mal sind sie jünger, mal älter als Ruth, häufig aber gleich alt. Ihre Geschlechtsbestimmung ist unterschiedlich, mal erhalten sie männliche, mal weibliche Pronomina und Artikel. Die im folgenden zitierten Begebenheiten sind nur wenige Beispiele der Spielphantasie Ruths, die über gut zwei Jahre andauert und einen großen Teil ihres Lebens bestimmt:

1. Ruth fährt mit ihrem Vater im Auto. Auf der Rückbank gibt es einen heftigen Streit, in dessen Verlauf Ondi erklärt: „Ruth ist doof!“ Dann fragt sie Suse, ob sie auch nicht mehr mit Ruth spielen würde. Jetzt wird Ruth aktiv und fragt erst Suse, dann Nikolaus, ob nur sie noch zusammen und nicht mehr mit Ondi spielen sollen. Beide bejahen und Ruth erklärt: „So, jetzt kann die Ondi alleine spielen. Die kann jetzt machen, was sie will.“

2. Ruth wird ins Bett gebracht. Sie zieht sich alleine aus und kommt plötzlich wirklich weinend zu ihrem Vater: „Die Ondi hat mich geschubst." Dann wird sie wütend und sagte: „So, da liegt Ondi. Die habe ich totgeschossen." Als Tatwerkzeug dient ihr bei dieser sich vielfach wiederholenden Szene eine kleine Spielzeugpistole, jeder andere längliche Gegenstand, notfalls auch ihr Zeigefinger.

3. Ruth sitzt mit drei Dosen Knete am Küchentisch und fragt Ondi: „Ondi, willst du etwas haben? Ich gebe dir eine Dose." – Danach schiebt sie eine Dose beiseite. Suse bekommt auch eine. Ruth stutzt: Sie schaut auf ihre drei Dosen, zeigt jeweils auf eine und sagt: „Suse, Ondi, Nikolaus" und stellt fest, daß für sie selbst keine Dose Knete mehr übrig bleibt. Deshalb sagt sie: „Wir können ja teilen. Ondi, soll ich dir was geben?" Ruth macht die Dose auf und gibt Ondi ein Stück Knete. Dann sagt sie zu Suse: „Soll ich dir die Dose mal aufmachen?" Suse: „Ja." Ruth: „Die geht aber wirklich schwer auf." Suse und Nikolaus bekommen auch Knete, und die vier unterhalten sich nun länger über die Art des Knetens und die Verteilung der Stücke. Ruth sagt zu ihrem Vater: „Die Ondi kriegt keine Knete mehr. Die ißt die Knete auf. Ich mache das ja nicht mehr." Ruth verteilt nun die Knetestücke neu, so daß Ondi nichts abbekommt. Sofort hinterher kriegt sie aber doch zwei Stücke. Ruth will dann ein Messer zum Knetespiel. Als sie es bekommt, sagt sie zu ihrem Vater: „Guck mal, Papa, wie die Ondi das macht (sie schneidet mit der stumpfen Seite). So geht das doch nicht. Ich weiß, daß man das mit der scharfen Seite schneidet. Die Ondi steckt das Messer in den Mund und schluckt es herunter. Dann muß die zum Arzt. Die weint immer, wenn die beim Arzt ist." Ruth fragt Suse: „Suse, willst du auch einmal das Messer haben?" Suse: „Ja!" Aber Ruth nimmt es ihr bald wieder ab und erklärt, daß Suse noch ein Baby sei. Suse: „Ruth weiß das. Ich bin noch ein Baby. Ruth schneidet mir was ab." Das Kneteschneiden geht einige Minuten so weiter, bis Ondi erklärt: „Ich nehme die Knete, die und die (alle drei Töpfe)." Aber Ruth verbietet es ihr und schiebt die Dosen beiseite, „damit Ondi nicht drankommt". Ondi: „Da komme ich aber dran." Ruth: „Die Ondi hat Angst vor Hexen. Ich hab aber keine Angst vor Hexen. Echte Hexen gibt es doch gar nicht."

4. Während ihr Vater Mittagessen macht, spielt Ruth draußen auf der Terrasse. Sie ruft ihren Vater nach draußen und erzählt, indem sie mit einem Stock in einem Becher rührt, in dem etwas Regenwasser und ein paar Grashalme und Blätter sind: „Suse ist krank. Die hat

Bauchschmerzen. Ich mache ihr jetzt gerührten Sprudel. Außerdem hat der Arzt gesagt, darf sie noch Schokolade essen und Milch trinken. Ich mache jetzt gerührten Sprudel, damit die ganze Kohle (= Kohlensäure) rauskommt." Sie rührt noch, bis sie zum Mittagessen hereingerufen wird, steht dann schnell wieder auf, um ihren gerührten Sprudel weiterzumachen. (Ruth hatte eine Woche vorher Magen-Darmgrippe gehabt.)

5. Ruth fährt mit ihrem Vater an Pferden vorbei. Sie läßt sich bestätigen, daß Pferde Gras und keinen Dreck essen. Darauf sagt sie: „Pferde essen ja doch Dreck. Hab ich gesehen mit Ondi, Nikolaus und Suse. Früher, als du (ihr Vater) noch nicht auf der Welt warst." Gleichermaßen behauptet sie, bevor ihr Vater auf der Welt war, mit Suse, Ondi und Nikolaus schon einmal eine grüne Sonne gesehen zu haben.

6. Als Ruth Fahrrad fahren lernt, muß sie alle vorhandene Konzentration dafür einsetzen. Plötzlich bleibt sie stehen und deutet auf einen neben dem Fahrradweg verlaufenden Graben: „Nikolaus ist in den Graben gefallen und hat sich an den Brennesseln verbrannt. Jetzt ist Nikolaus tot." (Am Tag vorher wurde Ruth erklärt, warum sie Brennesseln nicht anfassen dürfe.) Ihr Vater widerspricht: „Aber vom Vom-Fahrrad-Fallen und den Brennesseln wird man nicht tot." Ruth: „Aber die Frau hat ihn ja in den Ofen geschoben und der mußte verbrennen." (Eine Verdichtung der Hexe aus Hänsel und Gretel und dem Wort „Brennessel".)

7. Ruth tritt mit ihrem linken Fuß ihren Vater und kratzt ihn mit der linken Hand. Sie soll es sein lassen, aber Ruth erklärt: „Das ist Ondi, die macht das." Sie streichelt dann mit ihrem rechten Fuß und mit ihrer rechten Hand ihren Vater und sagt, Ruth würde ihren Vater streicheln. Dann tritt sie ihn wieder mit dem linken Fuß und kratzt ihn mit der linken Hand, was sie erneut Ondi zuschiebt.

8. Ruths Vater liegt in seinem Bett. Ruth macht das Licht aus, so daß es ganz dunkel ist. Sie kommt angekrabbelt und erklärt ein Spiel: Sie mache jetzt immer Geräusche und der Vater müsse raten, was das für ein Tier sei: „Miau, miau." – „Katze." Ruth krabbelt zum Lichtschalter zurück und erklärt dabei, sie habe Angst vor Hexen. Sie macht das Licht wieder an, und ihr Vater unterhält sich mit ihr über Hexen. Doch sie bleibt dabei, daß es Hexen gäbe und schreibt ihnen alle bösen Eigenschaften zu. Dann sagt sie unvermittelt: „Ondi brauche ich jetzt nicht mehr. Die hat das jetzt gelernt, daß sie nicht mehr

böse ist." Und dann fragt sie ihren Vater ganz ernsthaft, ob es eine echte Ondi und Suse sowie Nikolaus gäbe.

Spiel

Das zitierte Beispiel läßt sich als Spiel charakterisieren. Spiel ist nicht alles im Leben des Kindes, auch nicht des Kindergartenkindes, aber doch sehr viel. Während für uns Erwachsene das Spiel ein Randbereich der Erholung ist, der neben vielen anderen steht, nimmt er für das Kindergartenkind quantitativ einen Hauptteil seiner Zeit in Anspruch und ist qualitativ gesehen ein zentraler Faktor in seiner Arbeit des Entwicklungsaufbaus. Immer wieder können wir die spontane Tendenz des Kindes beobachten, symbolisch die Welt umzudeuten, um auf diese Weise spielerisch mit ihr umzugehen. Spielerisch meint dabei nicht wie für uns Erwachsene leichtfertig und kurzweilig. Wenn Ruth in der Episode 6 bei der für sie schwierigen Tätigkeit des Erlernens des Fahrradfahrens innehält und äußert, Nikolaus sei in den Graben gefallen und tot, so ist dies keine Ablenkung, sondern zeigt, daß neben der Bewältigung der motorischen Schwierigkeit sie sich mit der Angst in ihrem Inneren auseinandersetzen muß. Spiel ist für Kinder keine Zerstreuung, sondern intensive Beschäftigung mit inneren Ängsten, Verletzungen von außen, positiven und negativen Gefühlen, sich entwickelnden Weltsichten und Selbstkonzepten.

Die psychoanalytische Entwicklungstheorie erklärt die Bedeutsamkeit des Mechanismus des Spiels für die Psyche der Kinder durch die Umwandlung von Passivität in Aktivität. Wir können dies in den Beispielen oben oft wiedererkennen: Ruth hat Angst, ihr Fahrrad nicht beherrschen zu können und in den Graben zu fallen, und in ihrer Spielphantasie ist sie es, die beschreibt, wie Nikolaus in den Graben fällt. In der 4. Episode verarbeitet sie ihre Krankheit, indem sie für Suse das macht, was mit ihr geschehen ist. Kinder sind klein und von vielerlei Dingen abhängig: der Tagesrhythmus wird nicht von ihnen bestimmt, sondern sie müssen sich ihm anpassen, die Welt, in der sie leben, ist nur in kleinen Ausschnitten ihren Bedürfnissen und ihren Proportionen angepaßt. Dazu kommt, daß auf Grund der Weltsicht des Kindes sie viele Dinge, die um sie herum und mit ihnen geschehen, nicht einordnen können, sondern sie erscheinen immer als eine unvorhersehbare Flut von Zufälligkeiten, der man sich ergeben muß. Die inneren und äußeren Faktoren bedingen so eine starke Passivität des Kindes. Will es darin nicht untergehen und seine Handlungsbemühungen einstellen, sondern will das

Kind im Gegenteil aktiv auf die Welt zugehen, seine Bedürfnisse in ihr befriedigen und seine kognitive Entwicklung vorantreiben, bedarf es eines die Passivität kompensierenden Mittels. Dies stellt das Spiel dar, mit dem das Kind sich eine Welt aufbaut, die es versteht, in der es seine Wünsche erfüllen und seine Ängste bearbeiten kann.

Dabei entwickelt das Kind eine große Beharrlichkeit, die gegen das klassische Vorurteil der Unkonzentriertheit und nur geringen Aufmerksamkeitsspanne des Kindergartenkindes steht. Ruths Spielfiguren haben sie über Jahre begleitet, und sie waren in den Hochzeiten bei fast allem, was sie tat, präsent: Vom morgendlichen Aufstehen über das Frühstück, bei ihren sonstigen Spieltätigkeiten bis zum Einschlafen war ihr Kopf ständig bereit, ihre individuelle Geschichte auszubreiten. Es gibt nur wenige Erwachsene, die über Jahre hinweg ihr Thema in dieser Intensität finden und elaborieren, wobei das jahrelange Spiel gleichzeitig Ausdruck und Medium der Entwicklung war. Wenn Kinder im Kindergarten unkonzentriert erscheinen, liegt dies nicht in den Kindern begründet, sondern darin, daß sie nicht die Möglichkeit haben, zu ihrem Spielthema zu gelangen. Das Spiel ist für das Kind kein Spiel, kein Auftauchen irgendwelcher, zufälliger Inhalte, sondern in ihm werden Themen abgehandelt, die für die Entwicklung der Kinder von existentieller Bedeutung sind.

Entwicklungsthemen

Vergleichen wir das Kind in dem Alter, in dem es in den Kindergarten eintritt, mit dem Säugling, so können wir feststellen, daß es bereits eine erste Form der Anpassung zwischen den affektiven Triebwünschen und den Anforderungen der Umwelt erreicht hat: Es kann seine Bedürfnisse sprachlich äußern, in gewissen Grenzen kann es sie aufschieben und in eine Form bringen, die von seiner Umwelt toleriert wird. Ein dreijähriges Kind weiß, daß es eine Person ist, die in engem Kontakt zu seinen Eltern und weiteren Personen steht, aber es hat auch erfahren, daß es sich nicht in diesen Beziehungen auflöst. Das in den Kindergarten eintretende Kind weiß auf Grund der bisherigen Entwicklungsschritte, daß es eine eigenständige Person ist. Im folgenden muß es „lernen“, welche Person es ist. Diese Frage – „Wer bin ich?“ – ist keine äußerliche, an der Oberfläche liegende, sondern eine, zu der das Kind durch heftige Affekte getrieben wird, und die es in seinem Innern tief berührt. Vieles von dem, was das Kind in der Familie und im Kindergarten erlebt, was es zufällig aufschnappt oder bewußt an seiner Umwelt wahrnimmt, wird auf der Folie dieses emotionalen Bedürfnisses, herauszufinden, wer es ist, interpretiert. Die Frage wird das Kind zu einem neuen Gleichgewicht zwischen seinen inneren Antrieben und seiner Außenwelt führen. Wenn wir nochmals die Spielphantasie von Ruth anschauen, so werden wir einige Themen wiederfinden, die Ausdruck der zentralen Entwicklungsfrage dieses Alters sind. Diese Themen sind dabei nicht zufällig, sondern für Kindergartenkinder charakteristisch, wenngleich die konkreten Inhalte, an denen sie abgehandelt werden, sich bei verschiedenen Kindern sehr unterschiedlich gestalten können. Fünf Themen, die die emotionale Entwicklung von Kindergartenkindern charakterisieren, wollen wir beschreiben.

1. Thema: Ich habe Zärtlichkeit, aber auch Aggressionen

In den meisten Spielen, die Ruth spielt, kommt die Ambivalenz des Gefühlslebens zum Ausdruck: Es gibt auf der einen Seite liebende, zärtliche Gefühle – wenn sie die kranke Suse umsorgt, wenn sie etwas abgibt –, und auf der anderen Seite auch Wut, Aggression und Zerstörung – wenn sie sich zankt und Ondi umbringt. Das letzte kommt sogar sehr häufig vor, und es scheint in dreifacher Weise motiviert zu sein: Zum ersten ist es Ausdruck der in dem Kind wirkenden aggressiven Spannung, die u.a. in den Spielphantasien einen Ausdruck findet und somit gebunden und nach außen transportiert werden kann. Zum zweiten ist es eine Etappe in der Auseinandersetzung des Kindes, sich verständlich zu machen, was menschliche Entwicklung und Entwicklung überhaupt heißt (s.u.), und drittens schließlich ist das Töten-Spiel eine Reaktion auf die erlittenen Aggressionen und insofern reaktiv (siehe Episode 2). Kinder erleiden in ihrem realen Leben häufig Angriffe von außen, bei denen sie sich nicht wehren können. In ihrem Spiel können sie nun diese Spannung abbauen, indem sie Erlittenes in aktives Töten umwandeln. Die Ambivalenz von Zärtlichkeit und Wut kommt gut in der 7. Episode zum Ausdruck: „Ich bin lieb, ich streichele dich! Aber ich bin nicht nur lieb, ich hasse dich auch. Nur, wenn ich das jetzt zeige, verliere ich deine Liebe. Wie komme ich aus diesem Dilemma heraus?“ In unserem Beispiel findet Ruth die Lösung durch die Teilung ihres Körpers in eine liebe rechte Hand und einen lieben rechten Fuß, die streicheln, und eine böse linke Hand und einen bösen linken Fuß, die kratzen und treten. Mit der Teilung ihres Körpers teilt sich auch ihr Kopf: die rechte gute Seite gehört ihr, die linke böse Seite Ondi. Es bedarf vieler solcher Versuche, bis eine Einheit angesichts der Ambivalenz von Gefühlen aufgebaut ist.

2. Thema: Ich habe Angst

So wie die Aggression, so hat auch die Angst einen inneren und einen äußeren Anteil. Klein und unabhängig zu sein, behandelt zu werden, viele Dinge, die außen ablaufen, nicht verstehen zu können, löst ebenso Angst aus wie das Überschwemmtwerden von der Ambivalenz der inneren Triebwünsche zwischen Sexualität und Aggression (auffällig vor allem im Schluß der 8. Episode). Ein Übermaß an Angst würde das Kind unfähig machen, aktiv seine Entwicklung vorwärts zu treiben. Um nicht in diffuser Angst unterzugehen, muß das Kind seiner Angst Namen geben, um sie zu binden und so bearbeiten zu können. Wenn ein Kind die Spannung, die es in seinem Innern spürt und die es vernichten (handlungsunfähig machen) könnte, „Hexe" nennt, dann kann es sich vorstellen, wie die Hexe aussieht, wo ihr Haus ist, es kann Hexengeschichten hören etc. Auf diese Weise wird es dem Kind möglich, aktiv an seiner Angst zu arbeiten. Wenn darüber hinaus Ruth in der 4. Episode es nicht selbst ist, die Angst vor Hexen hat, sondern Ondi es ist, dann spielt sie mit der Ambivalenz von innen und außen. Ihre innere Angst wird somit in zweifacher Weise in das Außen verlegt und damit der aktiven Gestaltung anheimgegeben: als Bild von der Hexe und als Gestalterin eines Spiels, bei dem nicht sie selbst, sondern die Spielpartnerin die Hexe benötigt.

3. Thema: Ich bin nicht nur heute

Die für das Kindergartenalter entscheidende Frage – „Wer bin ich?" – treibt das Kind dazu, sich mit der Entwicklung auseinanderzusetzen: Wo komme ich her, wo gehe ich hin? Die Extrempunkte dabei sind die Geburt und der Tod; und da Lernen häufig heißt, in der Überspitzung zu leben, ist es verständlich, daß diese beiden Themen des öfteren Gegenstand kindlichen Fragens, Denkens und Handelns sind. Während für Ruth mit gerade drei Jahren das Auftauchen der ersten beiden Spielfiguren spontan passiert, ist die jungfräuliche Geburt von Suse ein richtiges Problem. Diese erwähnt sie nicht nur einmal, sondern in ihrer Phantasie wird das Thema oft durchgegangen. Dies gilt auch für das Thema Tod, sowohl in der Form des aktiven Tötens als auch des Sterbens auf

Grund von Unvorsichtigkeiten. Zu diesem Thema gehört auch die Sorge für das eigene Baby und das Zu- oder Absprechen von Kompetenzen und Rechten, die Kleinere haben. Das Kind, das eine Abhängigkeit von den Erwachsenen erleidet, stellt so Relationen her, die es nicht mehr als das jüngste (und damit schwächste) Glied erscheinen lassen, sondern als Teil eines Kontinuums, in das man sich einordnet.

4. Thema: Ich bin nicht allein auf der Welt

Im Kindergarten erlebt das Kind sich als Teil einer größeren Gemeinschaft von Gleichaltrigen. Diese zwingt es einerseits, den eigenen Egozentrismus zu relativieren, bereichert auf der anderen Seite sein Sozialleben. Das Kind muß in dieser Lebenssituation ein neues Gleichgewicht an Aktivität und Passivität erlangen: Da sind viele größere Kinder, die im Kindergarten das Klima bestimmen und einen nicht mitspielen lassen, aber man kann auch lernen, sich selbst durchzusetzen. Wenn Ruth in ihrer Spielphantasie mit drei Figuren gleichzeitig und mit sich selbst spielt, bleibt sie insoweit egozentristisch, als sie es ist, die das Spiel belebt und letztendlich immer einen für sie guten Ausgang findet. Aber ihr Spiel zwingt sie auch, die Perspektive von vier Figuren gleichzeitig in ihrem Kopf zu haben. Die Streitszenen in der 1. und 3. Episode spiegeln wechselhafte Koalitionen in der Kindergartenrealität wider, bei denen man gewinnt und an die man sich anpassen muß. Das Kind lernt so, seinen Narzismus zu überwinden und sich als Teil einer Gruppe Gleichaltriger zu sehen. Nicht zufällig ist es daher, daß das erwähnte Spiel kurz nach Eintritt Ruths in den Kindergarten auftaucht. Sie benötigt die Spielfiguren, um zu Hause die neue soziale Situation durchzuspielen, und sie braucht sie dann nicht mehr, als sie in der Kindergruppe selbst gelernt hat, ihren Platz zu finden.

5. Thema: Ich bin ein Junge! Ich bin ein Mädchen!

Zu diesen vier Themen kommt noch ein weiteres hinzu, das wir in dem zitierten Beispiel nicht wiederfinden, weil es während des frühen Kindergartenalters spielt, während das Geschlechtsrollenthema eher für die mittlere und ältere Altersgruppe dominant wird. Im Kindergartenalltag können wir sehen, wie begierig Kinder danach sind, Anhaltspunkte für den Unterschied der Geschlechter zu erfahren: Die Aufteilung in He-Man und Lady Lockenlicht, in Bau- und Puppenecke, in eine wilde Jungenbande und die lieben Mädchen, in laute und leise Spiele, in Hilfe-ich-bin-in-den-Brunnen-gefallen und Dornröschen sind Beispiele für das Bestreben von Kindergartenkindern, Geschlechtsrollenstereotype zu produzieren. Diese mögen unter dem Gesichtspunkt von „Emanzipation" befremdlich und oft übertrieben erscheinen. Nur: Kinder sind Kinder, und dies bedeutet hier, daß es ihre Aufgabe ist, ein realistisches Geschlechtsrollenbild zu erlernen. Dazu benötigen sie zunächst die Überspitzung, um später Relativierungen erfahren zu können. Ein Junge, der gerade dabei ist zu lernen, daß er ein Junge ist, ein Mädchen, das gerade dabei ist zu lernen, daß es ein Mädchen ist, benötigen eindeutige Identifikationshinweise. Erst wenn das Kindergartenkind seine Geschlechtsrolle verinnerlicht hat, die es zunächst an Äußerlichkeiten festmacht, wird es später sich von falschen Äußerlichkeiten und gesellschaftlichen Vorurteilen lösen können.

2.3. Welche Denkmöglichkeiten stehen Kindergartenkindern zur Verfügung?

Von den wenigen grundlegenden Themen, die in einer bestimmten Entwicklungsphase im Vordergrund stehen und die durch die sich entfaltende Emotionalität in einer spezifischen Umwelt geprägt werden, sind die konkreten Inhalte zu unterscheiden, an denen die Themen bearbeitet werden. Das Jungen-Mädchen-Thema beispielsweise kann an der Haarfrisur, der Farbwahl, den Fernsehidolen, den Spielrequisiten, der Lieblingsgeschichte usw. abgehandelt werden. Die Zahl der Inhalte ist prinzipiell unendlich, da jeder Aspekt der natürlichen, materialen und sozialen Umwelt zum Gegenstand gemacht werden kann. Inhalte werden durch die Gesellschaft und ihre Geschichte geprägt, die durch sie dem Individuum „Material" zum Ausdruck seiner affektiven Bestrebungen anbieten, gleichzeitig damit aber auch die Emotionalität formen. Über Themen und Inhalte hinaus ist noch ein dritter Aspekt zu betrachten, wenn wir uns einem Verständnis von Kindergartenkindern nähern wollen: die kognitiven Strukturen. Gemeint ist damit, daß – unabhängig davon, über welchen Inhalt nachgedacht wird, und warum darüber nachgedacht wird – es eine Entwicklung des Denkmechanismus selbst gibt, der festlegt, welche „technischen" Möglichkeiten Menschen zu bestimmten Zeiten haben.

In der Entwicklungspsychologie Piagets liegt ein Versuch vor, von den ersten Reflexhandlungen der Neugeborenen bis hin zu den

Formen des abstrakten Denkens von Erwachsenen eine geschichtliche Kontinuität aufzuzeigen. Es ist nicht zufällig, wie wir denken, sondern es gibt eine unumkehrbare Reihenfolge der Entwicklung von Denkstrukturen, die Piaget in vier große Etappen einteilt: sensomotorische Phase, präoperationale Phase, Phase der konkreten und der formalen Operationen. Auf jeder dieser Entwicklungsstufen geht es darum, eine stabilere, weil mobilere Form des Gleichgewichts zwischen zwei Aspekten der Anpassung herzustellen: Die Denkstrukturen müssen sich so verändern, daß sie der Welt außen entsprechen (Piaget spricht von „Akkommodation"), und dies ist nur möglich, wenn die Welt außen in dem Kopf des Kindes so umgewandelt wird, daß sie für seine Denkstrukturen begreifbar wird („Assimilation"). Welche Möglichkeiten des Denkens haben nun Kinder im Kindergartenalter? Piaget spricht zunächst von zwei Extremen:

- dem Spiel als Ausdruck assimilatorischer Tendenzen und
- der Intuition als „die dem Realen angepaßte Form des Denkens"*.

„Zwischen diesen beiden extremen Typen gibt es eine Weise des einfachen verbalen Denkens, die im Gegensatz zum Spiel ‚ernsthaft', jedoch vom Realen weiter entfernt ist als die Intuition. Es ist das übliche Denken des zwei- bis siebenjährigen Kindes"**. Alle drei Formen wollen wir nachfolgend näher erläutern.

Spiel

Spiel definiert Piaget als ein Verhalten, in dem die Assimilation ein Übergewicht gegenüber der Akkommodation hat. Nicht so, wie die Dinge wirklich liegen, ist interessant, nicht ein Bemühen um Anpassung an die Logik der Realität herrscht vor, sondern die Außenwelt wird als „Nahrung" für die entwickelten Denkstrukturen und die affektiven Bedürfnisse benutzt. Eine solch „egozentrische" Blickrichtung führt notwendigerweise zu Verzerrungen, da nur die Aspekte hervorgehoben werden, die für das Spielbedürfnis wichtig sind. In der im vorigen Abschnitt referierten Spielphantasie können wir dies gut erkennen: Ruth schafft sich ihre drei Spielpartner so, wie sie sie braucht. Während sie sich im sonstigen Alltagsleben an die Personen

---

* In: Theorien und Methoden der modernen Erziehung, Frankfurt 1987, S. 170.
** Ebenda, S. 171.

anpassen muß, mit denen sie lebt, deren Perspektive berücksichtigen muß, will sie eine Chance haben, auch ihre Bedürfnisse einzubringen, hat sie in ihrer Spielphantasie freie Hand. Sie gestaltet das Spiel und modelliert Personen nach ihren Wünschen.

Piaget beschreibt drei Spieltypen, die gleichzeitig eine Entwicklungsfolge bilden: Während in der sensomotorischen Phase der ersten beiden Lebensjahre das Übungsspiel dominiert, ist für Kinder von zwei bis sieben Jahren das Symbolspiel charakteristisch. Auf diese folgt in der Phase der konkreten Operationen das Regelspiel. Im Übungsspiel wendet das Kind seine bisher entwickelten Verhaltensschemata an, nicht aus einem Bemühen um ein Mehr an Verständnis der Realität, sondern aus „Funktionslust" (Karl Bühler). Kinder von eineinhalb Jahren beispielsweise können sich sehr lange damit beschäftigen, kleine Steinchen von einer Dose in eine andere zu schütten. Bei den unzähligen Versuchen geht es nicht um den Aufbau einer neuen Verhaltensweise, denn das Kind beherrscht diese bereits recht gut, sondern es geht um die Lust, die das Kind dabei empfindet, seine erworbenen Verhaltensschemata anzuwenden und damit zu üben. Dabei sind die konkreten Gegenstände, mit denen dies geschieht, nebensächlich: es könnten auch Muscheln, Kugeln oder Sandkörner sein, und statt der kleinen Döschen kann das Spiel auch mit Kochtöpfen oder Eimern ablaufen. Im Vordergrund steht nicht das Resultat der Tätigkeit, sondern das Durchführen der Tätigkeit selbst. Wir finden derartige Übungsspiele auch noch im Kindergarten, wenngleich sie dort nicht die dominierende Spielform sind. Da das Spiel ein für die kindliche Entwicklung notwendig retardierendes Moment ist, halten wir die Möglichkeit zu solchen „Babyspielen" im Kindergarten aber für wichtig.

Die dritte Spielform, die ihren Schwerpunkt nach der Kindergartenzeit hat, ist das Regelspiel. Piaget untersucht es am Beispiel des Murmelspiels, um es als Beispiel für die Entwicklung des „moralischen Urteils beim Kinde"* zu nehmen. Um Regelspiele durchführen zu können, muß das Kind ein Stück weit von seinem Egozentrismus abrücken, damit es sich den für alle Spielpartner gleichen Spielregeln unterwirft. Darüber hinaus muß es lernen, die Regel nicht als absolut gültig zu begreifen, sondern als von einer Gruppe von Menschen gemacht, damit die Gleichheit aller Spielpartner hergestellt wird. Solche Spielregeln können in einem Prozeß kommunikativer Verständigung verändert werden, und das Spiel der

* Frankfurt 1976[2].

älteren Kinder besteht zu einem großen Teil in Diskussionen über die Spielregeln. Als Beispiel können wir hier an eine Gruppe von Mädchen denken, die „Gummitwist" spielt und festlegt, was als „hoch" und „tief" gilt, wann jemand „ab" ist, welche Reihenfolge bei den Springfiguren eingehalten werden muß, welche Ausnahmen für kleinere Kinder gemacht werden etc. Mit solchen Formen der Regelspiele greifen wir weit über das Kindergartenalter hinaus. Wir finden bei drei- bis sechsjährigen Kindern gewisse Vorformen, etwa in den vielfach beliebten Stuhlkreisspielen, deren Spielmotivation allerdings häufig in dem symbolischen Anteil, den sie enthalten, liegt. Eine Zurückhaltung gegenüber Regelspielen im Kindergarten scheint also geboten, da sie in den meisten Fällen nur unter einer starken Dominanz der Erzieherin funktionieren, die quasi die Rolle des noch fehlenden Regelbewußtseins beim Kind einnimmt. Diese Erzieherinnendominanz steht aber dem Charakteristischen des Spiels als kindorientierter Lebensform entgegen und nimmt ihm so viel von seinen Möglichkeiten der Entwicklungsförderung.

Typisch für Kindergartenkinder ist das Symbolspiel. Die Symbolbildung ist ebenso wie die Möglichkeit, Zeichen (= Sprache) zu verstehen und anzuwenden, auf einen wichtigen Entwicklungsschritt angewiesen: Während der Säugling sich nur in Bezug auf reale Gegenstände in wirklichen Situationen verhalten kann, wird das Kind im Verlauf des zweiten Lebensjahres fähig, eine Trennung zwischen einer konkreten Handlung und etwas, was diese Handlung bezeichnet bzw. symbolisiert, vorzunehmen. Das Zeichen (z.B. ein bestimmtes Wort) und das Symbol (z.B. ein Stock) stehen für etwas anderes, was sie bezeichnen (z.B. das Gewehr, das der Stock symbolisiert). Während nun das Zeichen vollkommen willkürlich ist, weil die einzelnen Buchstaben und ihre Kombination nichts mit dem Gegenstand, den sie bezeichnen, zu tun haben, ist das Symbol konkreter: die Form des Stockes erinnert an ein Gewehr, und ein Sandeimer mag umgekehrt betrachtet eine Bombe, schwerlich aber ein Gewehr symbolisieren. Aus diesem Unterschied ergibt sich auch, daß das Zeichen verallgemeinerbar ist – so verbinden alle Menschen, die eine bestimmte Sprache sprechen, mit der gleichen Zeichenkombination das Gleiche –, während das Symbol individueller bleibt: Eine Kindergruppe mag sich darauf einigen, daß dieser Stock ein Gewehr symbolisiert, aber nicht alle Kinder werden ihn so betrachten, für andere mag er auch der Zauberstab sein oder der über die Schulter getragene Spaten.

Im Verlauf des Kindergartenalters macht das Symbolspiel selbst eine charakteristische Entwicklung durch. Betrachten wir nochmals die Spielphantasie Ruths aus dem letzten Abschnitt, so können wir feststellen, daß es nur eine rein individuelle ist. Sie hat sich die Spielfiguren geschaffen, die nur in ihrem Kopf existieren und durch Namen symbolisiert werden. Mit keinem anderen Kind könnte sie diese Spielwelt teilen, denn für alle anderen sind sie reine Hirngespinste, mit denen nichts anzufangen ist, während sie für Ruth höchst real sind, so lange die Notwendigkeit besteht, etwas zu symbolisieren, was anders sich noch nicht ausdrücken läßt. Kinder im Kindergarten müssen ihre individuelle Symbolwelt sozialisieren, um gemeinsam spielen zu können. Dies erfordert von jedem einzelnen Kind eine Anpassung an die anderen, wodurch eine stärkere Berücksichtigung der Realität notwendig wird. Wir sehen dies in den Symbolspielen im Kindergarten, die zunehmend mehr bemüht sind, die zeitliche Reihenfolge der symbolisch dargestellten Wirklichkeit im Spiel zu reproduzieren und längere Spielsequenzen durchzuhalten. Die Gegenstände, die als Symbole benutzt werden, nähern sich immer mehr den realen Gegenständen an, und über eine sprachliche Verständigung werden verschiedene Spielrollen ausdifferenziert und koordiniert. All diese Tendenzen führen dazu, daß mit zunehmendem Alter die Symbolhaftigkeit abnimmt, da an die Stelle verzerrender Assimilation der Wirklichkeit zunehmend ein Bemühen um Einbezug von Realität in das Spiel tritt. Dies ist ein recht komplizierter Prozeß, und der Sinn des Kindergartens liegt auch darin, Hilfestellungen hierfür anzubieten.

Die Sozialisierung der Symbolwelt durch das Zusammenspielen im Kindergarten hat Rückwirkungen auf die Denkmöglichkeiten durch das Spiel für das einzelne Kind. Wir konnten dies bei Ruth dadurch beobachten, daß die fiktiven Spielpartner zunehmend durch eine Sammlung von Stofftieren abgelöst wurden. Mit diesen arrangierte sie zu Hause Kindergartenszenen nach: Alle Tiere wurden beispielsweise in einen Kreis gesetzt, und das Ritual der Geburtstagsfeier wurde nachgespielt, die Geburtstagslieder gesungen, kleine Bausteine als Bonbons vor jedes Stofftier gelegt etc. Bei diesen Spielen überwog immer noch Ruths Bedürfnis, sich ein Stück ihrer Welt dadurch anzueignen, daß sie sie ihren Möglichkeiten passend machte, aber es war gleichzeitig auch ein stärkeres Bemühen um Anpassung an die Realität feststellbar. Die Stofftierspiele ermöglichten darüber hinaus ein gemeinsames Spiel mit anderen Kindern, die Ruth besuchten. Nicht alle Kinder verstanden bei dem Stoffhund das Gleiche, da er auch eine sehr individuelle, anderen nicht vermittelbare Geschichte hatte, aber er schuf doch die Voraussetzung für eine Verständigung auf „mittlerer“ Ebene.

Um die zunehmende Anpassung des Symbolspiels an die Realität an dem Beispiel von Ruth weiter zu beschreiben, möchten wir auch noch die dritte Etappe erwähnen. Mit fünf Jahren bekam sie eine Puppe geschenkt, der sie den Namen Katarina gab. Sie betrachtete Katarina als ihr „Kind“, während die früheren Puppen Teil der großen Stofftiersammlung waren. Symbolisch wiederholte Ruth mit ihrer Puppe die Dinge, die mit ihr gemacht wurden, aber diese Wiederholungen wurden zunehmend realistischer: Katarina bekam einen Korb, der an Ruths Fahrrad gehängt werden konnte, das Essen, das sie ihr zubereitete, war „echt“, die Sorge um die tägliche Pflege, das An- und Ausziehen, all dies wurde nicht nur symbolisch angedeutet, sondern in der Realität durchgespielt. Katarina gewann für Ruth über die lange Zeit hinweg, die sie miteinander verbrachten, eine sehr persönliche Geschichte, aber viele der Spielhandlungen konnte sie auch gemeinsam mit ihren Freundinnen durchführen. Kurze Zeit nachdem Ruth in die Grundschule überwechselte, bekam sie ein Meerschweinchen geschenkt. An ihm wiederholte sie die Dinge, die sie vorher mit Katarina durchgespielt hatte, aber es war jetzt kein Spiel mehr, sondern ein sehr gewissenhaftes Bemühen um die Pflege eines Tieres, dessen Quieken und Verhalten es zu berücksichtigen galt, um die richtigen Handlungen ausführen zu können.

Wenn wir ein Kindergartenkind verstehen wollen, ist es wichtig, sich den Mechanismus der Symbolbildung bewußt zu machen, durch den das Kind eine Relation von innen und außen herstellt. Ein Kind ist ein Kind, dies bedeutet auch: es denkt anders als der Erwachsene. Nicht durch Belehrungsprogramme erfährt das Kind, was Wirklichkeit ist, sondern durch die Möglichkeit, sich die Welt in seinem Spiel so zurechtzulegen, daß sie passend wird. Der Sinn der Kindergartenerziehung liegt vor allem darin, daß Kinder ihre spielerischen Denkmöglichkeiten ausprobieren können, und es ist wenig hilfreich, wenn wir in ihnen nur möglichst schnell zu überwindende Übergangsphasen für „richtiges“ Denken sehen. Ein Kind wird über seine die Realität verzerrenden Symbolspiele hinausgelangen, aber bevor es dies kann, bedarf es einer breiten Elaboration seiner Symbolwelt.

Intuition

Während das Spiel der Kinder im Kindergartenalter vom kognitiven Mechanismus aus betrachtet ein Übergewicht assimilatorischer Tendenzen zum Ausdruck bringt, steht auf der anderen Seite die Intuition, in der das Bemühen des Kindes überwiegt, seine Denkmöglichkeiten möglichst genau dem von außen kommenden Problem anzupassen (Akkommodation). Weil das Kind nicht von einem zum anderen Tag von der vorhergehenden Stufe zu Möglichkeiten logischen Denkens, das für Erwachsene typisch ist, übergehen kann, bedarf es eines Zwischenstadiums, das Piaget als „präoperationale Phase" kennzeichnet. Der Säugling denkt, indem er wahrnimmt und handelt, und diese Wahrnehmungs- und Handlungsschemata machen eine weitreichende Entwicklung durch, die Piaget in sechs Stufen unterteilt. Während das Neugeborene sich nur durch seine angeborenen Reflexe zu der Welt verhalten kann, ordnet sich ein Kind im zweiten Lebensjahr in seine Umgebung ein, und es hat komplexe Verhaltensweisen aufgebaut, beispielsweise kann es Hindernisse überklettern, an einer Decke ziehen, um zu dem von ihm gewünschten Schnuller zu gelangen. Das Kind kann aber noch nicht eine geistige Repräsentation dieser Handlungs- und Wahrnehmungsschemata in seinem Kopf aufbauen. Diesen Fortschritt bringt die nun folgende präoperationale Phase.

Piaget beschreibt die Intuition als „ein in einen Denkakt transportiertes sensomotorisches Schema, dessen Merkmale sie natürlich übernimmt"*. Was damit gemeint ist, und welchen Fortschritt die präoperationale Phase bedeutet, aber auch worin ihre Begrenzung liegt, wollen wir an einem Beispiel verdeutlichen. Vor einiger Zeit haben wir eine der vielen Piaget-Aufgaben zur Erforschung der kindlichen Denkentwicklung mit Kindern aus einem Kindergarten wiederholt. Sie bestand darin, daß den Kindern zehn unterschiedlich lange Stäbe gegeben wurden, aus denen sie eine Treppe herstellen sollten. Die jüngeren Kinder verstanden die Aufgabe gar nicht, sondern legten ein unregelmäßiges Auf und Ab der Stäbe. Etwas ältere Kinder schafften die Aufgabe, wenn man nur die obere Hälfte der Stäbe betrachtete, aber sie gingen nicht von einer gemeinsamen Basis aus. So konnte der kleinste Stab durchaus neben dem größten liegen. Am interessantesten war bei dieser Versuchsreihe Barbara, ein aufgewecktes, sechsjähriges Mädchen. Sie nahm die zehn Stäbe, suchte sich den größten heraus und legte ihn nach rechts, dann suchte sie den nächstgrößten und schloß ihn an den ersten an. Auf diese Weise gelang es ihr, in kurzer Zeit die Treppe korrekt herzustellen. Als nächstes bekam sie nun einen zusätzlichen elften Stab, der von der Größe her zwischen den vierten und fünften Stab paßte.

* Theorie und Methoden der modernen Erziehung, a.a.O., S. 178.

Barbara wurde aufgefordert, diesen an die richtige Stelle einzuordnen, und es gelang ihr trotz zehnminütiger Versuche und unter Aufbietung all ihrer Konzentration nicht, die Aufgabe zu lösen. Sie sagte zwar, daß dieser neue Stab größer als der vierte und kleiner als der fünfte sei, aber dann schob sie ihn doch an eine andere Stelle. Nach über zehn Minuten mischten wir alle Stäbe durcheinander und baten Barbara, die Treppe zu legen, was ihr auch gelang. Warum schaffte Barbara den ersten Teil der Aufgabe ohne jegliche Probleme, während sie an dem zweiten trotz vieler Bemühungen scheiterte?

Kinder am Ende der sensomotorischen Phase können aus zehn abgestuft großen Dosen einen Turm bauen oder sie ineinander schachteln. Ihr Denken besteht in dem konkreten Tun, was ihnen fehlt, ist ein inneres Abbild des Problems, das ihr Handeln steuern könnte. Kinder im Kindergartenalter haben solche inneren Bilder, zunächst in Form „primitiver Intuition", später dann einer „gegliederten Intuition". Die primitive Intuition sagt ihnen: „Du mußt auf den oberen Rand achten und die Stäbe immer ein bißchen höher legen." Dabei achten sie, wie erwähnt, nicht auf die untere Basis. Barbara ist demgegenüber weiter fortgeschritten: Sie fragt sich in ihrem Kopf: „Welches ist der größte Stab von den jeweils verbleibenden?", und kann so in rascher Folge eine richtige Treppe legen. Ihr Denken besteht insoweit nicht mehr nur aus dem konkreten Handeln, sondern es wird von innen her gesteuert. So gewissenhaft und genau sie dabei geworden ist, die intuitive Denkmöglichkeit enthält eine nicht überwindbare Grenze, die es ihr unmöglich macht, den zweiten Teil der Aufgabe zu lösen, und dies ist die Grenze zwischen Intuition und Operation, zwischen dem Denken von Kindergartenkindern und dem beginnenden logischen Denken von Schulkindern.

Um zusätzlich den zweiten Teil der Aufgabe zu lösen, müßte Barbara in ihrem Kopf zwei Urteile zur gleichen Zeit bilden: „Der neue Stab ist größer als der vierte und kleiner als der fünfte!", und in dieser Gleichzeitigkeit liegt das Problem. Intuitionen sind verinnerlichte Wahrnehmungen, und diese geschehen in einem Nacheinander von Wahrnehmung a: kleiner als, und Wahrnehmung b: größer als. So dicht die Wahrnehmungen beieinander liegen können, sie fallen nicht zusammen. Dies kann erst durch das Denken im Kopf des Kindes geschehen, und weil Barbara diesen Sprung von den konkreten Wahrnehmungsurteilen zu dem sie verbindenden Denkurteil noch nicht gemacht hat, muß sie an der Aufgabe scheitern.

Die hier nur an einem Beispiel beschriebene Denkmöglichkeit von Kindern im Kindergarten hat Piaget für viele Aspekte des Denkens untersucht: Entwicklung des Verständnisses von Zahl, Raum, Zeit, Kausalität usw. Als gemeinsame Merkmale beschreibt er, daß das intuitive Denken rigide und irreversibel ist, während operative Denkschemata mobil und reversibel sind. Zur Illustration noch ein Beispiel aus der Kindergartenpraxis: Haben zwei Kindergartenkinder die gleiche Menge Sprudel in unterschiedlich geformten Gläsern – das eine ist schmaler und höher, das andere breiter und flacher –, so mag das Kind mit dem zweiten Glas sich benachteiligt vorkommen, weil es glaubt, auf Grund des niedrigeren Flüssigkeitsstandes weniger Sprudel erhalten zu haben. Schüttet die Erzieherin den Sprudel nun in ein gleichgeformtes Glas wie beim ersten Kind um, wird der Protest des Kindes aufhören, obwohl es nicht mehr an Sprudel bekommen hat als vorher. Das Urteil des Kindes ist rigide, weil es seinen Blick nur auf eine Wahrnehmungsdimension, in diesem Fall die Höhe, zentriert und nicht eine Kompensation von Höhe X Breite durchführen kann, und es ist irreversibel, weil die Wahrnehmung ihm ein Nacheinander von „Sprudel in Glas A“ und „Sprudel in Glas B“ ermöglicht, aber nicht den reversiblen Denkakt, der zu dem Erhaltungsbegriff führen würde. „Ich kann den Sprudel von Glas B in Gedanken wieder in A zurückschütten, und weil nichts hinzugekommen oder weggenommen wurde, muß die Menge an Sprudel gleich sein, egal in welchem Glas er sich befindet.“

Wenngleich wir jetzt die Grenzen intuitiven Denkens von Kindergartenkindern hervorgehoben haben, ist dies nicht so zu verstehen, daß es Ziel der Kindergartenerziehung sei, die Kinder möglichst bald zu dem „richtigen“ Denken zu führen. Dies ist vielmehr ein Sprung, der von den Kindern selbst geleistet werden muß, und was sie dazu benötigen, ist vor allem Zeit. Kinder werden diesen Übergang machen, wenn ihre intuitive Denkentwicklung hinreichend weit fortgeschritten ist, so daß sie spüren, auf diesen Wegen mit Problemen von außen nicht richtig fertig zu werden. Bevor dies geschehen kann, müssen sie ihre intuitiven Denkschemata selbst elaborieren, Möglichkeiten erhalten, von der primitiven zur gegliederten Intuition zu gelangen. Damit dies geschehen kann, ist im Kindergarten vor allem zweierlei erforderlich: Zum ersten müssen die Kinder vielerlei Gelegenheiten zum Handeln erhalten, denn nach wie vor beruht ihr Denken auf konkreten Handlungen. Nicht durch Papier-und-Bleistift-Aktivitäten, nicht durch bildlich vorgestellte Probleme, sondern durch Manipulation an realen Gegenständen entfaltet das Kind seine Denkentwicklung. Dies gelingt im Kindergarten dann am besten, wenn keine Atmosphäre der Sterilität, der Reduzierung auf geplante didaktische Situationen, die für alle Kinder verbindlich sind, vorherrscht, sondern eine Vielfalt an Gegenständen, die Erfahrungen im handelnden Umgang provozieren, so daß jedes Kind auf die praktischen Probleme stößt, die für seine Denkentwicklung angemessen sind. *Mit anderen Worten:* Wir plädieren für die Möglichkeit, vielfältige und breite Erfahrungen auf der präoperationalen Stufe zu machen, und nicht für einen möglichst raschen Übergang zur nächsten Stufe. Zum zweiten erfordert eine solche Zielsetzung in Bezug auf den kognitiven Aspekt der Entwicklung eine erhöhte Sensibilität seitens der Erzieherin. Wir müssen lernen, die Welt aus der Perspektive von Kindergartenkindern wahrzunehmen, und dies heißt hier zu verstehen, daß der Zusammenhalt der einzelnen Erscheinungen noch nicht durch ein System logischer Operationen verknüpft, sondern stärker durch ein „Springen" der Wahrnehmungsgestalten geprägt ist.

Weltbild

Nach dem Spiel und der Intuition, die Piaget als die extremen Pole assimilatorischen bzw. akkommodatorischen Denkens bezeichnet, bleibt zur Kennzeichnung der Denkmöglichkeiten von Kindergartenkindern nun noch ihr „übliches Denken" zu untersuchen, das zwischen diesen beiden Extremen liegt. In einer seiner frühen Schriften, dem erstmals 1926 erschienenen Buch „Das Weltbild des Kindes"*, hat Piaget es unter drei Stichworten beschrieben: Realismus, Animismus und Artifizialismus, die wir abschließend aufnehmen und jeweils an einem Beispiel aus der Fülle der Piagetschen Belege kennzeichnen wollen.

„Realismus" meint nicht realistisch, wirklich, sondern bezeichnet im Gegenteil eine verzerrende Denkweise des Kindes, da die Grenze zwischen innen und außen verschwimmt. So fragt Piaget beispielsweise die Kinder, ob „die Wörter Kraft haben", und er gibt die Antwort eines Jungen wieder, der die Frage bejaht und als Begründung gibt: „Papa, weil es ein Papa ist, und dann ist es (das Wort ‚Papa'; S. H.) stark."** Das Kind vermengt hier den Namen, der eigentlich nur ein willkürliches Zeichen ist, mit der Sache selbst. Überhaupt stellt Piaget einen „Realismus der Namen" fest, der darin besteht, daß die Namen von den Dingen selbst kommen, sich unmittelbar in ihnen befinden, so daß die Kinder glauben, wenn man ein Ding ge-

* Stuttgart 1978.
** Ebenda, S. 57.

nau anschaue, könne man den Namen erfahren, so wie wir sehen, daß es blau, gelb oder grün ist. Weil die Namen so zu den Dingen gehören, sind sie auch nicht willkürlich und können deshalb auch nicht gegen andere ausgetauscht werden. Zusammenfassend schreibt Piaget: „Das Kind ist Realist, denn es setzt voraus, daß das Denken mit seinem Objekt, die Namen mit den bezeichneten Gegenständen verbunden und die Träume äußerlich sind. Sein Realismus ist eine spontane und unmittelbare Neigung, das Zeichen mit dem bezeichneten Gegenstand, das Innen mit dem Außen und ebenso das Psychische mit dem Physischen zu vermengen. Dieser Realismus hat eine zweifache Konsequenz. Die Grenze zwischen dem Ich und der Außenwelt ist einerseits beim Kind sehr viel fließender als bei uns. Und der Realismus setzt sich andererseits in ‚Partizipationen' und spontan magischen Haltungen fort." *

Ein Beispiel für das zuletzt Genannte sind Handlungen, die wir als Restbestandteile auch noch von uns Erwachsenen kennen: Wenn ein Fußballspieler zuerst den linken und dann den rechten Schuh zubindet und durch die Einhaltung dieser Reihenfolge glaubt, einen Sieg wahrscheinlicher werden zu lassen, wird ein Zusammenhang zwischen zwei Ereignissen hergestellt, die in Wirklichkeit in keinerlei Beziehung zueinander stehen. Während Erwachsene sich in den meisten Fällen durchaus bewußt sind, daß es sich hier um Aberglaube handelt, ist das Denken der kleinen Kinder von solchen „realistischen" Zusammenhängen geprägt: Alles ist mit allem ursächlich verknüpft.

Die Kennzeichnung des kindlichen Denkens als „animistisch" meint, daß es bestrebt ist, auch leblose Dinge mit Leben und damit verbunden Bewußtheit auszustatten: Die Kinder malen die Sonne und den Mond mit Augen, Ohren und Nase, denn es sind lebendige Gestirne, und deshalb weiß die Sonne auch, daß sie scheint. Ein Auto weiß, daß es fährt, und es spürt den Fahrtwind so wie das Kind, das seine Hand aus dem Fenster hält. Die Tischkante, an der sich das Kind stößt, will ihm wehtun und ist deshalb böse. Sie zurückzuhauen mag den eigenen Schmerz erleichtern, da kompensatorisch Bestrafung und Rache geübt wird. Piaget bezeichnet es als Funktion des kindlichen Animismus, Ordnung in die Zufälligkeiten der Erscheinungen zu bekommen. Da das Kind die physikalischen Gesetzmäßigkeiten nicht kennt, ersetzt es diese durch eine animistische Tendenz. Die Gegenstände werden mit Leben und Bewußtheit

---

* Ebenda, S. 107f.

ausgestattet, damit sie dazu in der Lage sind, das zu tun, wofür das Kind sie geschaffen glaubt, nämlich dem moralischen Grundsatz folgen zu können: „Alles für das höhere Wohl der Menschen." Weil auf Grund der animistischen Tendenz die Gegenstände „beseelt" werden, teilen die Welt und ihre Objekte sich auf in liebe und böse, gute und schlechte.

Als letztes Stichwort schließlich der „kindliche Artifizialismus". Wir finden ihn in dem Märchen von Frau Holle, die ihre Betten ausschüttelt und so den Schnee auf der Erde erzeugt. Ein Kind mag sich vorstellen, ein Fluß sei dadurch entstanden, daß viele Männer ein Flußbett gegraben und dann Wasser hineingeschüttet haben; ein Berg ist ein von Menschenhand aufgeschütteter Steinhaufen, wobei Piaget auch Vorstellungen zitiert, bei denen Fabrikation und natürliches Wachstum miteinander verbunden werden: erst wurden einige Steine angehäuft, die dann von alleine zu einem großen Berg weiterwuchsen; Wolken sind aus Rauch entstanden, der aus den Schornsteinen der Häuser kommt etc.

Wir können im Kindergarten die realistischen, animistischen und artifizialistischen Tendenzen des frühkindlichen Denkens in vielfacher Weise beobachten. Die pädagogisch entscheidende Frage ist, wie wir als Erzieherinnen damit umgehen. Dabei sind zwei Extremhaltungen zu vermeiden: Auf der einen Seite sollten sie nicht als „falsche" Denkweisen beurteilt werden, die es durch naturwissenschaftlich richtige möglichst bald zu überwinden gilt. Dies war in der Vorschulbewegung der 70er Jahre häufig zu beobachten, wo entsprechende Belehrungsprogramme das Ziel hatten, Kindern ihre Kindlichkeit auszutreiben, indem auf alle Fragen eine ausführliche, wirklichkeitsgerechte Erklärung angeboten wurde. Auf der anderen Seite sollten die kindlichen Denkweisen nicht romantisierend verklärt und ausgenutzt werden, indem Erzieherinnen Fragen der Kinder durch animistische und artifizialistische Erklärungen beantworten. Wir finden dies in gewissen Ansätzen religiöser Erziehung, die die Tendenzen der Kinder, den Eltern Allmacht zuzusprechen, auf Gott übertragen. Solche kindertümelnde Gottesvorstellungen werden die Kinder leicht glauben, aber sie werden mit der Krise, in die dieses Weltbild im Laufe der Zeit gerät, dann auch die Vorstellung Gottes überhaupt ablegen. Pädagogisch scheint es geboten, von der Erzieherin-Kind-Kommunikation als einer Kommunikation auf zwei unterschiedlichen Ebenen auszugehen: Kindern ihr animistisches Weltbild nicht zu nehmen, aber als Erwachsene nicht in eine Kindertümelei zu verfallen. Wir sollten versuchen, die Denkweise der Kinder zu verstehen, ohne deshalb in dem eigenen Sprachverhalten uns auf diese Ebene zu begeben. Die dadurch entstehende Unterschiedlichkeit zwischen Kindern und Erwachsenen bildet eine Spannung, die hilfreich ist, damit Kinder ihr Weltbild weiterentwikkeln können.

2.4. In welchem Verhältnis steht das Kind zu der Gesellschaft?

Als Erwachsene, die wir als Kinder erzogen wurden, als professionelle Erzieherinnen, die wir täglich mit dem Kinderleben konfrontiert sind, erscheint uns die Tatsache der Kindheit selbstverständlich, ein von der Natur vorgegebener Lebensabschnitt, den alle Menschen durchlaufen haben, bevor sie erwachsen wurden. Uns ist bewußt, daß es zwischen verschiedenen Gesellschaften zu unterschiedlichen Zeiten und an unterschiedlichen Orten und zumeist auch innerhalb der gleichen Gesellschaft große Unterschiede bezüglich der Reichhaltigkeit oder Armut, der Kindzentriertheit oder frühen Erwachsenenanpassung gibt, aber die Tatsache der Kindheit als solcher erscheint uns natürlich. Als 1975 die deutsche Ausgabe von Philippe Ariès Buch „Geschichte der Kindheit“ erschien, erregte sie viel Aufmerksamkeit mit der These, „Kindheit“ sei nicht eine im Plan der Natur angelegte Erscheinung, sondern eine soziale Tatsache, die erst relativ spät – im Übergang vom Mittelalter zur Neuzeit – in der europäischen Geschichte auftaucht. Gab es vordem einen undifferenzierten Kind-Erwachsenen-Status, so daß Kinder an allen Aspekten des Erwachsenenlebens Anteil hatten, die Erwachsenen aber auch Verhaltensweisen aufwiesen, die uns heute als kindlich erscheinen, so entsteht im Verlauf des 16. und 17. Jahrhunderts „Kindheit“ als eine eigenständige, sich von dem Erwachsensein unterscheidende Lebensphase. Die gesellschaftliche Tatsache „Kinder“ ermöglichte den Aufbau pädagogischer Haltungen, eine besondere Umgangsform zwischen Erwachsenen und Kindern, die aus der Ausschließung der Kinder aus dem gemeinsamen gesellschaftlichen Leben hervorgeht.

Die „Entdeckung der Kindheit“ wird in Ariès Buch durch eine Fülle von Einzelbeispielen (z.B. Tagebuchaufzeichnungen, Gemälde, Kinderkleidung, Spiele etc.) beschrieben, aber nicht erklärt. Warum taucht in einer bestimmten Epoche die soziale Tatsache Kindheit auf? Um diese Frage beantworten zu können, müssen wir auf die Zivilisationstheorie von Norbert Elias zurückgreifen, die zwei zentrale Thesen zu belegen versucht:

1. Individuum und Gesellschaft sind nicht zwei unterschiedliche Bereiche, sondern zwei Aspekte des gleichen Gegenstandsbereiches: Es gibt keinen unabhängig von allen anderen existierenden Menschen und keine über den Menschen angesiedelte gesellschaftliche Struktur, sondern nur Menschen in Gesellschaften und Gesellschaften, die aus menschlichen Beziehungen bestehen.
2. Es gibt nicht den Menschen „an sich", der erst im nachhinein als sich entwickelnder und im historischen Entwicklungsprozeß eingeordneter zu betrachten wäre, sondern Entwicklung ist konstitutiver Bestandteil sowohl des individuellen wie des historischen Aspektes des Menschen. Norbert Elias verwendet zur Erläuterung gerne die Analogie der sprachlichen Wendung von dem „wehenden Wind", die uns in die Irre führt, da es einen nicht-wehenden Wind nicht gibt, sondern der Wind gerade im Wehen besteht.

Zivilisation

Um seine Thesen von dem unmittelbaren Zusammenhang von Individuum und Gesellschaft und von dem nur prozeßhaft zu erkennenden Menschenbild zu belegen, untersucht Norbert Elias in einer detaillierten Studie die Verflechtungszusammenhänge zwischen konkreten, scheinbar individuellen und privaten Phänomenen einerseits und politischen, gesamtgesellschaftlichen Tatbeständen andererseits. Dabei geht es Elias um längerfristige soziale Wandlungen: grob gesagt um den Übergang vom Mittelalter über die Renaissance in die Neuzeit.

In einem ersten Zugang untersucht er die Veränderungen, die sich in den „Benimm-Büchern" der jeweiligen Zeit feststellen lassen, um gleichsam die individuelle Seite des Prozesses erfassen zu können. In einem Beispiel betrachtet er die Veränderung der Eßsitten: In den Oberschichten des Mittelalters aß man – für unsere Verhältnisse – Unmengen von Fleisch (Elias gibt eine Schätzung von 2 Pfund Fleisch pro Mann und Tag an)*, das zumeist in unzerkleinerter Weise auf den Tisch kam. Das Zerteilen eines großen Tieres gehörte deshalb zu den zu erlernenden Fähigkeiten der Mitglieder der Oberschicht, ähnlich wie Fechten und Tanzen. Die Eßkultur des Mittelalters wäre uns „unzivilisiert" erschienen: hauptsächliches Eßwerkzeug war das Messer, das man selbstverständlich zum Mund führte, man aß aus einer gemeinsamen Schüssel, und die Suppe wurde aus

---

* Über den Prozeß der Zivilisation, Bd. 1, a.a.O., S. 159.

einer gemeinsamen Schöpfkelle geschlürft. Den Gebrauch von Servietten und Taschentüchern war man nicht gewohnt, man putzte sich die fettigen Hände am Tischtuch oder der Kleidung ab.

Im Verlauf des 16. und 17. Jahrhunderts änderten sich die Tischmanieren grundlegend bis hin zu unserer Weise, Fleisch zu essen, bei der nichts mehr an das ursprüngliche Tier erinnert, von dem das Fleisch stammt. Zunächst aß man die Suppe nicht mehr aus einer gemeinsamen Kelle, sondern jeder bekam einen eigenen Löffel, den er – einmal benutzt – wieder abtrocknete, bevor er ihn erneut in die gemeinsame Schüssel tauchte, bis späterhin jeder einen eigenen Teller bekam. Das Messer – ursprünglich das Haupteßwerkzeug – wurde zunehmend mit Verboten belegt: es nicht mit der Schneide jemand anderem reichen, es nicht zum Mund führen, keine Kartoffel damit schneiden etc., alles Verhaltensweisen, die vordem üblich waren. Auf der anderen Seite gewann die Gabel zunehmend an Bedeutung und ersetzte so das Essen mit den Händen. Diese Veränderungen, die uns heute aus hygienischen Gründen selbstverständlich erscheinen, wurden dabei nicht gesundheitlich begründet, sondern damit, daß es nicht „höfisch“, „edel“, „zivilisiert“ sei.

Das Beispiel des Essens ist nur eine der „Zivilisationskurven“, die Elias dokumentiert. Weitere Beispiele sind die Verrichtung „natürlicher Bedürfnisse“, das Schneuzen und Spucken, das Schlafen sowie das Verhältnis von Mann und Frau. Immer wieder zeigen sich die gleichen Tendenzen:

- erstens ein „Vorrücken der Peinlichkeitsschwelle“, d.h. dasjenige, was vormals als natürliches Bedürfnis erschien (z.B. das Spukken), wird soweit mit Tabus belegt, daß wir als „zivilisierte“ Menschen dieses Bedürfnis nicht mehr empfinden, und selbst die Vorstellung als peinlich erleben (z.B. die Vorstellung, wenn wir alleine für uns sind, irgendwohin zu spucken);
- zweitens eine Verlegung ursprünglich selbstverständlicher Tätigkeiten „hinter die Kulissen des gesellschaftlichen Lebens“ *, wofür die Zerkleinerung der Tiere in der Metzgerei und Küche ein Beispiel, die Schaffung intimer Räume wie Toiletten und Schlafzimmer weitere sind;
- und drittens schließlich die Umwandlung von Fremdzwang in Selbstzwang, d.h. das, was als zivilisiertes Verhalten entsprechend dem Stand der gesellschaftlichen Entwicklung gilt (z.B. das Benutzen eines Taschentuchs, das Essen mit der Gabel und nicht mit

* Ebenda, Bd. 1, S. 163.

den Fingern), geschieht nicht durch unmittelbaren Zwang von anderen auf uns, sondern es ist uns durch den Erziehungsprozeß während der Kindheit zur „zweiten Natur" geworden und geschieht automatisch.

In einem zweiten Zugang versucht Elias, den Zusammenhang zwischen der Art des Fühlens, Denkens und Handelns einzelner Menschen und der gesellschaftlichen, historischen Entwicklung insgesamt aufzuzeigen. Er dokumentiert am Beispiel Frankreichs, wie sich in einer Vielzahl von Einzelschritten im Verlauf des 12. bis 17. Jahrhunderts aus dem dezentralen Feudalsystem der absolutistische Staat herausbildete. Für uns mag es selbstverständlich erscheinen, daß es einen Staat gibt, der von allen Bürgern Steuern eintreibt, und der durch Polizei und Militär über einen Machtapparat verfügt, der unmittelbare Aggressionen zwischen Mitgliedern des Staates verhindern soll. Tatsächlich sind beide – Steuer- und Gewaltmonopol – relativ junge Erscheinungen in der Geschichte.

Zwischen dieser Herausbildung des absolutistischen Staates und der Entwicklung der Zivilisation bestehen interdependente Wechselwirkungen. Elias erklärt diesen geschichtlichen Wandel durch die Zunahme der Verflechtungszusammenhänge, in die Menschen hineingeraten, und die sowohl den Aufbau eines Staates und einer differenzierten Gesellschaft als auch die andere Art der Modellierung der Gefühle, des Denkens und Handelns von Menschen bewirken. Ihre Auswirkungen für das Individuum bestehen in einer „Dämpfung der spontanen Wallungen, Zurückhaltung der Affekte, Weitung des Gedankenraums über den Augenblick hinaus in die vergangenen Ursach-, die zukünftigen Folgeketten"*. Dies hat eine „Psychologisierung" und „Rationalisierung" zur Folge.

Diese Veränderungen im Fühlen und Denken der einzelnen Menschen, die Erscheinungen des zivilisierten Verhaltens, sind auf vielfache Weise mit dem gesellschaftspolitischen Prozeß verknüpft: Das Gewaltmonopol des Staates zwingt den einzelnen, auf unmittelbare Aggression zu verzichten; dies setzt Emotionen frei, die nicht mehr nach außen gewandt, sondern als Spannung in das Innere der Person verlegt werden (Elias spricht vom „gesellschaftlichen Zwang zum Selbstzwang"). Die sich durchsetzende Wirtschaftsweise des aufkommenden Kapitalismus verlangt ebenso eine längerfristige Planungsweise des Menschen, eine stärkere Zurückhaltung unmittelbarer Bedürfnisbefriedigung und eine rationalisierte Denkweise.

---

* Ebenda, Bd. 2, S. 322.

Kindheit – so können wir aus den Analysen von Norbert Elias schlußfolgern – wird als soziale Tatsache in diesem Gesellschaftsplan *notwendig*, um die Menschen in die komplizierten, affekt-neutralen, rationalen Verhaltensweisen einzuführen. Es bedarf einer zunehmend längeren Phase des Lernens, damit Menschen so sozialisiert werden können, daß sie weniger auf Grund spontaner Lust-Unlust-Gefühle handeln und sich in einer zunehmend abstrakteren Welt zurechtfinden.

Gegenwart

Nach diesem historischen Exkurs müssen wir uns nun fragen, was dieser Prozeß der Zivilisation für uns heute bedeutet. Kinder, aber nicht nur Kinder, essen ihre Pommes frites und Hamburger mit den Fingern, Sexualität wird unverhüllt dargestellt, unsere Lebenssitten sind „locker“, sexuelle Bedürfnisse werden als natürlich und wichtig angesehen und ihnen wird Freiraum zur Entfaltung gegeben. Das auch in den Medien vorherrschende Bild ist nicht das des zivilisierten, an sich haltenden Menschen, sondern das des amerikanischen self-made-man, der sich ellbogenartig durchsetzt und mit seinem Geld ein möglichst großes Maß an unmittelbarer Bedürfnisbefriedigung zu kaufen versteht. Ist also das, was Elias beschreibt, eine Geschichte vergangener Tage? Leben wir weniger in einer Zeit des „Prozesses der Zivilisation“ als in einer Zeit der Lockerung, der Loslösung von zivilisatorischen Zwängen?

Norbert Elias geht auf dieses Problem ein, indem er schreibt, es sei „eine Lockerung im Rahmen des einmal erreichten Standards“*. Damit soll zum Ausdruck gebracht werden, daß die freizügigeren Äußerungen triebhafter Wünsche nicht auf die Auflösung der „Selbstzwangapparatur“ hinweisen, sondern im Gegenteil: Weil die Möglichkeiten unserer Triebkontrolle uns in einem solchen Maße zur „zweiten Natur“ geworden sind, bedeutet die Lockerung keine Gefahr eines Ausbruchs ungehemmter Sexualität und Aggression, wie dies bei weniger streng sozialisierten Menschen in früheren Zeiten der Fall gewesen wäre. Die Verlagerung äußerer Zwänge in die eigene Person ist vielmehr in einem solchen Ausmaß erreicht, daß eine persönliche Steuerung, ein individuelleres Management von Triebbefriedigung und Triebeinschränkung möglich ist.

Dies bedeutet, daß die scheinbaren „Lockerungen“ nicht Aus-

* Ebenda, S. 190.

druck einer Schwächung der Selbstzwänge sind, sondern daß im Gegenteil die Ansprüche an Selbstbeherrschung des einzelnen steigen. In einem Aufsatz* hat Wouters diese These am Beispiel des Wandels der Beziehung zwischen Eltern und Kindern beschrieben. Die Verringerung der Machtunterschiede zwischen ihnen, der Abbau autoritärer Erziehungspraktiken fordert zunächst von den Eltern, den Ausbruch ihrer Aggressionstendenzen zu zügeln, selbstbeherrscht zu werden, um stärker auf die Bedürfnisse der Kinder eingehen zu können. Langfristig fordert dieser Prozeß aber auch von den Kindern eine stärkere Selbstkontrolle, die ihnen nicht so äußerlich bleibt wie z.B. bei Formen autoritärer Erziehung. Das Maß an Selbststeuerung durch die Kinder wächst.

Vorsichtigkeit

Versuchen wir das bisher Gesagte auf zwei zentrale Fragen der Kindergartenpädagogik zu beziehen:

- Welche Schlußfolgerungen sind pädagogisch aus der Analyse zu ziehen, Kinder müßten zu selbstbeherrschten, rational-distanzierten Menschen erzogen werden, um in unserer „zivilisierten" Gesellschaft handeln zu können? Und:
- In welchem Verhältnis stehen die Erziehungsziele von Individualität einerseits und sozialer Anpassung andererseits in der Kindergartenpädagogik?

Ein bestimmter Stand der Zivilisationsentwicklung ist pädagogisch betrachtet weder hilfreich noch gefährlich, sondern Ausdruck der jeweiligen Gesellschaftsformation. Es wäre naiv, unsere Form von Zivilisation pauschal zu verdammen und einer idealistischen Natürlichkeit nachzulaufen. Trotzdem erscheint es notwendig, danach zu fragen, was dieser gesellschaftliche Prozeß, der weit in das Leben des einzelnen eingreift und es konstituiert, für die seelische Gesundheit bedeutet.

In diesem Sinne spricht Elias von der Zivilisation als „recht zweischneidiger Waffe"**. Als negative Pole nennt er „Unruhe und Unbefriedigtheit der Menschen", die durch eine zu weite Einschränkung der Triebe und eine Selbstunterdrückung entstehen, so daß Triebäußerungen keine Form der Befriedigung finden können,

---

* „Informalisierung und der Prozeß der Zivilisation"; in: P. Gleichmann u.a., Materialien zu Norbert Elias ‚Zivilisationstheorie', Frankfurt 1987[3].

** A.a.O., Bd. 2, S. 387.

quasi „anästhesiert“ werden*. Zum anderen hebt er den „Verlust an Stabilität“ hervor, da unsere Zivilisation eine große Flexibilität in den Möglichkeiten menschlichen Verhaltens verlange.

Mehr als 50 Jahre, nachdem Elias dies geschrieben hat, ist unser Blick für die Kehrseite der Zivilisation geschärft. Der Einschränkung menschlicher Triebäußerungen und damit eine Verringerung befriedigender Lusterlebnisse, der Modellierbarkeit des Menschen durch die „gesellschaftliche Prägeapparatur“, sind Grenzen gesetzt, die ein weitergetriebener Zivilisationsprozeß des öfteren zu Lasten der seelischen Gesundheit zu überschreiten versucht, z.B. dadurch, daß Möglichkeiten unmittelbarer sinnlicher und körperlicher Auseinandersetzung zunehmend zugunsten einer Informationsverarbeitung über Informationen aus zweiter Hand reduziert werden.

Die Probleme erhöhen sich für unsere Kinder, da es ihre Aufgabe ist, während der Zeit ihrer individuellen Entwicklung bis zum Abschluß des Jugendalters den Stand der Zivilisationsentwicklung erreicht zu haben, der für unsere Gesellschaft kennzeichnend ist. Wenn wir davon ausgehen, daß Neugeborene vor 50, vor 500, vor 1000, vor 2000 Jahren die gleiche Ausstattung mit affektiven Antrieben und kognitiven Möglichkeiten wie ein heute geborenes Baby mitbrachten, so sehen wir die Schwierigkeiten, den Entwicklungsprozeß so zu steuern, daß ein Handeln in einer Welt mit immer komplexeren Sozialbeziehungen, mit ihrer zunehmenden Abstraktheit und weitergehenden Triebkontrolle möglich wird. Pädagogisch könnte daraus abgeleitet werden, immer früher und mit zunehmendem Druck von Kindern sozial angepaßtes Verhalten zu verlangen. Dies wäre jedoch ein Trugschluß, da ein solch frühzeitiger Anpassungsdruck entweder seelische Störungen hervorrufen müßte oder eine Persönlichkeitsstruktur herausbildete, die außengesteuert wäre und damit nicht jene für unsere Gesellschaft zentralen Selbstkontrollmechanismen aufbauen könnte, die tendentiell auch ein Moment von Selbstbestimmung enthalten. Aus der Perspektive von Elias läßt sich als Ziel des Erziehungsprozesses die Einpassung in den gegebenen Stand der zivilisatorischen Entwicklung und deren Weiterentwicklung angeben. *Nur: dies ist das Ziel und nicht der Anfangspunkt, an dem wir uns im Kindergarten befinden.* Um den ohnehin vorhandenen Zivilisationsdruck auch auf Kinder abzufedern, erscheint uns deshalb pädagogisch vor allem eins geboten: Vorsichtigkeit. Pädagogisch erfolgreiches Handeln zeichnet sich nicht da-

* Ebenda, S. 332.

durch aus, möglichst frühzeitig den Übergang zur nächsten Stufe zu bewerkstelligen, sondern durch Möglichkeiten, die wir für Kinder eröffnen, Erfahrungen auf der jeweiligen Stufe ihrer Entwicklung machen zu können, so daß wir mehr die Intensität als die Quantität des Entwicklungsprozesses betonen. Konkret bedeutet dies für den Kindergarten:

- gegen die Tendenz zu vermittelten Informationen, die durch das Fernsehen für Kinder heute ohnehin selbstverständlich sind, einen Lebensraum zu schaffen, in dem unmittelbar sinnliche Erfahrungen gemacht werden können;
- gegen die Tendenz zur Reduktion des Körpers des Kindes auf einen „Lernkörper" (Rumpf), der an Tischen und auf Stühlen sitzt und sich mit Papier-Bleistift-Schere-Klebe-Aktivitäten auseinandersetzt, Möglichkeiten für die Vielfältigkeit und Selbstverständlichkeit grobmotorischer, körperlicher Aktivität zu eröffnen;
- gegen die Tendenz zur Anpassung an ordentliches Verhalten, zu dem der Druck des Lebens in öffentlichen Institutionen verstärkend drängt, das Chaos unzivilisierten, lustvollen, spaßreichen Handelns zuzulassen;
- gegen die Tendenz einer Pädagogisierung und Didaktisierung der Zeit, die dazu anhält, möglichst rationell zu lernen, Raum und Zeit zu geben für die Eigentümlichkeit der kindlichen Zeitrhythmen.

Das Kind wird sich in den erreichten Stand gesellschaftlicher Zivilisationsentwicklung einarbeiten, aber eine solche Synchronisation wird am Ende des Erziehungsprozesses stehen, und sie wäre nicht befördert, sondern gefährdet, wenn wir *Kindheit* nicht *als Phase der „Asynchronisation"* verstehen würden. Die Pädagogik bezieht ihre historisch-gesellschaftliche Rechtfertigung aus ihrem Mandat für die Kindlichkeit der Kinder und nicht aus einem verfrühten Anpassungsdruck an Erwachsenenverhalten. Dieser Gedanke ist umso wichtiger, je jünger die Kinder sind.

Individualität

Kindergartenkonzeptionen versuchen durch unterschiedliche Umschreibungen, eine Gewichtung zwischen zwei Polen vorzunehmen: Der eine mag bezeichnet werden als Sozialisation, soziales Lernen, Anpassung an die Gruppe, Rücksichtnahme, Vorbereitung auf die Anforderungen der Schule. Der andere als Individualisierung, Emotionalität, Durchsetzungsvermögen in der Gruppe, Präsentation eigener Bedürfnisse, Zeit für freies Spiel. Dann mag der eine mehr für Schulvorbereitung, der andere mehr für freies Spiel der Kinder sein, in den meisten Konzeptionen werden wir Formulierungen wie „sowohl als auch" finden, Versuche eines Kompromisses zwischen den Anforderungen der Gesellschaft auf Anpassung und den Anforderungen der Individuen auf Freiheit. Individuum und Gesellschaft werden so zu unterschiedlichen Bereichen, von denen der eine, indem er sich mehr ausdehnt, den jeweils anderen einschränkt und umgekehrt. Viele Diskussionen im Kindergarten können so den Charakter von „Glaubenskämpfen" annehmen, ob man mehr auf der Seite des Individuums oder der Gesellschaft stehe. Häufig ist es dabei die Gesellschaft, die als notwendiges Übel gilt, an die man sich auf Grund der Macht der Notwendigkeit anpassen muß, aber nur so weit, wie es unbedingt notwendig ist, um möglichst viel von der Freiheit des Individuums zu retten.

Die Gesellschaftstheorie von Elias mag helfen, einen Ausweg aus dieser Falle zwischen dem Zwang der Gesellschaft und der Freiheit des Individuums zu finden. Die Frage ist nämlich, ob solche Aufteilungen die Realität richtig beschreiben. Sind Gesellschaft und Individuum zwei getrennte Bereiche und deshalb soziales und affektives Lernen zwei verschiedene Lernfelder? Wenn das so wäre, müßten Menschen mit geringer gesellschaftlicher Anpassung ein Mehr an individueller Freiheit aufweisen, und umgekehrt Menschen mit weniger Individualität in hohem Maße sozial angepaßt sein. Daß dies in der Realität nicht so ist, zeigen uns Extrembeispiele: Menschen mit schweren psychotischen Störungen oder geistigen Behinderungen, Menschen, die in Obdachlosensiedlungen leben, Kriminelle, sie alle weisen im Sinne des Funktionierens in unserer Gesellschaft einen geringen Grad an Anpassung auf, ohne daß wir auf der anderen Seite sagen könnten, ihre individuelle Freiheit, ihre Möglichkeiten der Selbsterkenntnis und der Durchsetzung individueller Bedürfnisse sei besonders hoch. Wenn wir nach einem Beispiel suchen, können wir an den Künstler denken, der in kreativer Weise mit Pinsel, Leinwand und Farbe umgeht. Es wäre unsinnig, die Anpassung des Malers an die Techniken des Umgangs mit seinem Material der Freiheit seiner Kreativität gegenüberzustellen. Vielmehr zeigt sich, daß, je mehr ein Künstler die Techniken beherrscht und sich damit den Gegebenheiten der Materialien anpaßt, er nicht weniger kreativ wird, sondern im Gegenteil: durch die Beherrschung der Techniken baut er seine Kreativität auf. Kreativität und Technikbeherrschung sind nicht unterschiedliche Bereiche – etwa auch nicht so, daß man sagen könne: erst die Beherrschung der Technik, dann die Kreativität –, sondern unterschiedliche Aspekte des gleichen Prozesses: nur durch die Beherrschung der Techniken erhält der Künstler die Möglichkeit, seiner Kreativität Ausdruck zu verleihen, aber auch umgekehrt: nur durch das Verlangen, einer kreativen Idee Gestalt zu geben, wird er seine Technik verfeinern.

Individuum und Gesellschaft sind nicht unterschiedliche Bereiche, sondern verschiedene Aspekte des gleichen Entwicklungsprozesses. Der neugeborene Säugling verfügt nicht über ein Mehr an Individualität und wird durch seine Sozialisation in die Gesellschaft gezwungen, sondern im Verlauf seiner Entwicklung baut er im Kontakt mit der Umwelt seine Individualität auf, und indem er sie aufbaut, paßt er sich in die Gesellschaft ein. Von daher lassen sich zwei unterschiedliche Perspektiven der Betrachtung unterscheiden: die gesellschaftliche Umwelt dient als „Nahrung“ für den Aufbau der Persönlichkeit, und das Individuum ist „Nahrung“ für die Entwicklung der Gesellschaft. Beide – Individuum und Gesellschaft – sind zwei Seiten einer Medaille, beide – individueller und gesellschaftliche Aufbau – sind zwei Perspektiven des gleichen Prozesses. Wenn wir für die Kindergartenkonzeption gefordert haben, sie solle die „Asynchronität“ zwischen der kindlichen Entwicklung und dem Stand der gesellschaftlichen Zivilisationsentwicklung betonen, sie solle ein Mehr an unmittelbarer sinnlicher Erfahrung, an körperlicher Aktivität, an lustvollem Chaos, an sensiblem Umgang mit kindlichen Zeitrhythmen zulassen, dann ist dies nicht gegen die Gesellschaft oder in einen idealistisch gedachten gesellschaftsfreien Raum hinein gesagt, sondern es bringt die Betrachtungsperspektive zum Ausdruck, die der Pädagogik historisch-gesellschaftlich gegeben ist: Zumindest seit der Aufklärung und den Anfängen bürgerlicher Freiheitsrechte sollen Kinder nicht blind in die Anforderungen einer als statisch gedachten Gesellschaft eingezwungen werden, sondern *der komplizierte Verflechtungsmechanismus unserer Gesellschaft verlangt notwendigerweise, auch die Frage nach der „Lustbilanz“ zu stellen*, wenn der Sozialisationsprozeß nicht sowohl gesellschaftlich disfunktional als auch für das Individuum negativ verlaufen soll.

3. Perspektive: Erziehungsziele in der Kindergartenarbeit

Die Pädagogik läßt sich – vergleichbar der Medizin – als eine anwendungsbezogene Wissenschaft betrachten. Wie jene in der Chemie, Physik etc. ihre Bezugswissenschaften hat, auf denen sie gründet, obwohl sie nicht in ihnen aufgeht, hat auch die Pädagogik ihre Grundlagen in Soziologie, Psychologie, Philosophie etc. Auf deren Theorien ist die Pädagogik angewiesen, um einen Zugang zu ihrem Gegenstandsbereich zu finden, aber sie geht in ihnen ebensowenig auf wie die Medizin in Physik, Chemie etc. Beide haben gegenüber ihren Grundlagenwissenschaften eine andere Ausrichtung: Sie dienen einer Verbesserung der Praxis, die sie nicht nur verstehen bzw. erklären, sondern in die sie verändernd eingreifen wollen. Dazu benötigen sie jeweils einen leitenden Begriff, der den Maßstab ihres Eingreifens bestimmt. Für die Medizin ist dies der Begriff der „Gesundheit", auf die hin ihre Bemühungen ausgerichtet sind. Für die Pädagogik kann diese Funktion der Begriff der „Erziehung" erfüllen. Lange Zeit war er „aus der Mode gekommen", erschien normativ belastet, der erhobene Zeigefinger oder ein unverbindliches Schönreden, wozu die Künstlichkeit der Aufteilung in „funktionale und intentionale Erziehung" und die Hervorhebung der zweiten ihren Beitrag geleistet haben. In den 60er und 70er Jahren glaubte man ihn durch den Begriff der „Sozialisation" ersetzen zu können, Folge eines marxistischen Verständnisses der Gesellschaftsbezogenheit aller Beziehungsphänomene. Weil Sozialisation vollständig von der Gesellschaft abhängig erschien, blieb kein Raum für einen eigenständigen Erziehungsbegriff, seine Forderung war vielmehr Ausdruck konservativer, bürgerlicher Ideologie. Von „Erziehung" wurde nur noch von Pädagogen geredet, die nicht „auf der Höhe der Zeit" waren und die mit der Forderung zum „Mut zur Erziehung" ein Zurück zu vergangenen, autoritären Zeiten wollten.

Wenn wir den Begriff der „Erziehung" wieder in den Mittelpunkt der Pädagogik rücken wollen, dann ist eine Auseinandersetzung mit ihm notwendig, die wir im folgenden leisten wollen. Dabei vertreten wir einen weiten Erziehungsbegriff, der sich von dem der „Sozialisation" und „Entwicklung" nicht durch einen unterschiedlichen Gegenstandsbereich unterscheidet, sondern alle drei beziehen sich auf den gleichen Prozeß: das Groß-Werden von Kindern in der Geschaft. Der Unterschied liegt in der Perspektive, mit dem dieser Prozeß betrachtet wird. „Sozialisation" fragt nach dem gesellschaftlichen Aspekt des Prozesses: Wie wird das Individuum so in die Gesellschaft integriert, daß es die vorhandenen Rollen übernehmen und gestalten kann? Unter psychologischem Aspekt fragt der Entwicklungsbegriff nach der Entfaltung individueller Strukturen in der Auseinandersetzung mit der natürlichen und sozialen Umwelt. Beide Fragestellungen sind für die Pädagogik grundlegend, konstitutiv ist für sie aber der Erziehungsbegriff, in dem die pädagogische Sichtweise betont wird: Wie kann der kindliche Lebensraum so gestaltet werden, daß das Kind zu sich selbst kommen kann?

3.1. Was ist „Erziehung"?

Die Bitte an Erwachsene, eine Situation aus der eigenen Kindheit zu beschreiben, bei der sie das Gefühl haben, erzogen worden zu sein, liefern ganz überwiegend negative Erinnerungen: Verbote werden ausgesprochen und Strafen verhängt, der Wille des Kindes wird gebrochen, und nicht selten finden physische Gewalt und gefängnishaftes Einsperren statt. Die anschließende Bitte, eine Situation zu beschreiben, in der sie als Erwachsene das Gefühl haben, selbst ein Kind zu erziehen, ergibt dann häufig ein anderes Klima: ein Bemühen um Verständnis des Kindes, nicht Strafe, sondern das Gespräch herrschen vor. Doch trotz des freundlicheren erzieherischen Klimas, auch in den zweiten Beschreibungen geht es überwiegend darum, das Kind dahin zu bringen, etwas zu tun, was der Erwachsene will, oder etwas zu unterlassen, was der Erwachsene nicht will.

Ist das Erziehung, mit Gewalt oder mit Verständnis das Kind dahin zu bringen, ein anderer zu werden, die eigentlichen Ziele und Wünsche aufzugeben zugunsten von Einstellungen, Haltungen, Lerninhalten der Erwachsenen, die vom Bewußtsein getragen sind, „die Gesellschaft" zu repräsentieren? Geht es in der Zielsetzung von Erziehung schwerpunktmäßig um die Veränderung der Kinder? Haben wir es als Erzieherinnen und Erzieher hauptsächlich damit zu tun, daß aus dem Kind jemand wird, der es nicht ist?

Erzieherinnen, die wir auf Fortbildungsveranstaltungen fragen, was sie unter dem Begriff „Erziehung" verstehen, geben häufig Antworten, die sich in drei Gruppen einteilen lassen:

1. „Erziehung hat mit Normen und Werten zu tun!"
2. „Erziehung ist ein wechselseitiger Prozeß!"
3. „Ich lehne Erziehung ab!"

Mit allen drei Positionen möchten wir uns auseinandersetzen, weil sie jeweils eine Teilwahrheit zum Ausdruck bringen, gleichzeitig aber das Wesentliche der Erziehung verfehlen.

Zu 1. „Erziehung hat mit Normen und Werten zu tun!"

Gemeint ist damit, Erziehung sei der Prozeß, in dessen Verlauf aus dem naturtriebhaften Säugling der in die Gesellschaft integrierte Erwachsene gemacht wird. Von der Familie über den Kindergarten, die Schule und Berufsausbildung durchläuft der Mensch Stadien, die ihn an die bestehende Welt, in der er handlungsfähig sein soll, anschließen. Nach diesem Erziehungsverständnis steht der Erzieher für die „Gesellschaft" ein, für das, was das Kind noch nicht ist. Auf durchaus auch kindgemäße, freundliche Art soll er ein Kind zu etwas bringen, was es – sich selbst überlassen – nicht erreichen könnte.

Für den Kindergarten drückt sich dieses Erziehungsverständnis in der Zielsetzung aus, am Ende der Kindergartenzeit das Kind mit Fähigkeiten und Haltungen ausgestattet zu haben, die ihm einen erfolgreichen Schulbesuch ermöglichen. Dies bedeutet nicht mehr Vorwegnahme der schulischen Lehrgänge im Lesen, Schreiben und Rechnen, in den meisten Fällen auch nicht mehr kleingruppenhaftes Erarbeiten der Arbeitsmappen zum Schulreifetraining, wohl aber propädeutische Fähigkeitsvermittlung. Alltagssprachlich formuliert lauten die Ziele der Kindergartenarbeit dann: Das Kind soll lernen, nicht herumzuzappeln, sondern eine Zeitlang still zu sitzen; das Kind soll lernen, nicht nur spontan seinen Neigungen nachzugehen, sondern auch konzentriert an einer Aufgabe zu bleiben; das Kind soll lernen, nicht nur selbst zu reden, sondern auch zuzuhören etc.

Es ist nicht zu bestreiten, daß in einem derartigen Erziehungsverständnis etwas richtiges enthalten ist: der erzogene Erzieher repräsentiert die in ihm sozialisierte Welt: seine Art zu essen und zu reden, zu handeln und zu denken unterscheidet sich von der triebnäheren der Kinder, und das Kind wird im Prozeß der Erziehung die erwachsene Position übernehmen. Das Kindergartenkind wird am Ende in die Schule überwechseln, und es darauf vorbereitet, ihm Hilfen gegeben zu haben, daß es dort nicht versagt, sondern erfolgreich bestehen kann, ist eine notwendige und gute Aufgabe der Erziehung im Kindergarten.

Nur: macht dies das Wesentliche der Erziehung aus? Dies denken wir nicht. Erziehung besteht vielmehr aus einem widersprüchlichen „Geschäft", das sich aus den zwei ihr zugrundeliegenden Perspektiven ergibt:

a) Kind ______________ Erwachsener
Erziehung soll helfen, damit aus dem Säugling, der seine natürliche Trieb- und Reflexausstattung mitbringt, ein Erwachsener wird, der in der Gesellschaft handlungs- und genußfähig ist.
b) Erwachsener ______________ Kind
Erziehung soll helfen, die Andersartigkeit des Kindes, aus der sich seine „Eigentümlichkeit" (Schleiermacher) entwickelt, sein Eigenrecht auf das Leben in der Phase der Kindheit, sein „Recht auf den heutigenTag" (Korczak) zu schützen.

Zwischen diesen beiden Perspektiven besteht ein Widerspruch, der in der Geschichte der Pädagogik vielfach formuliert wurde:

- Anpassung oder Freiheit,
- Zukunft oder Gegenwart,
- Führen oder Wachsenlassen,
- Sozialisation oder Entwicklung,
- Gesellschaft oder Natur,
- Systemzwang oder Selbstbestimmung.

Das Wesen der Erziehung ist es, daß sie immer beides zugleich ist: Anpassung und Freiheit, Gegenwart und Zukunft, Führen und Wachsenlassen, Sozialisation und Entwicklung, Gesellschaft und Natur, Systemzwang und Selbstbestimmung. Das Ausblenden des einen (der Anpassung, der Zukunft, des Führens, der Sozialisation, der Gesellschaft, des Systemzwangs) wäre naiv, das Ausblenden der anderen (der Freiheit, der Gegenwart, des Wachsenlassens, der Entwicklung, der Natur, der Selbstbestimmung) wäre unpädagogisch.

Diese These, daß Erziehung ein beide Pole Umfassendes sei, meint keine kompromißhafte Formel des „sowohl ... als auch" (ein bißchen Anpassung und ein bißchen Freiheit), und es meint auch kein pragmatisches Hintereinander (erst ein wenig freies Spiel, dann ein wenig Schulvorbereitung). Vielmehr gilt, daß in jeder erzieherischen Situation immer und gleichzeitig beide Seiten präsent sind. Erziehung hat so mit „Normen und Werten zu tun"; aber dies ist nur die eine Seite, die andere lautet: Erziehung hat damit zu tun, daß „Kinder Kinder sein können" und dies meint:

- die Freiheit, Fehler machen zu dürfen, ohne Konsequenzen befürchten zu müssen;
- die Freiheit, der Gunst des Augenblicks zu folgen, ohne auf Zukunft ausgerichtet zu sein;
- die Freiheit, Macken auszuprägen, ohne daß da jemand ist, der mit Maßstäben der Be- und damit zumeist Verurteilung kommt;
- die Freiheit, noch nicht zu wissen, wer man ist, ohne deshalb ein Niemand zu sein, der erst durch die Erwachsenen wird;
- die Freiheit, lust- und damit kraftvoll zupacken zu können, ohne die Konsequenz der Scherben zu befürchten;
- die Freiheit, Angst zu haben, in einen Schoß weinen zu können, ohne daß da der Angst-austreibende und damit Angst-erzeugende Erwachsene ist;
- die Freiheit, jemanden und etwas lieben zu können, ohne daß da jemand ist, der dies für seine didaktischen Absichten nutzt;
- und – selbstironisch – die Freiheit, banal sein zu können, ohne daß da ein Pädagoge ist, der die Kindheit verklärt.

Wir werden auf dieses dialektische Erziehungsverständnis im zweiten Teil dieses Abschnittes noch einmal genauer eingehen, möchten aber zunächst die zweite oben zitierte Position beschreiben.

Zu 2. „Erziehung ist ein wechselseitiger Prozeß"

Gemeint ist damit ein Zurückweisen einseitiger Lernansprüche an Kinder. Nicht nur die Kinder lernen von den Erwachsenen, sondern im Erziehungsprozeß lernen auch die Erwachsenen von den Kindern. Verbunden mit dieser Vorstellung ist ein Bild von Kindern, das diese nicht als weiße Blätter ansieht, auf die der Erwachsene wichtiges schreiben muß, Kinder sind nicht „leere Gefäße", die es im Erziehungsprozeß durch Erwachsene zu füllen gälte, Kinder nicht als „Mängelwesen", die eines „Bereicherungsprogramms" bedürften, sondern von dem Kind wird ein positives Bild gezeichnet, das sich von der gezwungenen Erwachsenheit abhebt. Kinder sind dann: spontan, kreativ, offen, frei, natürlich, selbstbewußt etc., und der gezwungene, angepaßte, abgeschlossene, angeschlagene Erwachsene kann von Kindern lernen, wieder zurück zu sich selbst zu finden. Solche Vorstellungen von Erziehung als einem wechselseitigen Prozeß drücken sich in der Kindergartendiskussion in Umschreibungen wie „gemeinsam mit Kindern leben", „Kindergarten als Lebensraum" etc. aus.

Auch dieses Erziehungsverständnis beinhaltet eine Teilwahrheit: eine hohe Wertschätzung des Kindes, eine Betonung seines Rechtes auf Andersartigkeit, ein Ernstnehmen der Persönlichkeit des Kindes, die nicht erst wird, sondern ist. Wenn wir trotzdem nur von einer Teilwahrheit dieses Erziehungsverständnisses sprechen, so hauptsächlich aus zwei Gründen: Zunächst einmal scheint in dem positiven Bild von Kindern häufig eine Projektion kompensatorischer Erwachsenenprobleme zu liegen. Das Kind als „Messias" (Montessori) zu betrachten, der uns von unseren Zivilisationszwängen befreit, hat mit der Realität von Kindern ebenso wenig zu tun, wie die Vorstellung des Kindes „als mit der Erbsünde belastet" (wie in der pietistischen Pädagogik). Beiden Vorstellungen ist eine Projektion von Erwachsenenängsten gemein, die das Kind nur belasten kann. Kinder sind nicht spontaner, kreativer, offener, freier, natürlicher, selbstbewußter etc. als Erwachsene, und die Streubreite von Spontaneität, Kreativität, Offenheit, Freiheit, Natürlichkeit, Selbstbewußtsein etc. ist bei Kindern nicht geringer als bei Erwachsenen. Das scheinbar positive Bild von Kindern verklärt Kindlichkeit und führt so zu einer verzerrten Wahrnehmung dessen, was Kinder an Hilfen benötigen, um spontan, kreativ, offen, frei, natürlich, selbstbewußt etc. zu werden.

Zum zweiten scheint das Verständnis von Erziehung als wechselseitigem Prozeß mißverständlich. Wenn mit „wechselseitig" eine Gleichheit dessen gemeint ist, was auf der einen (Kind) und der anderen Seite (Erwachsener) geschieht, so geht dies an dem Wesen des Erzieherischen vorbei, das in seinem „Gefällecharakter" besteht. Damit ist hier nicht die Autorität, das Vorbild des Erziehers gemeint, sondern sein Dienstcharakter. Erziehung ist eine dienende Tätigkeit des Erwachsenen für das Kind, eine Hilfestellung für Kinder, ein etwas und sich selbst zur Verfügung Stellen des Erwachsenen, und diese zentralen Punkte lassen sich nicht umkehren, sind daher nicht wechselseitig. Erziehung ist keine dienende Tätigkeit des Kindes für den Erwachsenen, kein sich zur Verfügung Stellen der Kinder, damit der Erwachsene an ihnen seine Probleme abarbeiten kann. In diesem Sinne ist Erziehung kein wechselseitiger, sondern ein einseitiger Prozeß, dessen Kern in dem Verfügbarmachen des Körpers, der Gedanken, der Liebe des Erwachsenen für das Kind und nach Maßgabe der kindlichen Entwicklungsbedürfnisse besteht, ohne daß der Erwachsene eine Verfügung über den kindlichen Körper, seinen Geist und seine Liebe bekommt. Dies unterscheidet die einseitige erzieherische Erwachsenen-Kind-Beziehung und Liebe von der zwischen Erwachsenen. Erziehung ist ein Benutztwerden der Erwachsenen durch Kinder, ohne daß eine Umkehrung (Wechselseitigkeit) gegeben wäre.

Zu 3. „Ich lehne Erziehung ab!"

Ein Teil der Antworten auf die Frage, was Erziehung sei, läuft darauf hinaus, Erziehung generell in Frage zu stellen. Gemeint ist, Erziehung sei immer ein Gewaltverhältnis, durch das das ursprüngliche Selbst des Kindes zerstört wird. Dieses Verständnis von Erziehung hat in der antipädagogischen Literatur Konjunktur. Alice Miller, eine ihrer Vertreterinnen, schreibt: „Im Gegensatz zur allgemein verbreiteten Meinung und zum Schrecken der Pädagogen kann ich dem Wort ‚Erziehung' keine positive Bedeutung abgewinnen. Ich sehe in ihr die Notwehr des Erwachsenen, die Manipulation aus der eigenen Unfreiheit und Unsicherheit, die ich zwar verstehen kann, deren Gefahren ich aber nicht übersehen darf."* Da zum Erziehungsbegriff notwendigerweise Gewalt, Rache, Zerstörung etc. gehören, kann er nicht durch eine kinderfreundliche Modifikation repariert, sondern muß ersatzlos gestrichen werden. Kinder brauchen „Begleitung", „Beratung", aber keine „Erziehung". Letztere ist nur Gift für sie, zerstört ihren Körper und ihre seelischen Kräfte.

An dieser Stelle kann keine ausführliche Auseinandersetzung mit der Antipädagogik erfolgen**, aber da es um mehr geht als um einen begrifflichen Streit – das Ersetzen des Wortes „Erziehung" durch „Begleitung" – und da diese Argumentationsfigur in einigen Kindergartenkonzeptionen – wir wollen als Erzieherinnen gemeinsam mit Kindern leben und sie nicht erziehen – auftaucht, einige Anmerkungen. Positiv ist festzuhalten, daß die antipädagogische Haltung uns Erzieher sensibel für eine selbstkritische Reflexion unserer Praxis machen kann. Die Gefahr ist groß, hinter edlen Zielen von Autonomie und Mündigkeit und Erziehungsstilvorstellungen von sozial-integrativ und demokratisch eine Praxis zu verbergen, die aus der Perspektive von Kindern betrachtet das Gegenteil ausmacht: Anpassung und Überredung. Uns von den Antipädagogen provozieren zu lassen, unsere Erziehungsrealität mit den Augen der Kinder zu betrachten, scheint heilsam. Wo verschieben wir Autonomie, Persönlichkeit, Selbstbestimmung auf ein Später, zu dem wir in der erzieherischen Gegenwart, diese Zielsetzungen mißachtend, erst die Voraussetzungen schaffen müssen? Wenn es aber eine Interdependenz von Ziel und Mittel gibt, dann kann ich Autonomie, Persönlichkeit, Selbstbestimmung nicht durch ihr Gegenteil erreichen, sondern nur durch eine erzieherische Haltung, die sie hier und jetzt

---

* Am Anfang war Erziehung, Frankfurt 1980, S. 121.

** Siehe hierzu: Andreas Flitner, Konrad, sprach die Frau Mama ..., München 1989[4].

voraussetzt, obwohl gleichermaßen bewußt ist, daß Autonomie, Persönlichkeit, Selbstbestimmung des Kindes erst im Prozeß der Erziehung gebildet werden. Dies erscheint paradox, doch genau diese Paradoxie macht Erziehung aus.

Mit dem zuletzt Gesagten kommen wir aber bereits in die kritische Auseinandersetzung mit der Antipädagogik hinein. Man kann die Paradoxie leugnen und sich auf einen einseitigen Standpunkt stellen; man kann für sich persönlich die Aufgabe, erziehen zu wollen, ablehnen; nur die Tatsache, daß Kinder nicht nur auf Begleitung und Beratung, sondern Erziehung angewiesen sind, wird damit nicht aus der Welt geschafft. Erziehung ist mehr als „Begleitung" und „Beratung"; sie weist gegenüber ersterer eine stärkere Existentialität auf, eine Identifikation mit dem Kind, die dessen Gegenwart und Zukunft gleichermaßen im Blick hat und deshalb die Führung nicht der Zufälligkeit der begleitenden Schritte anvertraut; und sie fügt der Unverbindlichkeit der Beratung ein Einstehen des Erwachsenen für das, was das Kind noch nicht ist, aber werden kann, hinzu. Dabei ist Identifikation mit der noch werdenden Persönlichkeit des Kindes kein gewaltsames oder manipulierendes Unterdrücken des Kindes, sondern ihr Gegenteil: Erziehung ist aufschließende Perspektive. „Erziehung" meint hier den Gegenstandsbereich, der sich auf die Beziehung zwischen der älteren und jüngeren Generation*, zwischen Erwachsenen und Kindern bezieht, ein faktischer Gegenstandsbereich, der sich von anderen Beziehungsformen – z.B. Arbeits- oder Liebesbeziehungen – unterscheidet. Erziehung in diesem Sinne ist – um es pathetisch zu formulieren – eine selbstlose Liebe, die alles und sich selbst gibt, ohne auf einen Lohn zu spekulieren. Weniger pathetisch und mehr profan ausgedrückt: Als professioneller Erzieher erwarte ich für meine Berufsarbeit einen möglichst hohen Lohn meines Arbeitgebers, aber von den Kindern erwarte ich nicht mehr an Bestätigung und Zuneigung als der Automechaniker Dank von dem Auto erwartet, in dessen Pflege er viel Sorgfalt und vielleicht auch Liebe hineingegeben hat. Antipädagogen mögen bezweifeln, daß es solche selbstlosen Formen der Liebe gibt, einzelne Erwachsene mögen für sich diese Aufgabe ablehnen; Fakt bleibt, daß Kinder psychisch nur gesund groß werden können, wenn sie Möglichkeiten zu solch ein- und nicht wechselseitiger Liebe erfahren haben.

---

* Schleiermacher, Ausgewählte Pädagogische Schriften, Paderborn 1983[3], S. 38.

In der zweiten Hälfte dieses Abschnittes möchten wir unsere eigene Stellungnahme zu der eingangs gestellten Frage – „Was ist Erziehung" – ausführen, die wir wie die anderen unter ein Schlagwort stellen, das wir in Anlehnung an ein Zitat von Nietzsche – „Werde, der du bist" – formulieren:

> Erziehung ist Hilfe zu dem Werde,
> der du sein kannst,
> und Bleibe,
> der du noch nicht bist!

Zur Beschreibung dieses Erziehungsverständnisses gehen wir von drei dialektisch formulierten Sätzen aus:

1. a) Wir sind nichts, was nicht die Gesellschaft aus uns macht; und
   b) die Gesellschaft kann nichts aus uns machen, was wir nicht selbst tun.

Zu a) Ziehen wir von unserer Persönlichkeit alles ab, was wir durch und in der Gesellschaft geworden sind, dann bleibt uns der säuglinghafte Zustand unserer Reflex- und Wahrnehmungsausstattung. Unsere Art und Weise zu handeln, die Modellierung unserer Gefühle, unsere Form zu denken – es gibt nichts in uns, keine höchste und keine privateste Äußerung, die nicht gesellschaftlich präformiert wäre; keine Eigenschaft, keine Denk- und Gefühlsweise, die nicht anders aussähe, wenn wir – bei gleicher Erbausstattung – in einer anderen Gesellschaft, zu einer anderen Zeit, an einem anderen Ort erzogen worden wären. Wir können noch einen Schritt weiter gehen: Betrachten wir auch unsere vorgeburtliche Phase im Mutterleib als gesellschaftlich geprägt – und es gibt zunehmend mehr Untersuchungen, die solche Abhängigkeiten nachweisen –, dann ist unsere Persönlichkeit, verstanden als das, was wir wären, könnten wir alles Gesellschaftsbedingte von uns abziehen, nicht mehr als die nicht einmal 1 mm große befruchtete Eizelle. Somit aber wäre unsere Persönlichkeit ein Zufallsprodukt: Es hätte auch eine andere der 500 Millionen Samenzellen unseres Vaters, die bei unserem Zeugungsakt auf die Reise gingen, auf die Eizelle stoßen können; und wenn unsere Mutter einen Monat früher oder später schwanger geworden wäre, wäre unsere Persönlichkeit uns nicht ähnlicher als unser Bruder und unsere Schwester. Mithin: unsere Persönlichkeit ein Produkt des Zufalls? Das Gedankenexperiment soll nicht mehr zeigen als die Unsinnigkeit, unsere Persönlichkeit in einem Unveränderbaren, von der Gesellschaft nicht Beeinflußten anzusehen, als eine Individualität, die sich gegen die Gesellschaft verteidigen muß. Die Gesellschaft ist nicht nur die, die der Entfaltung unserer Individualität Schranken setzt, sondern auch die, die Persönlichkeitsbildung überhaupt ermöglicht.

Zu b) So richtig das eben Gesagte ist, wie stark der gesellschaftliche Druck sein mag: er hat keine Kraft, auch nur ein Wort in uns einzugraben, eine einzige Handlung in uns auszuprägen – ohne unsere eigene Aktivität. Alles, was die Gesellschaft aus uns macht, ist nichts, wenn wir es nicht selber machen. Die Gesellschaft bildet kein Abbild des Außen in uns, sondern wir konstruieren sie in unserem Kopf – ebenso unserem Bauch, unseren Armen und Beinen – neu, und diese Neukonstruktion erfolgt durch individuelle Gefühls-, Denk- und Handlungsstrukturen, die das Außen „verdauen". Diese Denk-, Gefühls- und Handlungsstrukturen, die als autonome Verarbeitungs- und Umarbeitungsinstanzen dem an sie herangetragenen gesellschaftlichen „Material" gegenüberstehen, folgen einer immanenten Entwicklungslogik, die in einigen Aspekten – z.B. der Geschwindigkeit oder der Breite der Entwicklung – von außen durch Erziehung beeinflußbar sind, deren Ablauffolge selbst aber unumkehrbar ist. Die in einer bestimmten Entwicklungsphase und dazu jeweils individuell ausgeprägten Strukturen weisen eine Aktivität auf, die sich mit den Eindrücken auseinandersetzt und diese nicht passiv empfängt. Demnach muß das, was durch Erziehung von außen an das Kind herangetragen wird, sich den Denk-, Gefühls- und Handlungsstrukturen des Kindes anpassen.

Nach dem bisher Gesagten können wir zwei Erziehungsverständnisse, die auch in der Kindergartenpädagogik eine große Rolle gespielt haben, negativ ausschließen: Erziehung ist weder die beschauliche (oder hektische) Gärtnertätigkeit, ein wenig zu gießen, die Überwucherung durch Unkraut zu verhüten und vor allem abzuwarten, was das Pflänzchen von innen heraus hervorbringt; noch ist Erziehung die Tätigkeit des Machens der Erwachsenen – aus dem Unmündigen das Mündige, aus dem Dummen das Kluge, aus dem Rohen das Veredelte, aus dem Wilden das Gezähmte, aus dem Chaos die Ordnung. Erziehung beruht auf der dialektischen Verschränkung von Sozialisation als Materialgebung und Entwicklung als aktiver Gestaltungsinstanz.

2. a) Erziehung ist ein ahistorisches, universelles Phänomen; und
   b) Erziehung ist eine historisch mit der Entwicklung des absolutistischen Staates beginnende Tatsache

Zu a) Die genetische Ausstattung, die Menschen zu unterschiedlichen Zeiten und an unterschiedlichen Orten mit auf die Welt bringen, bleibt weitgehend konstant, ebenso die Reflexausstattung, Wahrnehmungsstruktur und Triebbereitschaft, die der Neugeborene in der Stunde der Geburt beherrscht. Durch einen mehr oder weniger langen Prozeß wird aus dieser identischen „Grundausstattung“ ein Jäger, Feldbauer, Ritter, Landloser, Bauer, Handwerker, Priester. Aus dieser universellen Perspektive läßt sich der Prozeß des Erwachsenwerdens als Erziehung im weiteren Sinne bezeichnen, als Prozeß des Einfügens und Eingefügtwerdens in den jeweiligen Stand der Gesellschaft. Diese Erziehung im weiteren Sinne ist ein universelles Phänomen, aus Klein Groß zu machen. Ihre Beschränktheit liegt in der Beschränktheit der Tradition, die ungefragt zu übernehmen ist. Das Bild des Kindes, das diesem weiten Verständnis von Erziehung zugrunde liegt, ist das eines „noch-nicht“, eine graduelle Abstufung, und Erziehung besteht in der Gewöhnung an den Bestand der Kultur, der zudem noch innerhalb der ständischen Beschränktheit angeeignet wird. Erziehung im weiten Sinne, verstanden als ein ahistorisches Phänomen, hat es mit einer quantitativen Sichtweise von Kindheit zu tun, einem kleiner, schwächer, noch-nicht-so-weit-Sein.

Zu b) Erziehung im engeren Sinne, und in diesem werden wir im folgenden davon reden, ist dagegen an die historische Tatsache der „Entdeckung der Kindheit“* gebunden. In Abhängigkeit der Herausbildung des absolutistischen Staates wird ein Bild von Kindheit und Jugendalter konstituiert, das sich nicht durch quantitative, sondern qualitative Elemente auszeichnet. Kinder sind nicht die „kleinen Erwachsenen“, sondern sie sind „anders“ als die Erwachsenen, sie leben in einer mit den Begriffen des Erwachsenseins nicht hinreichend beschreibbaren Gefühls-, Denk- und Handlungswelt. Dementsprechend besteht Erziehung nicht ausschließlich in der Gewöhnung an und in der Einübung in eine Tradition, sondern Erziehung im engeren Sinne ist die Einstellung zu und die Hervorhebung der Eigenwelt des Kindes. In diesem Sinne kann Jean-Jacques Rousseau, der in seinem Erziehungsroman „Emil“ die neue Einstellung zu Kindheit und Erziehung auf den Begriff bringt, schreiben: „Die Natur will, daß Kinder Kinder sind, ehe sie Männer werden. Kehren wir diese Ordnung um, so erhalten wir frühreife Früchtchen, die we-

* Philippe Ariès, a.a.O., S. 92.

der reif noch schmackhaft sind und bald verfaulen: wir haben dann junge Gelehrte und alte Kinder. Die Kindheit hat eine eigene Art zu sehen, zu denken und zu fühlen, und nichts ist unvernünftiger, als ihr unsere Art unterschieben zu wollen."* Erziehung im engeren Sinne ist ein relativ neues historisches Phänomen, das von der qualitativen Andersartigkeit des Kindes im Vergleich zu dem Erwachsenen ausgehend eine doppelte Aufgabenstellung beschreibt: Kinder in die Welt der Erwachsenen einzuführen einerseits und gegenüber der Welt der Erwachsenen das Recht auf die Eigenwelt des Kindes zur Geltung zu bringen andererseits. Mit der Entstehung von Kindheit – und mit ihr verbunden Erziehung im engeren Sinne – entsteht auch die Pädagogik.

3. Pädagogik als die gesellschaftlich geforderte Reflexion des Erziehungsprozesses mit ihrem Doppelgesicht
   a) der Frage nach der Effizienz: Wie läßt sich die menschliche Potentialität erhöhen? und
   b) der Frage nach dem Eigenwert der Kindheit: Wie läßt sich deren Andersartigkeit gegen eine auf Erwachseneneffizienz gerichtete Welt sichern?

Mit dieser dritten Gegenüberstellung sind wir in der Gegenwart angelangt: Ist Erziehung für uns heute die möglichst effiziente, rasche, umfassende, didaktisch planbare Qualifizierung von Kindern, um sich in der Welt der Erwachsenen zurechtzufinden und notwendige Potentiale zu deren immer rascherer Dynamik aufzubauen? Bedürfen wir mithin der Kindheit als zunehmend längerer Ausbildungsphase, weil die Dynamik unserer Gesellschaft weitgehend auf die Kreativität und Innovationsfähigkeit der nachwachsenden Generation angewiesen ist, die durch Erziehung herzustellen ist? Oder hat Erziehung zunehmend die Aufgabe, angesichts einer sich immer stärker dynamisierenden und damit von der Naturhaftigkeit des Menschen entfernenden Gesellschaft, die „primitive" Eigenwelt des Kindes zu retten, um deren Aufgehen in die Ausbildungsfunktion für später benötigte Qualifikationen zu verhindern?

Wir möchten für die zweite Alternative werben und an die These Neil Postmans von dem „Verschwinden der Kindheit"** anknüpfen. Postman beschreibt gesellschaftliche Nivellierungstendenzen zwischen Kindern und Erwachsenen, die durch ein immer weiterge-

---

* Paderborn 1987[8] S. 69.
** Frankfurt 1987.

hendes Ersetzen der Schriftsprache durch die Welt der Bilder verursacht werden. Während Schriftsprache einen langen Prozeß des Eingewöhnens und der Übung verlangt, entfällt dieser in einer Welt der primitiven Bilder. An Hand vieler Beispiele – z.B. Kleidung, Freizeitgewohnheiten, Fernsehen, Werbung etc. – versucht Postman zu zeigen, daß zwischen Erwachsenen und Kindern eine Angleichung stattfindet, die die Kindheit – als von den intimen Geheimnissen der Erwachsenen getrennte Welt – zum Verschwinden bringt.

Rein logisch ließe sich argumentieren: Wenn Kindheit und Erziehung im engeren Sinne keine universell-anthropologischen Tatsachen sind, sondern ein im historischen Entwicklungsprozeß der Gesellschaft konstruierter Bereich, dann läßt sich auch eine gesellschaftliche Entwicklung denken, die der sozialen Tatsache von Kindheit nicht mehr bedarf. Eine solche Sichtweise scheint jedoch unhistorisch, und Postmans Argumentation bleibt auf der Ebene der Oberfläche der von ihm beschriebenen Phänomene stehen. Während die Arièssche Beschreibung von der „Entdeckung der Kindheit“ auf den undifferenzierten Kind-Erwachsenen-Status zielt, in dem es, weil es keine Kinder und somit auch keine Erwachsenen gab, sondern eine Undifferenziertheit von erwachsenen Kindern und kindlichen Erwachsenen, läßt sich in Gesellschaften nach der „Entdeckung der Kindheit“ hinter diese Kind-Erwachsenen-Differenzierung nicht mehr zurückkehren. Wohl können wir Nivellierungserscheinungen zu Lasten der Kindheit, mithin Nivellierungserscheinungen, wie sie Postman hervorhebt, beobachten, aber es sind nicht ein Verschwinden, sondern eine stärkere Diskrepanz zwischen Kindern und Erwachsenen. Es gibt gesellschaftliche Tendenzen, den Sprung von der Kindheit zum Erwachsensein schneller zu vollziehen, und somit Ansätze, von der Kindheit ein Stück abzuschneiden, sie möglichst weitgehend zu reduzieren. Nur weil das Erwachsensein sich im Verlaufe der gesellschaftlichen Entwicklung nicht der Unmittelbarkeit unserer Naturausstattung annähert, sondern im Gegenteil sich zunehmend von ihr entfernt, wird Kindheit als bewußt geplante Entwicklungsstufe zunehmend notwendiger, wenngleich auch brüchiger. Anläßlich einer gesellschaftlichen Entwicklung, die durch eine sich immer mehr beschleunigende und weltweit ausdehnende räumliche und soziale Vernetzung dazu tendiert, Erfahrungen nicht mehr als unmittelbar sinnlich wahrnehmbare, sondern vielfach vermittelte zu erleben und zu verarbeiten, wird die Diskrepanz zwischen der gleichen Naturausstattung des Säuglings und der Welt, in die er hineinwachsen soll, zunehmend größer. Diese Diskrepanz läßt sich nicht überspringen, zumindest nicht ohne gravierende Folgen für die seelische Gesundheit, so daß die gesellschaftliche Notwendigkeit des Erziehungsauftrags, das Eigenrecht der Kindheit – auch gegen die gesellschaftlichen Nivellierungstendenzen – zu sichern, steigt. Gerade wenn Kinder in eine zunehmend abstrakter werdende Welt hineinwachsen sollen, bedürfen sie eines festen Fundaments von Unmittelbarkeit. Pestalozzis pädagogisches Insistieren auf die Notwendigkeit der Anschauung, des Primitiven, des Einfachen vor dem „Verwickelten", verliert in unserer Zeit nicht an Gültigkeit, sondern muß intensiver betont werden. Wenn Rousseau vor über zweihundert Jahren als die wichtigste Erziehungsregel formulierte, „nicht: Zeit gewinnen, sondern Zeit verlieren"*, so gilt dies gerade in unseren Tagen.

Provozierend gesagt: Erziehung ist heute zunehmend die Suche nach pädagogischen Gettos, Gettos, in denen Kinder Kinder sein können. Mit dieser These soll nicht gegen die im situationsorientierten Ansatz gewonnene Öffnung des Kindergartens gestritten werden, der gegenüber der Kindergartentradition die Befreiung von einer ideologisch verklärten Kindlichkeit geleistet und gegenüber den schul- und funktionsorientierten Ansätzen in einer positiven Rückwendung zu den sozialpädagogischen Ursprüngen des Kindergartens eine Verengung der Aufgabenstellung des Kindergartens zurückgewiesen hat. Die didaktische Suche nach Projekten, Außenorientierung, Einbindung von gesellschaftlicher Realität geht aber – wenn sie, wie im Situationsansatz geschehen, als die Zentralpunkte des Kindergartens begriffen werden – an dem Kristallisationskern der pädagogischen Aufgabenstellung vorbei, nämlich Kindern einen Lebensraum in erzieherischer Absicht zu geben. Gerade weil es eine gesellschaftliche Tendenz gibt, Kindheit „abzuschaffen", ist die Verantwortung der Pädagogik, Erziehung nicht als Effizienz, sondern als Schutzraum von Kindlichkeit, als Notwendigkeit von Langsamkeit zu begreifen, größer geworden.

Abschließend noch wenige Erläuterungen zur Abwandlung des Satzes von Nietzsche – „Werde, der du bist!" – in unsere Formulierung, Erziehung sei Hilfe zu einem „Werde, der du sein kannst". Diese hat vor allem darin ihren Grund, daß wir nicht davon ausgehen, die Persönlichkeit eines Menschen sei von Anfang an wesensmäßig in ihm enthalten und müsse nur Gelegenheit zur Entfaltung, zum Werden bekommen. Andererseits gehen wir auch nicht davon aus, die Per-

---

* A.a.O., S. 72.

sönlichkeit sei durch Erziehung grenzenlos machbar, sondern die Entfaltung der Individualität besteht in einer Interaktion zwischen dem sich entwickelnden Selbst und dem diese Entwicklung bereichernden Außen. Auf jeder Stufe setzt dieses Selbst der Erziehung einerseits Grenzen, die zu überschreiten Erziehung zur Manipulation werden ließe, und auf jeder Stufe fordert das sich entfaltende Selbst andererseits aktive Erziehung, um – über die Grenzen des Selbst hinausgehend – Erweiterung möglich zu machen. Kindheit ist ein Stadium des Werdens und Werdenwollens. Sie fordert die Erzieherin als starke Persönlichkeit, die nicht nur unverbindliche Angebote macht, sondern mit ihrer Person für die Sinnhaftigkeit der Welt, das Sich-Lohnen der Entwicklungsanstrengungen einsteht; aber gerade weil Kindheit auch ein Werdenwollen, ein Suchen des Kindes nach dem vorbildhaften, für die Sinnhaftigkeit einstehenden Erwachsenen ist, ist Vorsicht angebracht, dieses Bedürfnis nicht für etwas zu mißbrauchen, was das Kind aufgrund des Selbst-Seins seiner bisherigen Entwicklung nicht sein kann. Erziehung ist die Hingabe des Erwachsenen zu dem Kind, die Stärke und Sensibilität miteinander verbindet.

3.2. Welches ist die Zielsetzung für die Arbeit im Kindergarten?

„Wenn man nicht genau weiß, wohin man will, landet man leicht da, wo man gar nicht hin wollte.“* Um dieser Gefahr zu entgehen, ist die Zielformulierung einer der wichtigsten Schritte bei der Erstellung einer Kindergartenkonzeption. Soll Kindergartenerziehung sich nicht in Betreuung erschöpfen, eine Funktionszuschreibung, die in den letzten Jahren stark in den Vordergrund gerückt ist, damit außerhäusliche Berufsarbeit von Frauen möglich wird; wird sie nicht nur diskutiert im Rahmen rechtspolitischer Maßnahmen, wie dies bei den Neuregelungsversuchen zum § 218 geschieht, sondern soll der Kindergarten unter pädagogischen Gesichtspunkten betrachtet werden, dann bedarf es einer Reflexion der inhaltlichen Zielsetzungen. Der Kindergarten hat sich in den letzten zwanzig Jahren als Bildungsinstitution vor der Schule etabliert, ohne daß seine Aufgabenstellung eine Vorwegnahme schulischer Inhalte und Ziele wäre. Die

* Robert F. Mager, Lernziele und Programmierter Unterricht, Weinheim 1970[14], S. XVII.

Kindergartengesetze verschiedener Bundesländer formulieren dies dadurch, daß sie dem Kindergarten einen eigenständigen Bildungsauftrag zusprechen. Soll dieser eingelöst werden, dann müssen wir nach den Zielsetzungen fragen, auf die hin die erzieherische Arbeit orientiert ist.

Technisches

Einzelziele gibt es in nahezu unbegrenzter Fülle. Vieles erscheint und ist tatsächlich wichtig, und so finden wir häufig eine Zusammenstellung ausführlicher Zielkataloge, die schnell verwirren und nicht das leisten, was die Zielsetzung leisten soll: Orientierung durch das Chaos zu vermitteln. Die Fülle vieler Ziele erschlägt, und sie gibt deshalb nicht an, welche Schritte eine Erzieherin tun soll, um zu begründeten Veränderungen zu gelangen. Deshalb sollte die Suche nach den Zielen der Kindergartenarbeit sich nicht auf eine möglichst große Breite und Fülle richten, sondern auf eine zunehmende Reduktion. Nicht alles, was auch noch im Kindergarten möglich und sinnvoll wäre, sollte die Konzeption enthalten, sondern es muß ein zunehmender Eingrenzungsprozeß stattfinden, bis schließlich der Punkt bezeichnet ist, auf den hin die Arbeit im Kindergarten orientiert werden soll. Damit dies erreicht wird, scheint der Zwang hilfreich, nach einer Diskussion über mögliche Erziehungsziele zu versuchen, mit einem einzigen Wort die Zielsetzung zu beschreiben.

Orientierungslos macht es auch, wenn die Beschreibung der Zielsetzungen durch eine Suche nach Ausgewogenheit gekennzeichnet ist. Wenn formuliert wird: Kinder sollen lernen, in der Kindergruppe ihre eigenen Bedürfnisse durchzusetzen, aber auch ihre eigenen Bedürfnisse denen der anderen unterzuordnen; Kinder sollen im Kindergarten etwas Sinnvolles lernen, damit sie gut auf die Schule vorbereitet werden, aber Kinder sollen im Kindergarten auch Gelegenheit haben, sich dem Spaß des augenblicklichen Lebens hinzugeben –, dann ist dies nicht falsch, doch die Ausgewogenheit kann nicht das Verhalten in der Praxis steuern. Der Hinweis, daß ich sowohl rechts (Kinder sollen lernen, sich unterzuordnen) als auch links (Kinder sollen lernen, sich durchzusetzen) gehen kann, ist wenig hilfreich, da er in seiner Ausgewogenheit nicht sagt, welchen Weg ich gehen muß. Wenn alles möglich ist, wenn ich sowohl rechts als auch links, sowohl vorwärts als auch rückwärts gehen kann, herrscht Beliebigkeit und damit Ziellosigkeit. Wenn sowohl „a" als auch „nicht a", mithin die ganze Palette möglicher Zielsetzungen in einem Katalog enthalten ist, immunisiert dies zwar gegen Kritik aus allen möglichen Richtungen, da schnell nachgewiesen werden kann, daß neben dem Kritisierten auch das Gegenteil in dem Zielkatalog enthalten ist, aber diese Kritikimmunität wird durch Orientierungslosigkeit erkauft. Wir plädieren deshalb für eine begründete Einseitigkeit: Ziele, die eine Orientierung vermitteln wollen, heben gegenüber der Vielgestaltigkeit der Praxis einzelne Momente hervor. Das Ziel von Zielen ist nicht die Vollständigkeit der Abbildung, sondern die Akzentsetzung. Legitimiert werden sie nicht durch den Nachweis, daß alles in ihnen enthalten ist, sondern durch eine offenlegende Begründung, die bis zu dem Menschen- und Gesellschaftsbild reichen kann, das hinter einem Ziel steht. In diesem Sinne gibt es keine „richtigen" und „falschen" Ziele, sondern ein Bemühen um kommunikative Zustimmung.

Ein weiteres Problem liegt darin, daß häufig Ziel und Inhalt verwechselt werden. Wenn wir in Beschreibungen didaktischer Einheiten lesen, die Kinder sollten dieses oder jenes Lied lernen, diese oder jene Turnübung ausüben können, dann sind dies gerade keine Ziele, sondern tautologische Wiederholungen der Inhaltsangaben. Ziele geben Antwort auf die Frage nach dem „Warum": Warum sollen die Kinder dieses oder jenes Lied lernen, diese oder jene Turnübung machen? Die Antwort kann nicht in dem Inhalt liegen, sondern dieser soll eine bestimmte Funktion für das Kind erfüllen. In diesem Sinne ist die Zielsetzung auf das Kind oder die Kindergruppe bezogen, von der her ein bestimmter Inhalt seine Bedeutung erhält. Und noch ein weiteres Mißverständnis, das wir häufig bei Zielformulierungen finden: Es stehen dort eine Fülle von Formulierungen, die beginnen mit: „Kinder sollen ..."

- sich aktiv mit ihrer Umwelt auseinandersetzen,
- Bedürfnisse äußern und mit anderen abstimmen,
- Konflikte ohne Gewalt lösen,
- ihre Ängste bearbeiten
- Toleranz gegenüber dem Anderssein von Ausländern und Behinderten entwickeln, usw., usw.

Oft hat man den Eindruck, hier wird von Kindern eine Perfektibilität gefordert, die wir bei Erwachsenen nicht finden. Janusz Korczak schreibt: „Wir haben uns untereinander verständigt und geeinigt, haben einander vergeben, und uns von der Pflicht freigesprochen, uns bessern zu müssen. Wir wurden schlecht erzogen. Nun ist es zu spät. Die Fehler und Laster sind bereits tief eingewurzelt. Wir erlauben den Kindern nicht, uns zu kritisieren, noch kontrollieren wir uns selbst. Wir sind freigesprochen; also haben wir den Kampf mit uns selbst aufgegeben und diese Bürde den Kindern auferlegt. Der Erzieher eignet sich bereitwillig das Privileg der Erwachsenen an: nicht sich selbst, sondern die Kinder zu überwachen, nicht seine eigenen Verfehlungen, sondern die der Kinder zu registrieren."*

Um diese pädagogischen Fallstricke zu vermeiden, sollten wir der Tatsache eingedenk bleiben, daß wir es mit kleinen Kindern zu tun haben, die nicht dazu auf der Welt sind, kompensatorisch für uns unsere Erwachsenenprobleme zu lösen. Kinder haben andere Denk-, Handlungs- und Gefühlsweisen als Erwachsene, und damit eine Zielsetzung realisierbar bleibt, muß sie auf die kindlichen Strukturen bezogen werden. Vielleicht entgehen wir den dargestellten Problemen, wenn wir die Ansprüche, die aus Zielen folgen, nicht primär auf die Kinder hin formulieren, sondern auf unser eigenes Verhalten; nicht festhalten, was „die Kinder sollen", sondern danach fragen, was wir an uns selbst und an unserer Angebotsstruktur ändern wollen, damit die Kinder zu ihrem Erziehungsrecht kommen. Dies meint nicht, das Erziehungsverhältnis umzukehren und uns zu Objekten des Erziehungsgeschehens zu machen. Vielmehr ist – wie im vorigen Abschnitt dargestellt – Erziehung ein einseitiges Verhältnis, das dienenden Charakter für die Kinder hat, und in diesem Sinne ist die Zielsetzung auf die Kinder bezogen. Aber vielleicht werden wir diesem Anspruch am ehesten gerecht, wenn wir den Aspekt der Eigenveränderung bei der Festlegung von Zielen der Kindergartenarbeit stärker in den Vordergrund rücken.

Noch eine letzte Frage zu der Art und Weise, Ziele zu formulieren. Ist eine Zielsetzung deshalb falsch, weil sie sich in der Praxis nicht aufweisen läßt? Diese Frage läßt sich sowohl mit ja wie mit nein beantworten; mit ja dann, wenn die Zielsetzung dazu dient, mit wohlklingenden Worten die Praxis zuzudecken. Sie hat die Funktion der Legitimation dessen, was nicht geschieht und durch diese Immunisierung auch nie geschehen wird. Auf der anderen Seite wären Ziele, die das beschreiben, was sich in der Praxis auffinden läßt, keine Ziele, sondern etwas Erreichtes. In diesem Sinne sind Ziele Utopien, beschreiben etwas Erwünschtes, eine Perspektive: „Um einen fliehenden Vogel zu treffen, muß man vor ihn schießen." (Heinrich Böll)

Zusammengefaßt: Sich Rechenschaft abzugeben, wohin man will, ist gerade in der Kindergartenarbeit wichtig, da die Praxis so vielschichtig ist, daß es immer etwas zu tun gibt. Dieser große Hand-

* Janusz Korczak, Das Recht des Kindes auf Achtung, Göttingen 1972, S. 29.

lungsdruck kann leicht zu einem Pragmatismus führen, der einen oft erst sehr spät feststellen läßt, daß man das getan hat, was man eigentlich nicht wollte. Um zu wissen, ob der Weg, den man einschlägt, richtig ist, muß man ein Ziel haben, zu dem dieser Weg hinführt. Die Zielsetzung erfüllt diese Funktion, wenn sie nicht idealistisch verkleistert, sondern wenn sie eine Aufgabenbeschreibung leistet. Sie sollte deshalb weniger Legitimation sein als Fragezeichen setzen.

Inhaltliches

Wir haben oben gesagt, der Zwang, sich um ein einzelnes Wort als Zielangabe zu bemühen, sei hilfreich, um eine Akzentsetzung vorzunehmen und damit Orientierung zu vermitteln. Zur Verdeutlichung der Intention unserer Kindergartenpädagogik, die wir mit dem Zusatz „kindorientiert" charakterisiert haben, gelangen wir zu der Zielbeschreibung:

SELBSTBEWUSSTSEIN
SELBST-BEWUSST-SEIN
SELBST-bewußtsein
Selbst-BEWUSST-sein
Selbstbewußt-SEIN
selbstbewußtsein

Mit der Idee des Pädagogischen ist die Zielsetzung „Selbstbewußtsein" gleichzeitig konstitutiv mitgegeben: das Bild des Menschen als eines Individuums, das durch Erziehung zu einem solchen wird, obgleich Individualität der positiven Machbarkeit des Pädagogen entzogen ist. Erziehung hat ihren Zielpunkt nicht in der Gesellschaftsfähigkeit, das Kind allein darauf zu beziehen, hieße, es der beliebigen Manipulation auszusetzen, sondern Zielpunkt der Erziehung ist die selbstverantwortliche Individualität. Diese wird jedoch nicht gegen das Gesellschaftliche gewonnen, sondern nur durch es hindurch. Das Selbst und Selbstwerden der Kinder ist ebenso notwendig auf die gesellschaftlichen Entwürfe angewiesen, wie es diese transzendiert. Diese Dialektik von vorausgesetzter Individualität und erst zu fördernder Personalität, von Gegebenem und doch erst Werdendem, von dem der Machbarkeit durch Erwachsene Entzogenen und doch auf das Machen der Erwachsenen Angewiesenen, von sozialer und personaler Identität –, diese Dialektik macht das Spezifische der Pädagogik aus. Durch sie wird das Kind sich seines Selbst bewußt und erfaßt damit auch das Nicht-Selbst im Außen. Durch das Selbstbewußtsein wird die Grenze zwischen dem Ich und dem Außen, die für den Säugling nicht besteht, bzw. durch ein subjektives Fühlen durch ein Gut und Böse egozentrisch konstruiert wird (Melanie Klein), aufgebaut.

Mit der Zielsetzung „Selbstbewußtsein" ist für die Kindergartenerziehung die entscheidende pädagogische Begründung gegeben. Das Kind hat bis zum dritten Lebensjahr erfahren, daß es eine autonome Persönlichkeit ist, die zwar in engem Kontakt mit der Mutter und dem Vater existiert, sich häufig nicht ohne sie denken kann, weil die Vorstellung der Trennung die Angst vor dem Verlassensein in der großen Welt aufkommen ließe, sich trotzdem aber als selbständig erlebt. Als nächster großer Entwicklungsschritt steht nun an, daß das Kind diese Autonomie mit Leben erfüllt: Wer bin ich, der ich mich als eigenständig und getrennt von meinen Eltern erfahren kann?*

Wir können die gesamte Kindergartenerziehung als Angebot auf diese grundsätzliche Frage des Kindes begreifen:

- Wer ich selber bin, das erfahre ich in Abgrenzung von und in Gemeinsamkeiten mit anderen Kindern, die mit mir gemein haben, daß sie sich auch von den mächtigen Erwachsenen abheben und in ähnlichen Gefühls- und Denkstrukturen handeln, aber in dieser Gemeinsamkeit ganz unterschiedliche Wege gehen.
- Wer ich selber bin, das erfahre ich, indem ich die Abgrenzung und Gemeinsamkeiten der Erzieherinnen-Erwachsenen von den Eltern-Erwachsenen erlebe, so daß ich verschiedene Modelle des Groß-Werdens angeboten bekomme.
- Wer ich selber bin, das erfahre ich, indem ich die Abgrenzung und Gemeinsamkeiten der sachlichen und räumlichen Beschaffenheit meiner familiären und der institutionellen Kindergartenwelt erleben kann, so daß ich mein Selbst in unterschiedlichen Welten erfahre.

* Siehe hierzu Erikson, Identität und Lebenszyklus, Frankfurt 1977[4], S. 87.

Und schließlich: ich erfahre nicht nur, wer ich bin, sondern: ich werde, der ich bin. Indem ich mich entwickele, verschiedene Möglichkeiten meines Selbst-Seins ausprobiere, werde ich meiner selbst bewußt; und indem ich meiner selbst bewußt werde, entwickele ich mein Selbst. Mit anderen Worten: der Akt des Bewußtwerdens des Selbst ist nichts Statisches und nicht die Entfaltung eines unwandelbaren „Wesens", sondern als Prozeß des Selbst-Werdens, der aktiven Gestaltung zu verstehen.

Eine solche Zielsetzung von Selbstbewußtsein meint nicht das der alltagssprachlichen Wendung implizite Bild einer „egoistischen" Persönlichkeit, die ihre Interessen rücksichtslos oder strategisch-geschickt gegen andere durchsetzen kann. Ein in diesem Sinne selbstbewußtes Kind wäre vielmehr ein narzistisches, das auf der Vor-Selbstbewußtsein-Entwicklungsstufe verharrt, indem es die Grenze von Innen und Außen mit der von Lust-Unlust identifiziert. Sich selbst bewußt wird ein Kind jedoch nicht durch Beharren auf dem eigenen Narzismus, sondern durch ein Einordnen des eigenen Ichs in das Beziehungsgeflecht der anderen. Mein „Ich bin Ich" erfahre ich nicht durch ein Weltbild, das sich die Welt der anderen als um die eigene Person kreisend vorstellt, sondern durch die Einordnung des Ichs in den Kosmos der Lebenswelten, Selbstbewußtsein mithin als Überwindung des frühkindlichen Egozentrismus.

Noch einem weiteren Mißverständnis wäre vorzubeugen: Selbstbewußtsein meint nicht die „starke" Persönlichkeit, ein Idealbild des „männlichen" Charakters, der dem Selbst die Stärke zuschreibt und Zeichen von Schwäche – Angst, Unsicherheit, Abhängigkeit – in das Außen abdrängt. Selbstbewußtsein meint vielmehr auch die Anerkenntnis der eigenen Schwäche, der Defizite, Unvollkommenheiten. In diesem Sinne gewinne ich ein Mehr an Selbstbewußtsein, indem ich zu meiner Fehlerhaftigkeit stehen kann, so daß ich meine Ängste nicht verdrängen muß. Das Bild von Selbstbewußtsein als einer „starken" Persönlichkeit wäre gerade für Kindergartenkinder, die am Anfang ihrer Entwicklung stehen, fatal, da es ihnen keine Möglichkeit ließe, zu den sie häufig überschwemmenden Ängsten zu stehen, die es produktiv und nicht zwanghaft zu verarbeiten gilt. Zu dem Erziehungsziel Selbstbewußtsein gehört somit auch das Bewußtsein von den eigenen Schwächen.

Drittens schließlich, und dieser Punkt setzt den vorherigen verallgemeinernd fort, meint Selbstbewußtsein nicht Ausgrenzung von negativen Persönlichkeitsaspekten, sondern deren Integration. Als Menschen sind wir fehlerbehaftet. Wir haben nicht nur unsere positiven, liebenswürdigen Seiten, sondern auch unsere negativen, unsere Aggressionen, unsere Ängste, unsere Langeweile. Erziehungsziele, die nur den einen Aspekt betonen – Kindergartenkinder sollen lernen, konstruktiv mit ihren Aggressionen umzugehen, sich sozial zu verhalten, ihre Ängste zu überwinden etc. –, führen leicht zur Ausgrenzung und zwanghaften Verleugnung wichtiger Teile des eigenen Selbst. Diese werden vom Ich abgespalten und in „das Andere" verlegt und können somit als das Ich-Fremde bekämpft werden. Selbstbewußtsein heißt demgegenüber, auch die negativen – schwachen und aggressiven – Seiten des eigenen selbst als Teil der eigenen Persönlichkeit bewußt anzuerkennen.

Darüber hinaus: Das Selbstbewußtsein der Kinder unterliegt von zwei Seiten her einer Gefahr der Festschreibung. Da die Kinder sich in einer Phase befinden, deren Bedeutung auf die Beantwortung der Frage „Wer bin ich?" geht, haften sie sich leicht an sichtbare, äußere Anzeichen. Als Beispiel: „Ich bin ein Junge!", und das Kind nimmt deshalb begierig all die Zuschreibungen auf, die ihm gesellschaftlich angeboten werden: Männer sind stark, Männer haben keine Angst, Männer weinen nicht, Männer sind bedeutsamer als Frauen etc.; also: *ich* bin stark, *ich* habe keine Angst, *ich* weine nicht, *ich* bin wichtiger als Mädchen etc. Und noch von einer zweiten Seite her unterliegt das Selbstbewußtsein der Gefahr einer Festschreibung: Das Kind hat innerhalb der Familie eine bestimmte Rolle: Es ist das kleine, abhängige Wesen, das die Mutter zum Behätscheln braucht; es ist der Sündenbock, auf den die negativen Anteile abgeladen werden; es ist der Prinz, um den sich alles dreht und der die Familie zusammenhält. Auch innerhalb der Kindergartengruppe ergeben sich solche Festschreibungen: Es gibt das tolpatschige Kind, dem alles entgleitet, was es in die Hand nimmt; das liebe Kind, das sich problemlos einfügt; den Star, der die fruchtbaren, kreativen, sprudelnden Ideen liefert; das aggressive Außenseiterkind, bei dem nicht nur das Vorurteil, sondern auch die tagtägliche Realität ständig beweist, daß es für Streitereien, Zerstörungen verantwortlich ist. Solche Festschreibungen bilden gerade deshalb eine Gefahr, weil die Wahrscheinlichkeit groß ist, daß sie tatsächlich das schaffen, was das Bild vorgibt: Das „tolpatschige" Kind wird mit größerer Wahrscheinlichkeit die Tasse zerbrechen, den Kakao vergießen, über die eigenen Beine stolpern, so daß die Zuschreibung „tolpatschig" eine Bestätigung erhält. Das geht in vielen Fällen so weit, daß um eine herausgehobene Eigenschaft herum das gesamte Selbstbild aufgebaut wird. Demgegenüber soll mit der Zielsetzung Selbstbewußtsein nicht auf die Festschreibung solcher Bilder, sondern auf das mögliche Ausprobieren verschiedener Entwürfe hingewiesen werden. Ohne die

Gefahr der Festschreibung ausprobieren zu können, ob ich der Tolpatsch, der Liebe, der Star, der Außenseiter etc. bin, darin scheint der Sinn der Kindergartenerziehung zu liegen. Für die Erzieherinnen impliziert dies die Aufgabe, den Kindern Gegenentwürfe eines möglichen Selbstbildes anzubieten, gerade nicht auf den Schein des scheinbar Augenfälligen hereinzufallen: dem lieben Mädchen die Aggression zugestehen, dem Star die Möglichkeiten der Angstdarstellung bieten, den Sündenbock als liebenswürdig erleben, den Tolpatsch als verantwortungsvoll erfahren etc. Mit anderen Worten: der Kindergarten soll ein Lernfeld sein, in dem mögliche Identitätsentwürfe nach- und nebeneinander risikolos ausprobiert werden können.

Und letztens schließlich: Selbstbewußtsein als Ziel der Kindergartenarbeit meint nicht ein unveränderlich Gegebenes, sondern ein Werdendes. Wer das Kind ist, ist nicht ein von vorneherein Feststehendes, das es nur bewußt zu machen gälte, sondern es ist als ein Prozeß aufzufassen, zu dem die Kindergartenerziehung einen wichtigen Beitrag leistet. Die entwicklungsleitende Frage „Wer bin ich?" ist deshalb nicht statisch zu begreifen, sondern als ein prozeßhaftes Geschehen zu verstehen: Ich werde mir meiner selbst bewußt, indem ich werde. Und: ich werde, indem ich mir meiner selbst bewußt werde. Dies beinhaltet auch, den Kindergarten als ein Entwicklungsfeld anzusehen, das, weil es mein Ich-bin-noch-nicht akzeptiert, mir verschiedene Möglichkeiten der Perspektive eröffnet.

4. Planung: Allgemeine Modelle und Beispiele

Wenn von kindzentrierter Kindergartenpädagogik gesprochen wird, mag leicht das Mißverständnis aufkommen, Erziehung zerfiele in eine unüberschaubare Fülle einzelner Situationen, die planerisch nicht vorwegnehmbar seien. Dies könnte dann zu der Schlußfolgerung führen, Planung sei tendentiell unwesentlich, wichtiger sei die Bereitschaft der Erzieherin, spontan auf die jeweils aktuellen Bedürfnisse der Kinder einzugehen. Da nicht voraussehbar sei, mit welchen Fragen, Problemen, Freuden, Ängsten, Interessen ein Kind morgens in den Kindergarten komme und welche sich im Verlauf eines Tages entwickeln würden, sei eine inhaltlich vorausschauende Planung durch die Erzieherin nicht möglich. Täte sie es doch, würde die Spontaneität und Selbstbestimmung der Kinder nur eingeschränkt.

Wir halten die so skizzierte Position für unzulässig und wollen gegenteilig dafür argumentieren: Je kindzentrierter die Pädagogik des Kindergartens ist, desto mehr Wert muß auf eine begründende Planung gelegt werden, soll „Kindzentriertheit" nicht mit Beliebigkeit, Zufall, Willkür identifiziert werden. Die entscheidende Begründung für eine verstärkte Planung ergibt sich aus dem professionellen Charakter der Erzieherinnenarbeit. Die Einzeltätigkeiten der Erzieherinnenarbeit in Bezug auf Kinder (mit ihnen reden und spielen, sie versorgen, ihr Wünsche erfüllen etc.) unterscheiden sich nicht von denen einer Mutter. Erzieherinnen mögen im Durchschnitt gesehen über ein größeres Repertoire an Techniken und Material verfügen als Mütter, doch darin liegt nicht der entscheidende Unterschied zwischen familiärer und professioneller Erzieherinnentätigkeit, sondern dieser ergibt sich aus vier Kennzeichen: Professionelle Erzieherinnenarbeit im Kindergarten ist:

- Arbeit in Bezug auf fremde Kinder,
- Arbeit in einem begrenzten zeitlichen Rahmen,
- Arbeit mit einer größeren Gruppe von Kindern und
- Lohnarbeit in einem institutionellen Rahmen.

Diese vier Kennzeichen begründen die Notwendigkeit für professionelle Planung und Reflexion, weil sie Ursachen dafür bezeichnen, daß die Erzieherinnentätigkeiten sich nicht „naturnotwendig" von selbst ergeben.

Die Kinder im Kindergarten sind für die Erzieherin zunächst „Fremde". Sie hat zu ihnen zwar eine spontane Einstellung, aber diese spontane Einstellung soll nicht primär bleiben, sondern sich durch reflektierende Planung in eine professionelle verwandeln. Nicht die Frage, welche Bedeutung spielt das Kind für die Beziehungsdynamik der Erzieherin, ist ausschlaggebend, sondern im Vordergrund steht die Frage, welche Hilfen benötigt das Kind, um durch die Beziehung zu der Erzieherin sich zu einer selbstbewußten Persönlichkeit entwickeln zu können. Dies verlangt ein hohes Maß an Reflexion, Reflexion über die Beziehungsbedürfnisse des einzelnen Kindes und Reflexion über die Probleme der Beziehungsangebote der Erzieherin für verschiedene Kinder. Es gibt Kinder, die spontan nicht so liebenswürdig erscheinen, und häufig sind dies die Kinder, die einen hohen, berechtigten Anspruch auf Liebe haben. In diesen Fällen hilft die Forderung nach „Authentizität" nicht weiter, sondern diesen Kindern gerecht zu werden, verlangt Reflexion, die die Situation des Kindes enthüllt, aber sich auch auf die Persönlichkeit der Erzieherin bezieht.

Verbunden mit der Tatsache, daß wir es im Kindergarten mit „fremden" Kindern zu tun haben, ist die unterschiedliche Zeitperspektive von Familien- und Kindergartenerziehung, die Auswirkungen auf die Planung hat. Die Erzieherinnentätigkeit in Bezug auf das Kind ist im Kindergarten zwar „ganzheitlich-diffus", d.h. sie bezieht sich auf die Gesamtsituation des Kindes und nicht auf ein zu vermittelndes Programm oder spezifische Probleme, aber es ist eine „Verantwortung auf Zeit". Dies gilt sowohl für die Lebenszeit der Kinder als auch für den Ausschnitt des Tages im Kindergarten. Weil deshalb die Kindergartenerziehung als Ergänzung zu der der Familie aufzufassen ist, bedarf es einer Reflexion ihres Auftrags in Bezug auf die primäre und „lebenslängliche" Familienerziehung.

Planung wird auch notwendig auf Grund der größeren Anzahl der Kinder. Dies ist nicht nur eine quantitative Frage, sondern sie bedingt auch eine andere Qualität der Arbeit. An einem Beispiel gesagt: eine Köchin, die für 40 Personen ein Menü kocht, kocht nicht nur 10mal mehr als die Mutter, die die Mittagsmahlzeit für vier Personen vorbereitet, sondern die Qualität ihrer Arbeit ist eine andere, obwohl auch bei ihr die Einzeltätigkeiten der Vorbereitung, Verarbeitung, Zubereitung und des Abschmeckens keine anderen sind. Einen Lebensraum für 25 oder 75 Kinder zu planen, bedarf eines Mehr an Reflexion und Planung, da dieser sich nicht von alleine herstellt, sondern sich auf Grund bewußter Überlegung ergibt.

Die professionelle Arbeit der Erzieherin ist eingebettet in eine

Struktur, die sich nicht auf Grund intimer, personennaher Beziehungen – wie im Verwandtschaftssystem der Familie – ergibt, sondern die eine institutionelle Verfaßtheit zur Voraussetzung hat. Dies bedingt eine unpersönliche, juristische Kodifizierung sowie ein Lohnarbeitsverhältnis zwischen Arbeitgeber und Arbeitnehmer. Der sich daraus ergebende Zwang, die eigene Arbeit gegenüber dem Träger zu legitimieren, und die Notwendigkeit, eine Verbesserung der personellen und materiellen Ressourcen zu begründen, verlangen nach einer konzeptionellen Planung der Erzieherinnenarbeit. Hinzu kommt, daß der gegebene Rahmen in dem Planungsgeschehen reflektiert werden muß, denn die pädagogische Arbeit besteht nicht ausschließlich in einer Erzieherinnen-Kind-Zweierbeziehung oder einer Erzieherinnen-Kinder-Gruppenbeziehung, sondern auch in einer Auseinandersetzung mit dem institutionellen Rahmen, der die Gestaltung der pädagogischen Beziehung mitbestimmt.

4.1. Was meint und was leistet Planung der Kindergartenarbeit?

Mit Planung ist der denkerische Prozeß gemeint, durch den die in der Praxis ablaufenden Geschehnisse mit dem Ziel bewußt gemacht werden, durch zunehmende Klarheit Steuerung und Veränderung zu erreichen. Diese Bewußtwerdung geschieht dadurch, daß die Praxis auf einer Metaebene sprachlich betrachtet wird. Planung ist mithin Aufklärung der Praxis durch Begriffe, die dazu beitragen, daß über die Möglichkeiten und Verzerrungen kindlicher Entwicklungsförderung unter den gegebenen institutionellen Bedingungen Rechenschaft abgegeben werden kann, um ein Mehr an pädagogischer Zwecksetzung zu erreichen. Diese Bestimmung von Planung bedingt ein Theorie-Praxis-Verhältnis, da sich von dem kybernetischen Modell unterscheidet. Bei jenem wird ein Soll-Wert von außen gesetzt, und es bedarf nur noch eines Regelungskreislaufes, um den Ist-Wert dem gesetzten Ziel anzunähern. Ein solches Modell mag für technische Prozesse taugen – wenn mit Hilfe eines Thermostats etwa die Raumtemperatur entsprechend einem eingestellten Soll-Wert konstant gehalten wird –, für soziale und damit auch pädagogische Prozesse ist es ungeeignet. Was hier als Zielvorstellung erscheint, ist nicht absolut oder willkürlich von außen („der Gesellschaft") gegeben, und die Praxis ist nicht die der vorschreibenden Theorie hinterherhinkende schlechte

Realisation. Zwischen Planung, Praxis und Reflexion besteht ein interdependentes Verhältnis, in dem durch die begriffliche Durchdenkung der Praxis diese in ihrer Begrenztheit und mit den ihr immanenten Perspektiven erscheint und in der die soziale Praxis der Theorie das Material gibt, ohne die alle Planungen Hirngespinste wären. *Planung ist also durch Sprache bewußt gewordene Praxis.* Es ist bei diesem Planungsverständnis wenig sinnvoll, zwischen Planung und Reflexion zu unterscheiden, da pädagogische Planung auf der Reflexion der Praxis fußt und andererseits jede Reflexion in Planung übergeht. Wenn wir im folgenden also von Planung reden, ist die Reflexion der Arbeit mitgemeint.

Aufgabenstellung

Das bisher Gesagte ist noch allgemein und läßt sich auf viele Bereiche sozialer Arbeit beziehen. Um zu einem für den Kindergarten charakteristischen Planungsbegriff zu gelangen, müssen wir es auf den konkreten Gegenstandsbereich beziehen. Zunächst negativ formuliert: Wir sprechen in diesem Zusammenhang nicht von einer „Didaktik“ oder „Didaktik und Methodik“ des Kindergartens. Beide Begriffe sind durch die Schulpädagogik geprägt und kreisen um das, was den pädagogisch-gesellschaftlichen Auftrag der Schule ausmacht: auf begründete Weise Inhalte auszuwählen und effektive Maßnahmen der Vermittlung anzugeben. Genau in dieser Zentralstellung der Inhalte liegt aber nicht das Entscheidende der Pädagogik des Kindergartens. Sicherlich spielen in der Kindergartenerziehung auch Inhalte eine Rolle, aber sie nehmen von der Bedeutsamkeit her betrachtet eher eine Stellung wie die Methoden in der Unterrichtsentscheidung ein: wichtig zu reflektieren, aber nicht das Primäre ausmachend.

Für unseren Planungsbegriff der Kindergartenarbeit benötigen wir ein Modell, das den Kern der pädagogischen Aufgabenstellung benennt, um den herum die übrigen Bereiche gruppiert sind. Auf der folgenden Seite wird ein solches Modell in vier konzentrischen Kreisen dargestellt.

- Mittelpunkt ist die bewußte Gestaltung des Kindergartens als Lebensraum für Kinder in erzieherischer Absicht, wobei Erziehung nicht die Anpassung des Kindes, das Vertreiben der Kindlichkeit meint, sondern die spannungsreiche Tätigkeit zwischen der Erhaltung der Gegenwart, dem Widerstand gegen das von außen geforderte Vorwärtsdrängen und dem Eintreten für die Sinnhaftigkeit der Zukunft. Diese Zielsetzung haben wir oben für den Kindergartenbereich mit dem Begriff „Selbstbewußtsein" beschrieben.

- Die erzieherische Aufgabe als Mittelpunkt des Kindergartengeschehens wird eingelöst durch die Gestaltung der Beziehungen zwischen Erzieherinnen und Kindern. Diese drücken sich zum einen indirekt aus – in der überlegten Raumgestaltung, Materialauswahl und zeitlichen Strukturierung sowie in den Regeln, die Möglichkeiten und Grenzen kindlicher Aktivität bestimmen –, zum anderen direkt: in dem Anbieten der Person der Erzieherin, um Kindern Trost, Freude, Perspektive, Sinnhaftigkeit, Modell, Widerstand etc. zu vermitteln, damit das Kind zu sich selbst kommen kann.

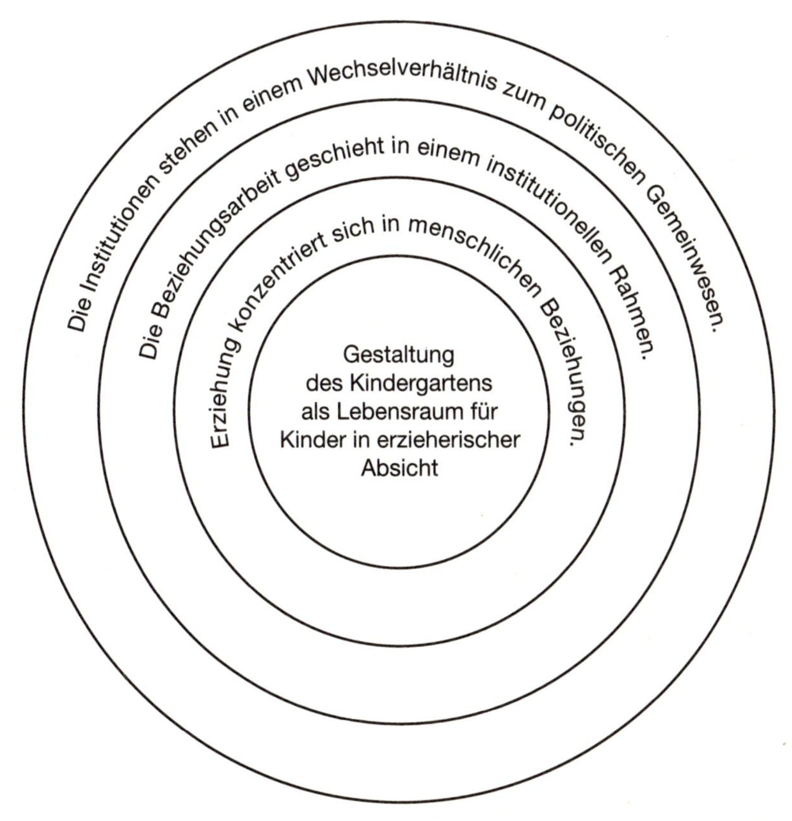

Skizze 1: Konzeptionelle Rückvergewisserung

- Die Einlösung der erzieherischen Aufgabe des Kindergartens findet in einem institutionellen Rahmen statt, der die Beziehungsgestaltung der Erzieherinnen zu den Kindern als eine professionelle definiert. Damit wird die Gestaltung des Lebensraums Kindergarten eingeordnet in weiterreichende Beziehungen von Erwachsenengruppen: der Erzieherinnen untereinander, des Trägers zu den Mitarbeiterinnen, der Erzieherinnen und Eltern, des Kindergartens zu Personen und Institutionen im Umfeld. Die institutionelle Verfaßtheit und ihre konkrete Gestaltung in einem Kindergarten schaffen die Möglichkeiten für das erzieherische Handeln, setzen ihm aber auch Grenzen.
- Die erzieherische Aufgabe, die Beziehungsstruktur der den Kindergarten bildenden Erwachsenengruppen und die Kontakte zwischen dem Kindergarten und seinem Umfeld stehen in einem wechselseitigen Verhältnis zu dem politischen Bereich. Von ihm her erhalten sie ihren Auftrag sowie einen strukturellen und materiellen Rahmen, der die Möglichkeiten des konkreten Kindergartengeschehens schafft, ihm aber auch Grenzen setzt. Da die Bedingungen und Aufgabendefinitionen nicht einseitig gesetzt werden, sondern da es Rückwirkungsmöglichkeiten durch Interessenvertretungen der Erwachsenengruppen gibt, sprechen wir von einem wechselseitigen Verhältnis.

Dieses vorgeschlagene Modell des Kindergartens ist aus einer bestimmten Perspektive heraus gezeichnet: es will Möglichkeiten pädagogischer Planung aufzeigen und stellt deshalb die erzieherische Funktion in den Mittelpunkt. Wollten wir die institutionelle Struktur des Kindergartens erforschen oder seine politische Funktion bestimmen, kämen wir zu anderen Modellen.

Aus dem bisher Gesagten ergibt sich: Kindergartenplanung meint den Prozeß der Bewußtwerdung der in der Praxis realisierten direkten und indirekten erzieherischen Beziehungsstruktur zwischen Erzieherinnen und Kindern mit dem Ziel, durch nehmende Klarheit die pädagogische Zwecksetzung, ein Mehr an bewußtem Selbst bei jedem Kind zu erreichen, besser einlösen zu können.

Planungsübersicht

Haben wir den Planungsbegriff dadurch spezifiziert, daß wir ihn auf die pädagogische Aufgabe des Kindergartens bezogen haben, müssen wir ihn nun – auf einer pragmatischen Ebene – ausweiten. Traditionelle Monatsplanung bezieht sich nur auf einen ganz geringen Ausschnitt der Arbeit der Erzieherinnen. Herausgehobene „Feiertagsmomente" werden benannt*, während der normale Alltag unberücksichtigt bleibt. Dabei ist nichts gegen herausgehobene Feiertagsmomente, die für Erzieherinnen und Kinder ein wenig Farbe in den „grauen" Alltag bringen, zu sagen. Aber wenn es das Ziel der Planung ist, Bewußtsein in die erzieherische Struktur des Lebensraumes Kindergarten zu bringen, dann müssen gerade der erzieherische Alltag und die in ihm ausgeprägten selbstverständlichen Routinen zur Reflexion gebracht werden. Ein Planungskonzept, das nur 10% der Aktivität der Erzieherin erfaßt, überläßt die 90%-Mehrheit der unbewußten Routine, so daß sich ein heimlicher Lehrplan durchsetzt, auf den einige überlegte Feiertagssituationen aufgesetzt werden.

Verstehen wir unter Planung aber nicht die Spitze des ohnehin sichtbaren Eisberges, sondern die Durchdringung des 90%-Untergrunds, so benötigen wir einen Planungsbegriff, der alle pädagogischen Arbeiten der Erzieherin abbildet. In der Skizze 2 auf der folgenden Seite versuchen wir, die Fülle der Erzieherinnen-Aktivitäten zu ordnen, indem wir zwei Planungsdimensionen bilden:

- Auf einer ersten Dimension nehmen wir eine zeitliche Einteilung in drei Bereiche vor: Planung kann sich auf einen längeren Abschnitt beziehen, etwa das bevorstehende neue Kindergartenjahr, auf ein in einem überschaubaren Rahmen zu realisierendes Projekt oder auf die kurzfristige Überlegung für den morgigen Tag. Planerische Überlegungen sind auf allen drei zeitlichen Ebenen notwendig, und sie werden deshalb hier getrennt benannt, weil sie in pragmatischer Hinsicht nach unterschiedlichen Spielregeln funktionieren. Zur Kennzeichnung der drei zeitlichen Ebenen benutzen wir die Begriffe „Konzeption", „Projekt" und „tägliches Vorhaben".

- Zum zweiten teilen wird das Gesamt des Planungsgeschehens in vier inhaltliche Bereiche ein: Die Planung kann sich beziehen auf die Person der Erzieherin selbst, die ihren Körper, ihren Geist, ihre Liebe in das Erziehungsgeschehen einbringt. Sie ist somit selbst gleichsam das wichtigste „Handwerkszeug" der Erzieherinnenarbeit. Die Planung kann sich zweitens auf die Faktoren rich-

---

* Meyer spricht in Bezug auf die didaktischen Modelle der Schule von „Feiertagsdidaktiken", Leitfaden zur Unterrichtsvorbereitung, Königstein 1980.

	I. Das kommende Jahr: Konzeptionsplanung	II. Der folgende Monat: Projektplanung	III. Der nächste Tag: Tägliches Vorhaben
1. Erzieherinnen: Die eigene Person als „Handwerkszeug“	I/1	II/1	III/1
2. Erziehungsklima: Räumliche, materiale, zeitliche, inhaltliche Möglichkeiten	I/2	II/2	III/2
3. Erwachsene: Kooperation und Konflikt zwischen Kolleginnen, Eltern, Träger und Gemeinwesen	I/3	II/3	III/3
4. Umfeld: Gesellschaftliche Anforderungen, materieller und struktureller Rahmen	I/4	II/4	III/4

Skizze 2: Zeitliche Planungsebenen und inhaltliche Planungsbereiche

ten, die den Kindergarten als Lebensraum prägen: die räumliche Gestaltung, die Materialauswahl, die zeitliche Strukturierung, die inhaltlichen Angebote. Diese tragen dazu bei, welche Spiel- und Kommunikationsmöglichkeiten Kinder haben. Die Planung kann drittens die Arbeitstätigkeiten reflektieren, die auf die in das Kindergartengeschehen einbezogenen Erwachsenen gerichtet sind: die Kolleginnen, die Eltern, der Träger, Personen und Institutionen im Umfeld. Und viertens schließlich kann sich die Planung mit dem politischen Bereich befassen, der Anforderungen an den Kindergarten stellt und materielle und personelle Ressourcen bereitstellt.

Jeder der inhaltlichen Planungsbereiche kann auf den drei genannten zeitlichen Ebenen betrachtet werden, so daß wir eine Matrix von zwölf Feldern erhalten. Diese sollen das Gesamt der pädagogischen Arbeit der Erzieherinnen abbilden. Dies bedeutet nicht, daß alle Felder in der konkreten Planungsarbeit abgedeckt werden müssen, sondern die Skizze soll Hilfestellung geben, sich zu verdeutlichen, an welcher Stelle man sich befindet. Dadurch kann in einem Mitarbeiterinnenteam ein begründeter Einigungsprozeß in Gang gesetzt werden, welche Aufgabe als nächste anzugehen ist.

Leistungen

Bevor wir das Gesagte in den folgenden Abschnitten durch eine nähere Betrachtung der drei zeitlichen Planungsebenen verdeutlichen wollen, soll dieser Abschnitt mit vier Bemerkungen zu den Funktionen der Planungsarbeit abgeschlossen werden. Planung soll:

1. Zusammenhang herstellen,
2. Akzentsetzungen vornehmen,
3. Innovation anregen und
4. Außendarstellung vermitteln.

Zu 1.

Betrachten wir die Einzeltätigkeiten einer Erzieherin im Verlauf des Kindergartenvormittags, so läßt sich vor allem deren Heterogenität feststellen: versorgende, organisierende, vorbereitende, inhaltliche, emotional zuwendende, sprechende etc. Arbeiten; Tätigkeiten in Bezug auf einzelne Kinder, die Kindergruppe, Kolleginnen, Eltern – häufig hat man das Gefühl, durch die vielen Einzelarbeiten zu dem „Eigentlichen" nicht mehr zu kommen. In diesen Fällen erscheint dann die vorbereitete Beschäftigung als der rettende Ausweg: Wenigstens an einem Punkt des Tages – in der konzentrierten Beschäftigung mit einer kleinen Kindergruppe, in einer Einzelförderung mit einem Kind, in dem vorüberlegten Gespräch mit der Gesamtgruppe im Stuhlkreis, in der Durchführung einer Exkursion – dem „Bildungsauftrag" des Kindergartens gerecht werden. Angesichts der Heterogenität der Einzeltätigkeiten, bei denen es häufig so scheint, als hätten sie mit Pädagogik wenig zu tun, ist der Wunsch, ein Planungsmodell zu haben, das wenigstens an einem Punkt den inhaltlichen Anspruch hochhält, verständlich, wenngleich dem Kindergartengeschehen nicht angemessen. Die Pädagogik des Kindergartens liegt nicht jenseits der vielen heterogenen Tätigkeiten der Erzieherin, sondern gerade in ihnen, in ihrer erzieherischen Reflexion und Planung. Das Schleifen-Binden und Jacken-Zumachen, die Vorbereitung des Frühstücks, das Putzen der Nase sind keine organisatorischen oder pflegerischen Verrichtungen, sondern pädagogische Handlungen. Wenn wir einen weiten Planungsbegriff haben, der alle Tätigkeiten der Berufsarbeit der Erzieherin umfaßt und auf ein grundsätzliches Erziehungsziel bezieht, dann kann es gelingen, jenseits der oberflächlichen Ebene der Heterogenität einen Zusammenhang all der Einzelheiten zu sehen. Wenn wir als Ziel der Erziehung formuliert haben, sie solle eine Hilfe sein, damit Kinder Kinder bleiben können, dann wird selbst eine so banale Handlung wie das Schleifebinden anders ablaufen, als wenn wir die „Selbständigkeit" der Kinder betonen würden. Indem wir also den Kindergarten als einen erzieherischen Lebensraum betrachten, gewinnen alle Einzeltätigkeiten der Erzieherin von hier aus einen pädagogischen Stellenwert, der auch die organisatorischen Aspekte durchdringt. Die Planung und Reflexion kann uns somit helfen, Zusammenhang herzustellen.

Dabei zeigt sich dieser Aspekt der Planung bei der Berufsanfängerin anders als bei der Erzieherin mit mehrjähriger Berufserfahrung. Für die Berufsanfängerin, auf die vieles Neue einströmt, mag die Planung helfen, den Wald vor lauter Bäumen wieder zu sehen. Indem die Planung das Gesamt der Erzieherinnentätigkeit in einem Raster einfängt, kann sich für die Erzieherin zu Beginn ihrer Berufstätigkeit die Komplexität reduzieren. Der eigene Kopf hat bestimmte Kategorien bereit, in die sich die Überfülle des täglichen Lebens einordnen und überschauen läßt. Diese Komplexitätsreduktion hilft, Routinen auszuprägen, die für das berufliche Überleben notwendig sind. Die Situation der Erzieherin mit längerer Berufserfahrung ist demgegenüber umgekehrt: Nicht zu wenig, sondern zu viele Routine, nicht ein Fehlen planerischer Kategorien, sondern eine starre, das Leben erstickende „Kästchenbildung" stellen das Problem dar: Der gleichförmige Ablauf des Tages und Kindergartenjahres, die sich wiederholenden Tätigkeiten und Spiele können ein Gefühl der „Langeweile" entstehen lassen, vor der auch das mit Aufwand geplante x-te Projekt nicht schützt. Planung mag hier helfen, indem sie es ermöglicht, neue Dimensionen zu erkennen: Zusammenhang nicht mehr auf der Ebene der Oberfläche der Erscheinungen und Tätigkeiten erblicken, wie dies für die Berufsanfängerin zunächst notwendig ist, sondern jenseits von ihr eine Tiefenstruktur der pädagogischen Aufgabenstellung entdecken, die zu einer Neubetrachtung der eigenen Berufsarbeit und der Sichtweise von Kindern provoziert.

Zu 2.

Ein Merkmal der Erzieherinnenarbeit ist, daß es ständig etwas zu tun gibt: ein Faß ohne Boden, so daß wir von daher eigentlich gar nicht planen müßten. Eine Erzieherin, die ohne jegliche Vorüberlegung morgens um 8.00 Uhr den Kindergarten betritt und ihn um 16.30 Uhr nachmittags verläßt, kann ohne Unterbrechung tätig sein: Es wird immer ein Kind geben, das von ihr etwas wissen möchte, es wird immer ein Kind geben, das auf ihren Schoß oder von ihr herumgetragen werden will, es wird immer einen Anlaß geben, schlichtend in der Kindergruppe einzugreifen, es wird immer etwas zu organisieren, wegzuräumen, vorzubereiten, abzustimmen geben. Gerade weil wir aber auch ohne Planung immer eine Aufgabe haben, ist Planung notwendig. Wenn wir Boden unter den Füßen gewinnen wollen, bedürfen wir einer planerischen Reflexion darüber, was wir tun und was wir lassen wollen. Planung ist vergleichbar einem Scheinwerfer, der bestimmte Bezirke erleuchtet und andere im Dunkel läßt. Neben der Einordnung der erzieherischen Einzeltätigkeit in der pädagogischen Zusammenhang hat Planung also auch die gegenteilige Funktion, spezifische Ausschnitte hervorzuheben. Durch die in der Planung begründete Akzentsetzung gewinne ich Einsicht in die Tiefenstruktur des pädagogischen Feldes, um die auf der Oberfläche aufgetretenen Probleme lösen zu können.

Nehmen wir folgendes praktische Problem als Beispiel. Fast jede tägliche Aufräumphase führt zu folgender, gleichbleibender Situation: Anfänglich noch einigermaßen ruhig betrachten wir das scheinbare Nichtweiterkommen des Aufräumprozesses mit zunehmender Gereiztheit. Es ärgert uns, daß einige Kinder gar nicht aufräumen, andere herumdrömeln, wo wir die Sache rationell und schnell hinter uns bringen wollen. Unser Repertoire an versprochenen Belohnungen und angedrohten Strafen ist rasch erschöpft, auch um nicht ganz „auszuflippen“ senken wir den eigenen Maßstab einer hinreichenden Ordnung zusehends, werden selbst mehr als eigentlich vorgenommen tätig und verlassen uns schließlich auf die paar „braven“ Mädchen, die ihre traditionelle Hausmütterchenrolle gerne ausspielen. Hinterher ärgern wir uns über uns selbst, unsere Gereiztheit, unser häufiges Lautwerden, über die angepaßten Mädchen und die egoistischen Jungen. Planung an diesem Beispiel würde heißen, Fragen zu stellen, die jenseits des Ärgers der Oberflächensituation liegen – z.B.: Warum bin ich in der Aufräumsituation so angespannt, wo ich sonst eher ausgeglichen erscheine? Warum ärgert mich beides zugleich: das fleißige Aufräumen einiger Mädchen und das aggressive Sich-Verweigern einiger Jungen? Wie sehen mich die Kinder, wenn ich plötzlich laut werde? etc. Wenn wir uns solche Fragen stellen, werden wir uns in der Situation selbst reflektierter wahrnehmen, und in vielen Fällen mag dies schon ausreichen, um zu recht einfachen, praktischen Lösungen zu gelangen.

Zu 3.

Planung wird sich sinnvollerweise auf die Ausschnitte der Praxis beziehen, die aus irgendeinem Grunde problematisch sind. Sie zielt auf die Veränderung der gegebenen Situation, will sie anstoßen, ihre Folgewirkungen absichern und auf eine gegebene Zielsetzung hin begründen. Veränderung kann unter zwei Aspekten betrachtet werden: quantitativ und qualitativ. Mit quantitativen Veränderungen ist eine Ausweitung des bestehenden Programms gemeint: ein neues Märchen, Lied, Bilderbuch, eine neue Basteltechnik, Spielmöglichkeit, Turnübung etc. Qualitative Veränderungen zielen dagegen auf das Durchbrechen bestehender Gesetzmäßigkeiten, Rituale, Selbstgewißheiten. Die vorgenommene Aufteilung in quantitative und qualitative Innovation hat nichts mit Bewertungen von besser oder schlechter, aufwendiger oder einfacher, wichtiger oder unwichtiger zu tun, sondern sie zielt auf unterschiedliche Strategien der Planung. Quantitative Veränderungen sind, auch wenn sie sehr aufwendig sind, mehr in sich abgeschlossen, während qualitative, auch wenn sie sehr einfach sind, einen sich selbst erhaltenden Prozeß der Veränderung in Gang setzen können.

Zu letzterem ein Beispiel: Nehmen wir an, die Erzieherinnengruppe eines traditionellen Kindergartens beschließt, den Kindern das selbstverständliche Recht einzuräumen, jederzeit selbst bestimmen zu können, in welchem Raum sie sich aufhalten. Diese Veränderung ist zunächst nicht besonders aufwendig; wird der Beschluß jedoch in der Praxis tatsächlich durchgehalten, ergeben sich automatisch eine Reihe weiterer Veränderungen. Beispielsweise wird die Kommunikation der Erzieherinnen untereinander sich erhöhen, um über einzelne Kinder sich ein Bild machen zu können; nach einiger Zeit wird sich auf pragmatischer Ebene die Frage ergeben, ob jeder Gruppenraum die gleiche Ausstattung braucht oder ob es nicht sinnvoller sei, verschiedene Schwerpunktbildungen vorzunehmen; die Kinder werden von dieser neuen Freiheit zunehmend Gebrauch machen, Raum für Raum sich erobern und auch vor der Tür zum Außengelände nicht haltmachen; wenn der Prozeß gut verläuft, werden die Erzieherinnen ihre eigene Sichtweise verändern: weg von dem Versuch, den Überblick über die „Gruppe" zu haben, hin zu der intensiveren Beziehungsgestaltung mit einzelnen Kindern. Sollen solche Veränderungen, die den erzieherischen Rahmen der Kindergartenarbeit betreffen, realisiert werden, so bedürfen sie einer Reflexion in der Erzieherinnengruppe, da sich anderenfalls die Macht unbewußter Routinen und Rituale – an dem referierten Beispiel das eifersüchtige Achtgeben auf die Anerkennung in der eigenen Gruppe – schnell durchsetzt.

Zu 4.

In vielen Fällen steht die Arbeit der Erzieherinnen unter einem großen Rechtfertigungsdruck, der meist höher ist als vergleichsweise etwa bei Grundschullehrerinnen. Sowohl von Seiten des Trägers wie der Eltern sollen Erzieherinnen begründen, was sie warum machen bzw. nicht machen. Dies mag auch Ausdruck der geringeren gesellschaftlichen Anerkennung des Kindergartens sein, der sich weiterhin in einer schlechteren Ausbildung und Bezahlung der Erzieherinnen äußert. Er hängt darüber hinaus mit der gemeindenahen, überwiegend freien Trägerschaft des Kindergartens zusammen sowie seitens vieler Eltern mit der eigenen Unsicherheit, die kleinen Kinder in einen ersten institutionellen Erziehungsbereich abzugeben. Des öfteren mögen die Rechtfertigungserwartungen seitens der Eltern oder Träger zu groß sein, so daß deren Anspruch auf Grund der Professionalität des Erzieherinnenberufs auch eingegrenzt werden muß. Für die Befriedigung eines notwendigen Maßes an Außendarstellung ist die dokumentierte Planungsarbeit ein geeignetes Mittel. Dies gilt für die Erfüllung des Wunsches, auf einer oberflächlichen Ebene zu wissen, was die Kinder im Kindergarten machen, und auch für die Begründung des konzeptionellen Ansatzes eines Kindergartens. Gerade wenn ein Kindergarten seine bisher stärker ritualisierte Arbeitsweise zugunsten eines freieren Erziehungsklimas ändern möchte, bedarf es einer ausführlichen Außendarstellung, damit Eltern und Träger die Begründungen für die Veränderungen nach- und im gelungenen Fall mitvollziehen können.

Zwischen den Funktionen der Planung, Innovationen anzuregen und Außendarstellung zu vermitteln, besteht eine Spannung: In der Außendarstellung versuchen wir, ein positives Bild der Praxis zu zeichnen, zu begründen, warum wir das, was wir tun, tun; bezüglich der innovativen Funktion der Planung steht demgegenüber eine mehr fragende Haltung im Vordergrund. Die bestehende Praxis soll problematisiert werden, und bevor es zu durchgeführten Lösungen kommt, sollen möglichst viele Alternativen versuchsweise durchgeführt werden. Eine fragende, selbstkritische Haltung steht so einer positiven, eindeutigen Außendarstellung gegenüber. Wir halten es deshalb für notwendig, zwischen beiden Funktionen der Planung zu trennen und vor einer Konzept- oder Projekterstellung zunächst zu entscheiden, mit welcher Stoßrichtung diese betrieben werden soll. Dies meint nicht, die Außendarstellung solle ein geschöntes, unrealistisches Bild dessen sein, was nicht geschieht, wohl aber die Zweiteilung der Planung als selbstkritisches Problematisieren sowie nach Möglichkeiten fragen für den internen Bereich einerseits und eine eindeutige, die Stärken hervorhebende, begründende Darstellung nach außen andererseits.

Wir verfolgen einen weiten Planungsbegriff, der von der Überlegung: „Was mache ich morgen im Stuhlkreis?" bis hin zu der grundsätzlichen Frage reicht: „Nach welchem konzeptionellen Ansatz wollen wir unsere Arbeit ausrichten?" Weil es wenig hilfreich ist, alles auf einmal angehen zu wollen, und weil das Planungsgeschehen nach unterschiedlichen Spielregeln ablaufen muß, will es die erste oder die zweite Frage behandeln, haben wir oben vorgeschlagen, rein zeitliche Planungsdimensionen zu bilden. Demnach kann die Kindergartenplanung sich beziehen:

- auf das kommende Kindergartenjahr,
- auf den folgenden Monat oder
- auf den nächsten Tag.

Diesen drei zeitlichen Ebenen ordnen wir aus pragmatischen Gründen der einfacheren Verständigung drei Begriffe zu:

- Konzeption,
- Projekt,
- Vorhaben.

In den folgenden drei Abschnitten soll das Planungsgeschehen auf den zeitlichen Ebenen näher erläutert, mit Gliederungsvorschlägen versehen und mit praktischen Einzelhinweisen konkretisiert werden. Die angegebenen Zeiträume des Jahres, Monats und Tages sind dabei nicht starr zu sehen, sondern haben Illustrationscharakter: Die Reichweite der Konzeption mag einen kürzeren, aber auch einen längeren Zeitraum als ein Jahr umfassen, ein Projekt kann über zwei Wochen oder zwei Monate gehen, die Planung für den nächsten

Tag greift auf die kommende Woche voraus, findet vielleicht aber auch erst fünf Minuten vor dem Stuhlkreis statt. Wichtiger ist, daß mit der unterschiedlichen zeitlichen Ausrichtung verschiedene Aspekte des Planungs- und Praxisgeschehens angesprochen werden, die ein unterschiedliches methodisch-planerisches Vorgehen erfordern. Darüber hinaus ist mit den drei Ebenen kein einseitiges Entstehungsverhältnis gemeint, so als müßte zunächst die Konzeption erstellt werden, aus der dann Projekte und aus denen wiederum tägliche Vorhaben abgeleitet werden könnten. Es gibt Fälle, in denen wir in der Praxis eine solche Reihenfolge finden, denn eine Konzeption ist kein über der Praxis angesiedeltes, unverbindliches Theoretisieren, sondern sie soll Auswirkungen auf das haben, was tagtägliche Realität ist. Aber die Beziehung zwischen den drei Ebenen kann auch anders herum gestaltet sein: Aus einem Vorhaben für den nächsten Tag können weiterfassende Gedanken für ein umfangreiches Projekt entstehen, bis hin zu dem Sichtbarwerden der Notwendigkeit einer Konzeptionsveränderung. Zwischen Konzeption, Projekt und täglichem Vorhaben gibt es so Wechselbeziehungen, aber kein einseitiges Abhängigkeitsverhältnis. Vielmehr sind mit den drei zeitlichen Ebenen unterschiedliche Aspekte der Praxis berührt, auf die das Planungsgeschehen differenziert antworten muß.

4.2. Wie gelangen wir zu einer Kindergartenkonzeption?

Mit „Konzeption" werden häufig zwei verschiedene Vorurteile verbunden: einerseits die Hoffnung auf den Zauberschlüssel, mit dem sich alle Probleme lösen lassen, andererseits die Vorstellung von der Aneinanderreihung wohlklingender Worte zu hochstilisierten Sätzen, eindrucksvoll und nett, aber neben dem tagtäglichen Geschehen stehend. Beide Verständnisse verfehlen, was mit Konzeption gemeint ist.

Aufgaben

Zunächst negativ formuliert: Eine Konzeption beantwortet nicht alle Fragen, auch nicht die nach dem erzieherischen Umgang mit Kindern, sondern sie stellt im positiven Fall mehr Fragen, als sie beantwortet. Sie sollte weniger dazu da sein zu bestätigen, was ohnehin geschieht, als dazu, die Praxis so zu verfremden, daß wir sie selbstkritisch mit anderen Augen wahrnehmen können. Dadurch werden wir angehalten, die blinden Flecke unserer notwendigen

Routinen zu entdecken. Nehmen wir beispielsweise das Ziel: „Es ist oberstes Gebot unserer Kindergartenerziehung, die Individualität eines jeden Kindes zu respektieren!" Kaum jemand wird die Berechtigung dieses Satzes bestreiten. Wir können ihn so schwarz auf weiß festhalten, abheften und zu Legitimationszwecken hervorheben. Wir können diesen Satz aber auch fragend auf unsere Praxis beziehen: Wo respektieren wir die Individualität, wenn wir davon ausgehen, durch unsere langjährige Praxis zu wissen, was ein Kind sei und benötige? Wo respektieren wir die Individualität, wenn unsere erzieherische Praxis von dem Grundsatz einer juristischen Gleichbehandlung aller Kinder ausgeht? Wo respektieren wir die Individualität, wenn die Möglichkeiten der Kinder, etwas tun oder nicht tun zu können, von unserer „Tagesform" abhängen? Konzeptionen in diesem Sinne provozieren eher zu Fragen, als daß sie auf alles Antworten geben.

Auf der anderen Seite meint Konzeption nicht die Unverbindlichkeit der schönen Worte, sondern sie sollte auf einen konkreten Anlaß zurückgehen und auf ihn hin orientiert sein. Konzeption ist deshalb nicht etwas Allgemeines, was zu jedem beliebigen Zweck paßt, sondern eine konkrete Antwort auf einen aus der Praxis stammenden Anlaß. Dieser kann sehr unterschiedlich sein: Die Erzieherinnen sind die nörgelnden Sticheleien der Eltern leid, in dem Kindergarten würde überhaupt nicht mehr zielorientiert gearbeitet; der Träger will wissen, welchen Stellenwert die religiöse Erziehung in der Kindererziehung hat; die Erzieherinnengruppe empfindet den eigenen Kindergarten als „langweilig" und sucht nach einem neuen Ausgangspunkt der pädagogischen Orientierung; innerhalb der Erzieherinnengruppe gibt es starke Differenzen bezüglich des Erziehungsstils, und man versucht, einen gemeinsamen Nenner zu finden; Eltern eines behinderten Kindes fragen an, ob ihr Kind in den Regelkindergarten aufgenommen werden kann; aus dem politischen Bereich wird der Kindergarten aufgefordert, Plätze für eine ganztägige Betreuung zur Verfügung zu stellen. Unter Konzeption verstehen wir die Beantwortung solcher Fragen, die nicht weniger praktisch sind als die, was ich am nächsten Tag für Angebote mache, sondern die auf einer anderen zeitlichen Ebene liegen.

Aus dem, was bislang gesagt wurde, und anknüpfend an die Funktionsbeschreibung im vorherigen Abschnitt, ergibt sich eine Zweiteilung: Einerseits Konzeptionsentwicklung im Sinne einer Außendarstellung und andererseits Konzeptionsentwicklung im Sinne einer Veränderung bzw. Erweiterung der bisherigen Praxis. Erstere stellt die eigene Arbeit gegenüber dem Träger, den Eltern, der Öffentlichkeit dar und hat zum Ziel, „Erfolge" zu beschreiben, Begründungen für die pädagogische Zielsetzung zu liefern sowie Einfluß- und Hilfestellen der angesprochenen Personengruppen zu benennen. Konzeption zum Zwecke der Veränderung der bisherigen Praxis hat demgegenüber zum Ziel, einen Teilaspekt der eigenen Arbeit zu problematisieren, Alternativen zu diskutieren, Umsetzungsmöglichkeiten zu prüfen und notwendige materielle und personelle Voraussetzungen abzuklären. Mit dieser Unterscheidung ist keine Bewertung im Sinne von wichtiger oder unwichtiger verbunden, sondern die Entscheidung, in welchem Sinne Konzeptionsentwicklung betrieben wird, hängt von dem jeweiligen Anlaß ab. Gemeint ist auch nicht, Konzeption im Sinne von Außendarstellung zeichne ein geschöntes Bild der Praxis, um in wohlklingenden Worten Allgemeinverbindlichkeiten zu benennen, während Konzeption im Sinne von Veränderungen selbstzerfleischendes Problematisieren von allem sei, das bis hin zur eigenen Handlungsunfähigkeit gehe. Gemeint ist vielmehr eine unterschiedliche intellektuelle Ausrichtung: Während bei der Außendarstellung die Suche nach Legitimationen des praktischen Handelns im Vordergrund steht, um auf diese Weise den Hintergrund des eigenen Tuns zu erhellen und verständlich zu machen, geht es bei der Veränderung um eine fragende Haltung in Bezug auf die eigene Praxis, damit bislang unbewußte Seiten entdeckt werden können. Diese unterschiedliche Ausrichtung schließt nicht aus, daß man während des Prozesses der Außendarstellung auf Schwachstellen der Legitimation der eigenen Arbeit stößt und daß bei dem Veränderungsprozeß bestätigende Aspekte der bisherigen Praxis gefunden werden.

Gliederungen

Entsprechend der unterschiedlichen Zwecksetzung der Konzeptionsentwickung ergeben sich verschiedene Gliederungen für das zu erstellende Papier. Die folgenden beiden Vorschläge sind nicht als Mustergliederungen zu verstehen, sie sind nicht mehr als mögliche Beispiele, die die Erstellung einer eigenen Konzeption erleichtern sollen*.

Nehmen wir für den Bereich der Außendarstellung folgenden Anlaß: Ein Kindergarten will den Eltern, die überlegen, ob sie ihr Kind

* Siehe hierzu auch die Vorschläge in: Beate Irskens u.a., Damit wir wissen, was wir tun!, Frankfurt 1990[2].

in diesem Kindergarten anmelden wollen, eine schriftliche Information an die Hand geben, die über die Regularien des Aufnahmeverfahrens hinausgehen und die konzeptionellen Grundlagen umreißen soll. Eine mögliche Gliederung könnte dann so aussehen:

1. *Ansprache der Adressatengruppe/Funktion des vorliegenden Papiers*

2. *Beschreibung der äußeren Daten des Kindergartens:*
   - *Trägerschaft*
   - *Alter der Einrichtung*
   - *Kinder- und Gruppenzahl*
   - *Personalschlüssel*
   - *Einzugsgebiet/besondere Kindergruppen*
   - *Öffnungszeiten*
   - *Raumangebot*
   - *Elternbeiträge*
   - …

3. *Die Grundsätze der pädagogischen Arbeit und deren Begründung in Bezug auf*
   a) Kinder
      - *Tagesablauf*
      - *erzieherisches Klima*
      - *Spielangebote*
      - *Förderung*
      - *herausgehobene Ereignisse*

   b) Eltern
      - *Beratung*
      - *Gruppenangebote*
      - *Hospitationen*
      - *Mitbestimmungsgremien und -möglichkeiten*
      - *Hilfewünsche seitens des Kindergartens*

   c) Gemeinwesen
      - *Kontakte zu …*
      - *regelmäßige Zusammenarbeit mit …*

4. *Beschreibung des Aufnahmeverfahrens und Offenlegung der Auswahlkriterien*

5. *Eine Seite für die Kinder*

Zu diesem Gliederungsbeispiel noch einige Erläuterungen: Die Beschreibung der äußeren Daten des Kindergartens sollte nicht mit dem Anspruch auf Vollständigkeit erfolgen, sondern sich auf das konzentrieren, was für potentielle Eltern von Interesse ist: neben den Daten, die auf die materiellen und personellen Ressourcen schließen lassen, sind dies vor allem Angaben zu den Betreuungszeiten: reguläre Öffnungszeiten, Ausnahmeregelungen, Schließungszeiten während der Ferien, Angebote der Institution zur Mithilfe bei der Suche nach privaten Betreuungsmöglichkeiten usw. Falls dies von dem betreffenden Kindergarten geleistet wird, kann auch der ausdrückliche Hinweis auf die Aufnahme von Kindern mit besonderen Erziehungsschwierigkeiten oder mit Behinderungen wichtig sein. Müssen die neu in den Kindergarten eintretenden Kinder beispielsweise nicht „trocken" sein, so kann diese Information für einige Eltern sehr entlastend wirken.

Die Darstellung und Begründung der pädagogischen Zielsetzung sowie der inhaltlichen Arbeit sollte vor allem die Aspekte hervorheben, die für den betreffenden Kindergarten von Bedeutung sind. Dabei sollten die Aspekte in den Vordergrund treten, die die Einmaligkeit dieses Kindergartens begründen. Es ist wenig hilfreich, den Eindruck zu erwecken, der Kindergarten sei nach allen Seiten hin offen und wolle allen möglichen Interessen gerecht werden. Es sollten im Gegenteil auch Erwartungen ausgesprochen werden, die dieser Kindergarten nicht erfüllen will. Lehnt es beispielsweise die Einrichtung ab, spezielle Angebote für die „Schulkinder" durchzuführen, oder wendet er sich gegen die Erwartung, Kinder müßten regelmäßig ein genormtes Bastelprodukt mit nach Hause bringen, so sollte dies in dieser ersten Konzeption Erwähnung finden und begründet werden. Wird den Eltern rechtzeitig verdeutlicht, worin der spezifische Ansatz dieses Kindergartens liegt, an welchen Stellen Festlegungen erfolgt sind und an welchen Verhandlungsspielraum besteht, so können sie sich bewußter für oder gegen einen bestimmten Kindergarten entscheiden bzw. ihre Erwartungen darauf einstellen.

Für den zweiten Bereich der Konzeptionserstellung – Veränderung/Erweiterung – schlagen wir folgende Gliederung vor:

1. *Anlaß der Konzeptionserstellung/Ansprache der einbezogenen Veränderungsgruppen*

2. *Beschreibung der äußeren Daten mit Schwergewicht auf spezifischen Informationen zum herauszuhebenden Problembereich*

3. *Problemstellung: Was soll warum verändert/erweitert werden?*
   a) Problemlage/Defizit der bisherigen Praxis
   b) Inhaltliche Beschreibung der Veränderung/Erweiterung

c) *Begründung der Notwendigkeit der Veränderung/Erweiterung aus pädagogischer und sozialer Sicht*
d) *Bereiche und Nebenbereiche der Veränderung in bezug auf die bisherige Praxis*
   - *Kinder*
   - *Eltern*
   - *Kolleginnen*
   - *Träger*
   - *Rahmenbedingungen*

4. *Beschreibung der Kompetenzerweiterungen*
   a) *Auflistung der neuen/erweiterten Kompetenzen der Erzieherinnen und Realisierungsmöglichkeiten*
   b) *Erschließung von Fachkompetenz durch Außenstehende*

5. *Aufstellung eines Kostenplans*
   a) *Mehrausgaben (einmalige und laufende Kosten für Material/Personal)*
   b) *Deckungsmöglichkeiten (Eigenarbeit/Elternmitarbeit/öffentliche Zuschüsse/Spenden/Trägeranteil)*

6. *Lösungsschritte/detaillierter Zeitplan*

Schritte

Dieser Abschnitt soll durch einige praktische Anmerkungen zum Schreiben einer Kindergartenkonzeption abgeschlossen werden, indem sechs Schritte eines möglichen Prozesses herausgehoben werden.

1. Schritt: Auseinandersetzung mit dem Anlaß

Konzeptionen werden nicht „einfach so" geschrieben, sondern sie gehen auf einen konkreten Auslöser zurück. Hinter diesem Anlaß steht eine bestimmte Problemstellung, auf die die Konzeption eine Antwort geben soll. Als erster wichtiger Schritt steht deshalb die Analyse dieses Anfangspunktes im Vordergrund. Wir fragen danach:

a) Wer ist der Adressatenkreis der Konzeption: der Träger, die Eltern, die Öffentlichkeit, die Erzieherinnengruppe selbst?
b) Welches Interesse wird mit der Konzeption verfolgt: Bestätigung der eigenen Arbeit, Werbung für die Einrichtung, Begründung für eine Veränderung, Erweiterung des Aufgabenspektrums, pädagogische Neuorientierung, Einforderung materieller und

personeller Hilfen, Klärung in der Erzieherinnengruppe oder zwischen Erzieherinnen und Träger?

Die Auseinandersetzung mit diesen Fragen hilft bei der Feststellung, ob es sich um eine positive Außendarstellung oder um die Suche nach Veränderungsstrategien und die Begründung von Reformen handelt. Darüber hinaus wird sich bei diesem ersten Schritt die Frage stellen: Hilft bei dem vorliegenden Problem überhaupt eine Konzeptionserstellung, oder ist sie nur Vorwand für Schwierigkeiten auf anderer Ebene? Um ein Beispiel für eine verneinende Beantwortung dieser Frage zu nennen: Es gibt Erzieherinnenteams, die dermaßen in einer gruppendynamischen Struktur verheddert sind, daß inhaltliche Diskussionen unmöglich sind. Wenn es so ist, daß der eine Teil „B“ sagt, wenn der andere „A“ gesagt hat, aber „A“ sagen würde, wenn der andere zunächst Meinung „B“ vertreten hätte, ist eine konzeptionelle Diskussion überflüssig, sie wäre vielmehr nur Nahrung für den zugrundeliegenden gruppendynamischen Konflikt. Auf der anderen Seite zeigt sich in der Praxis, daß bei gruppendynamischen Schwierigkeiten auf einem mittleren Grad die gemeinsame Arbeit an einer Konzeption hilfreich sein kann, um von den persönlichen Auseinandersetzungen und Animositäten weg wieder auf eine sachliche Arbeitsbeziehung zurückzukommen.

2. Schritt: Festlegung des äußeren Rahmens

Gehen wir davon aus, die Problemsituation sei herausgearbeitet, der Adressatenkreis benannt und die Frage nach der Möglichkeit einer Konzeption positiv beantwortet, so sollte zunächst der äußere Rahmen festgelegt werden: Wie viele Seiten sollen bis zu welchem Zeitpunkt geschrieben sein? Eine Kindergartenkonzeption kann eine Seite oder eintausend Seiten umfassen, sie kann in einer Stunde oder während eines ganzen Lebens geschrieben werden. Die Grenzen zwischen diesen Extremen abzustecken, hängt zum einen von dem zugrunde liegenden Anlaß ab, sie sind aber auch bedingt durch die zur Verfügung stehenden zeitlichen Ressourcen. Fünf DIN-A4-Seiten an einem Arbeitstag zu schreiben ist eine gute Leistung, mit dreien zu rechnen einigermaßen realistisch. Um zu verhindern, daß mit großem Engagement begonnen wird, das dann zusammenbricht, wenn sich in der Praxis zeigt, daß die gesteckten Ziele des Schreibens nicht realisiert werden können, sollte frühzeitig ein äußerer Rahmen festgelegt werden, der mit den zur Verfügung stehenden Möglichkeiten umsetzbar ist.

3. Schritt: Planung des Prozesses der Konzeptionserstellung

Noch bevor die erste Zeile geschrieben wird, sollte die Gruppe den Prozeß der Konzeptionserstellung selbst planen. Der Planung der Planung wird in vielen Einrichtungen zu wenig Aufmerksamkeit geschenkt, so daß in Dienstbesprechungen über mehrere Dinge gleichzeitig geredet wird oder man von einem zum anderen Gegenstand springt. Häufig werden keine Entscheidungen getroffen, weil es keine Einigkeit gibt oder weil man sich immer so einig ist, daß eine Diskussion nicht aufkommen kann. Wenn Planung Bewußtwerden der Praxis ist, sollte die Planung selbst nicht blindlings ablaufen, sondern die planerischen Entscheidungen – wann, wer, wo, wie lange, in welchem hierarchischen Rahmen und mit welchen Konsequenzen über welches Thema geredet wird – müssen bewußt getroffen werden. Wichtig ist dabei die Präzisierung des Themas, durch die die Diskussion um den Anlaß der Konzeptionserstellung widergespiegelt und bereits die Stoßrichtung der vorgesehenen Antwort angedeutet wird. Anschließend wird gemeinsam eine vorläufige Gliederung erarbeitet. Sie ist die Basis für die Aufstellung eines realistischen Zeitplans, der festhält, bis zu welchem Zeitpunkt welche Teilergebnisse von wem formuliert werden und an welchen Stellen es gemeinsame Diskussionen gibt. Ob beim Schreiben arbeitsteilig vorgegangen wird oder ob eine Person alles allein formuliert, hängt von den konkreten Bedingungen der Gruppe ab. Wichtig ist das Zusammenspiel von alleine schreiben und gemeinsam diskutieren. Hilfreich ist es, wenn eine Person die Koordination des gesamten Prozesses übernimmt und dafür sorgt, daß vorgeplante Termine eingehalten werden, daß die Diskussionen sich an dem Zweck der Konzeptionserstellung orientieren, daß die einzelnen Schritte schriftlich festgehalten werden, daß die organisatorischen Rahmenbedingungen bezüglich des alleine Schreibens und gemeinsam Diskutierens vorhanden sind. Ein letzter Punkt bezüglich der Planung des Prozesses der Konzeptionserstellung ist die Überlegung, welche Hilfen von außen gewünscht und realisierbar sind: Eine inhaltliche Diskussion mit einer außenstehenden Person – Fachberaterin, Kollegin einer anderen Einrichtung – zu Beginn des Schreibprozesses mag die Zahl der zu berücksichtigenden Aspekte ausweiten, eine auf den gruppendynamischen Aspekt bezogene Begleitung mag Blockaden der Kreativität freilegen, eine sprachliche Überarbeitung der Teilergebnisse durch Fremde mag die Verdeutlichung des Auszusagenden erhöhen etc.

4. Schritt: Schreiben und Reden

Das faktische Zu-Papier-Bringen der Wörter und Sätze der Kindergartenkonzeption setzt Bedingungen von „Einsamkeit“ voraus. Zwischen Telephonanrufen, Elterngesprächen und Kinderwünschen läßt sich dies nicht realisieren, und auch die Vorstellung einiger Erzieherinnengruppen, zu zweit oder mehreren ließe sich besser formulieren, ist eher Ausdruck einer „Angst vor dem ersten Wort“. Der Erzieherinnenberuf verlangt es nur selten, seine Gedanken schriftlich zu Papier zu bringen, und es bedarf deshalb einiger Übung, alleine mit dem weißen Blatt und dem Füllfederhalter fertig zu werden. Diese verständlichen Ängste kommen auch deshalb auf, weil zwischen dem, was im Kopf klar zu sein scheint, und der schriftlich zu Papier gebrachten Formulierung häufig eine Diskrepanz besteht. Die sichtbaren Sätze scheinen platt und banal, sie fangen den faktischen Gedankenprozeß nicht ein. Die Worte sperren sich, nur zäh kommt auf das Papier, was man zu erspüren scheint. Gerade in dieser Sperrigkeit aber liegt das Fruchtbare der schriftlichen Konzeptionserstellung: Die Suche nach dem passenden Begriff, der Gedanke an die zu wählende Konjunktion, die Schwierigkeit des Wort für Wort Hintereinanderbringens und Ordnens der Fülle der Gedanken –, sie verdeutlichen, daß durch den Prozeß des Schreibens Gedankensprünge, kreisförmige Pseudobeweise, Ungeklärtheiten offengelegt werden. Das Schreiben zwingt, Gedanken zu Ende zu denken, zwischen Behauptungen und Belegen zu unterscheiden, rational von anderen nachvollziehbare Begründungen zu entwickeln. Neben der Einsamkeit des Formulierens steht die gemeinsame Diskussion in der Gruppe. Auch hier gilt es, geeignete Rahmenbedingungen zu schaffen. Die Mittagspause zwischen der Arbeit mit den Kindern am Vormittag und dem folgenden Elternnachmittag eignet sich kaum, ein grundsätzliches konzeptionelles Problem zu klären. Wichtig ist vielmehr, daß hinreichend Zeit und Muße vorhanden ist. Entscheidend ist auch eine angemessene Diskussionsatmosphäre, die zwei Fehler vermeiden sollte: Einmal die schon angesprochene gruppendynamische Struktur, daß die eine Seite immer das ablehnen muß, was die andere vorschlägt, und zum anderen der Wunsch, niemandem weh zu tun: Man wagt nicht, das schriftliche Papier zu kritisieren, man will niemanden verletzen, um bei nächster Gelegenheit nicht selbst in die Rolle des Angegriffenen zu kommen, und so hält man mit der eigenen Meinung zurück. Im ersten Fall kommt es zu unfruchtbaren Angriffs- und Verteidigungskämpfen, im zweiten Fall entsteht überhaupt keine Diskussion.

Wichtig ist, daß ein Gesprächsklima entsteht, in dem in dieser Phase der Konzeptionserstellung Positionen nicht festgeschrieben werden, sondern daß eine Atmosphäre entsteht, die durch Vorläufigkeit gekennzeichnet ist: Gedanken schriftlich und mündlich äußern zu können, von denen man selbst noch nicht weiß, wie weit sie tragen, eine Offenheit, Formulierungen auszusprechen, die man ohne Gefahr wieder zurücknehmen kann, wenn sie sich als ungeeignet erweisen. Der Sinn dieser Diskussionen ist nicht die Herausgabe von Kommuniqués, sondern das versuchsweise Durchspielen möglicher Gedanken.

5. Schritt: Diskussion mit Außenstehenden

In vielen Fällen wird es ratsam sein, nach der Erstellung des Entwurfs der Konzeption durch die Mitarbeiterinnengruppe und vor der endgültigen Veröffentlichung des Papiers Diskussionen mit den anderen Gruppen des Kindergartens durchzuführen. Dies gilt – für den Fall, daß er nicht in den Prozeß der Konzeptionserstellung selbst miteinbezogen war – vor allem für den Träger. Sicherlich sind normalerweise Träger als Nicht-Fachleute in pädagogischen Fragen bezüglich konzeptioneller Entscheidungen auf die fachliche Kompetenz der von ihnen eingestellten Spezialisten angewiesen. Aber gerade weil wir uns einen Träger wünschen, der nicht nur zaudernder Geldgeber für den ständig fordernden Kindergarten ist, sondern der inhaltliche Ansprüche hat, die die Wichtigkeit des Kindergartens für sein Verständnis von sozialer Arbeit und Gemeindeaufbau betonen, halten wir den Einbezug des Trägers in den Prozeß der Konzeptionserstellung für wesentlich. Dies mag aus der Sicht der beteiligten Erzieherinnen den Prozeß verlangsamen und zu manch schwierigen Diskussionen führen; es erleichtert aber die anschließende Umsetzung, die in vielen Fällen mit finanziellen Konsequenzen verbunden ist, wenn der Träger in die Konzeptionsbildung einbezogen ist. Auch Diskussionen mit nicht beteiligten Außenstehenden mögen vor der Endredaktion der Konzeption eine Hilfe sein. Sprachliche Unzulänglichkeiten, eine nicht hinreichende Begründung oder eine zu viele Informationen voraussetzende Schreibweise werden leichter von Menschen erkannt, die von der Sache selbst nichts verstehen.

6. Schritt: Endredaktion und Veröffentlichung

Entsprechend dem Anlaß der Konzeptionserstellung sollte das Papier jetzt in eine angemessene Form gebracht werden. Es sollte überlegt werden, in welcher Weise es veröffentlicht werden kann, damit es die Adressaten erreicht, die es erreichen soll. Ist der gesamte Prozeß nach längerer Zeit erfolgreich abgeschlossen, sollte dies schließlich Anlaß zu einer Feier sein. Auf Konzeptionen, die sich auf eine Veränderung der bestehenden Praxis beziehen, folgt nun die Realisierungsphase, die vielerlei Anlässe bietet, das Planungspapier zu modifizieren. Konzeptionen im Sinne der Außendarstellung werden mit den angesprochenen Gruppen diskutiert. Häufig erweist es sich, daß wichtiger als das Produkt der schriftlichen Konzeption der Prozeß ihrer Entstehung selbst ist. Ist er intensiv verlaufen, haben sich durch die Diskussionen der Planungsgruppe Fragen aufgetan und es ist nach Antworten auf grundsätzliche Fragen gesucht worden, die über den Tag hinausweisen. Ein solcher Prozeß verändert den Kopf der Beteiligten und eröffnet ihnen neue Perspektiven, und er kann zwischen den Beteiligten ein Gefühl der Gemeinsamkeit entstehen lassen.

4.3. Was beinhaltet „Projektplanung"?

Neben der längerfristigen Konzeptionsentwicklung steht die Planungsarbeit auf einer mittleren zeitlichen Ebene. Zwischen beiden besteht eine mittelbare Beziehung, da die grundsätzliche Reflexion der Zielsetzung, des erzieherischen Klimas, der Inhalte und methodischen Vorgehensweisen, der Bestimmung des Verhältnisses zwischen Erzieherinnen, Träger, Eltern und Öffentlichkeit sich in den konkreten alltäglichen Vorhaben und den mittelfristigen Projekten auswirkt und konkretisiert. Aber es besteht keine mittelbare Beziehung dergestalt, daß sich Projekte logisch aus den Konzepten ableiten ließen. Die hier angesprochene mittelfristige Planungsebene bezieht sich vielmehr auf einen eigenständigen Arbeitsbereich, nämlich herausgehobene, aufwendigere Vorhaben, die die alltägliche Arbeit, deren Struktur durch die Konzeption festgelegt wird, bereichern. Beziehen können wir die Projekte auf alle Aspekte der Erzieherinnenarbeit: die Schaffung eines geeigneten erzieherischen Klimas, die Gestaltung von Raum und Zeit, die Inhalte der Kindergartenarbeit, die Arbeit mit den Eltern, die Kooperation der Erzieherinnen untereinander sowie zwischen Erzieherinnen und Träger. Wir sprechen also von Projekten nicht ausschließlich im Sinne von „Lernprojekten" für die Kinder.

Die kürzeste Definition von „Projekt", die wir gefunden haben, ist die von Wilhelm Rückriem, der in der Darstellung des Projektplans von Dewey und Kilpatrick schreibt: „In kürzester Formel: herzhaftes, planvolles Tun.“* Ein Projekt ist ein herausgehobenes Handeln, das auf ein konkretes Ziel hin ausgerichtet ist. Es unterscheidet sich vom Alltagshandeln dadurch, daß es dessen Komplexität und Diffusität reduziert, indem es einen spezifischen Aspekt zum Inhalt macht und auf ein sichtbares Ziel hin ausrichtet. Dabei ist gegenüber den sonst eher verdeckten Erziehungszielen das Projektziel allen an ihm Beteiligten bewußt, und es steuert ihre Aktivität. Wir halten den Begriff „Projekt“ für geeignet, weil er einerseits eine gewisse Aufwendigkeit anzeigt und insofern über den Tag hinausweist und weil er andererseits den Handlungscharakter durch ein konkretes, praktisches Vorhaben betont. Die Dauer eines Projektes ist von dem konkreten Thema und den zur Verfügung stehenden Ressourcen abhängig: sie kann von ein paar Tagen – beispielsweise bei der Durchführung einer mehrtägigen Abschlußfahrt der „Schul“kinder – bis zu mehreren Monaten – beispielsweise die Umgestaltung des Außengeländes am Kindergarten – reichen.

In den Bereich der Projektplanung fallen auch die Monatspläne der traditionellen Kindergartenarbeit. Projekte gehen aber über diese hinaus, weil sie sich nicht nur auf die Arbeit mit den Kindern beziehen müssen, sondern die gesamte Breite der Erzieherinnenarbeit umfassen können, und sie unterscheiden sich dadurch von ihnen, daß die Beliebigkeit des Stoffsammlungscharakters überwunden werden soll. Welches inhaltliche Thema zum Gegenstand eines Projektes gemacht wird, ergibt sich nicht aus einer systematischen Herleitung von einem Pflichtkanon zu vermittelnder Inhalte, aber welches Thema auch immer ausgewählt wird, es ist auf die grundlegenden Fragen zu beziehen, die sich aus der Entwicklungssituation von Kindern im Kindergartenalter ergeben. Von dem „Anlegen eines Gartens auf dem Außengelände des Kindergartens“ bis zur „Tierhaltung im Kindergarten“, von „Gespenstern und anderen Ungeheuern“ bis zu den „Marsmenschen“, von „Kinder im Krankenhaus“ bis zu „alte Menschen im Umfeld“, von „Advent, Nikolaus und Weihnachten“ bis zu „Kinder in der EINEN Welt“ etc., alles kann zum Gegenstand eines Projektes werden. Für die Auswahl eines Themas mag es manchmal pragmatische Gründe geben – die Erzieherin, die im privaten Bereich eine begeisterte Hobbygärtnerin ist –, manchmal bieten sich Themen aufgrund anstehender Ereignisse an – ein Kind aus der Gruppe, dem ein längerer Krankenhaus-

* In: Pädagogische Pläne des 20. Jahrhunderts, Bochum o.J., S. 42.

aufenthalt bevorsteht und das seine Angst in den Kindergartenalltag einbringt. Wichtiger als nach einer endgültigen Rechtfertigung der Auswahl des Themas zu suchen, die es ohnehin nicht gibt, erscheint uns die Reflexion des ausgewählten Themas aus der Sichtweise von Kindergartenkindern heraus.

Projekte können sowohl gruppenintern wie gruppenübergreifend geplant werden. Für gruppeninterne Projekte spricht, daß sie die spezifischen Interessen und methodischen Stärken der einzelnen Erzieherin stärker zur Geltung bringen: Eine Erzieherin, die eine begeisterte Anhängerin eines Fußballvereins ist, eine Erzieherin, die Ballett tanzt, eine Erzieherin, die Fahrräder reparieren kann, eine Erzieherin, die Orgel spielt. Werden diese außerberuflichen Tätigkeiten genutzt, kann das traditionelle Kindergartenprogramm bereichert werden. Für gruppenübergreifende Projekte spricht neben der Erwartungshaltung der Eltern, ihr Kind solle auch das geboten bekommen, was in der Nachbargruppe gemacht wird – eine Erwartung, die es durch Elternaufklärung eher zu relativieren gilt –, daß sie Gelegenheiten für ein gemeinsames Tun der Erzieherinnengruppe schaffen. Zusammen an einem konkreten Projekt zu arbeiten, es vorzubereiten und durchzuführen, kann helfen, daß sich die Erzieherinnen als Gruppe erleben. Werden bei dem Projekt die jeweiligen Stärken und Schwächen jeder Erzieherin anerkannt und wird nicht ein Konkurrenzkampf gepflegt, welche Gruppe das Projekt am besten durchführt, kann es zu gegenseitigen Hilfestellungen der Kolleginnen kommen. Gruppenübergreifende Projekte können auch Mut machen, Vorhaben in Angriff zu nehmen, an die man alleine sich nicht herantraut. Die Aufführung eines Theaterstücks von Kindern beispielsweise, von der Auswahl des Stückes, dem Einstudieren der Rollen, dem Malen der Kulissen, den Proben der Musikeinlagen, der Herstellung der Requisiten und Kostüme, bis zu der Aufführung in einer größeren Öffentlichkeit – es ist hilfreich, hier in einer größeren Gruppe arbeiten zu können, die arbeitsteilig die jeweiligen Stärken berücksichtigt. Werden durch den Einbezug mehrerer Kolleginnen Projekte in Angriff genommen, die die Kräfte der einzelnen übersteigen, ist es wahrscheinlich, daß die Routinen des Alltags durchbrochen und so neue Motivationen für die Erzieherinnen geschaffen werden.

Projektplanung ist eine Ebene der Kindergartenplanung neben anderen, und es ist nicht das Wesen der Kindergartenerziehung, sich von Projekt zu Projekt fortzubewegen und nur in ihnen die eigentliche pädagogische Arbeit zu sehen. Projekte sind, wenn sie erfolgreich verlaufen, Höhepunkte im Kindergartenjahr, die alltägliche Arbeit ist ihnen gegenüber jedoch nicht nachrangig. Wir plädieren deshalb für eine Beschränkung der Projekte. Dabei läßt sich keine absolute Zahl angeben, sondern diese hängt neben dem Umfang der Planung und Durchführung der einzelnen Unternehmungen auch von der sonstigen Situation und Schwerpunktbildung des Kindergartens ab. Eine Einrichtung beispielsweise, die sich auf konzeptioneller Ebene Gedanken um die Möglichkeiten der Integration behinderter Kinder macht, wird sich sinnvollerweise weniger Projekte vornehmen als eine andere, die in bezug auf ihre konzeptionelle Ausrichtung eine gewisse Stabilität gewonnen hat. Ein Kindergarten wird nicht erfolgreicher, wenn er eine möglichst große Zahl von Projekten anreißt, sondern eher durch eine gründliche Vorbereitung möglichst neuer Elemente, die das traditionelle Programm bereichern. Weniger kann auch hier oft mehr bedeuten: *Zwei gruppenübergreifende Projekte im Verlauf eines Kindergartenjahres scheinen deshalb* – um doch einen Richtwert zu formulieren – *geeignet.*

Auch für die Projektplanung ist ein Aspekt wichtig, der bereits bei der Konzeptionsentwicklung angesprochen wurde: die Planung der Planung. Damit Projekte angemessen geplant werden können, bedarf es eines geeigneten Rahmens, der Antwort auf folgende Fragen gibt:

- Wie läßt sich eine offene Gesprächsatmosphäre herstellen, in der jede ihre (vorläufige) Meinung äußern kann?
- Wie läßt sich ein Klima schaffen, das Kreativität freisetzt und vorschnelle Festlegungen vermeidet?
- Wer übernimmt die Verantwortung für Gesprächsführung, Koordination des gesamten Planungsverlaufs, schriftliche Protokollierung?
- Welche zeitlichen Ressourcen stehen für die Planungsarbeit zur Verfügung bzw. können geschaffen werden?
- An welchen Stellen werden die geforderten Bedingungen, die zur Planung und Durchführung des Projektes notwendig sind, mit der Realität verglichen, so daß ein „Absturz“ nach der Euphorie der ersten Planungsphantasien verhindert wird?

Abschließend wollen wir versuchen, in *acht Schritten einen allgemeinen Planungsablauf für Kindergartenprojekte zu skizzieren:*

1. Inhalte
Für die anfängliche Stoffsammlung gibt es keine einengenden Fragen, sondern nur das Bemühen, ein möglichst offenes Klima herzustellen, damit alle Beteiligten ihre Stichworte einbringen können.

2. Inhaltsauswahl
Weil es Inhalte und Planungsanlässe in beliebiger Vielfalt gibt, ist es wichtig, sich die Kriterien der Auswahl bewußt zu machen.

3. Themenformulierung I
Zunächst sollte die Erwachsenenplanungsgruppe für sich selbst die Frage beantworten: Was ist für uns das Problematische, Spannende, Schwierige an dem ausgewählten Inhalt?

4. Themenformulierung II
Erst danach sollte die Frage im Vordergrund stehen: Wie sieht das Problem, der Inhalt aus der Perspektive der Kindergruppe, eines einzelnen Kindes, verschiedener Kinder aus?

5. Zielsetzung
Auch hier sollte das Projekt nicht nur aus der Perspektive von Kindern betrachtet werden, sondern es sollte breiter gefragt werden: Welche Ziele in Bezug auf Kinder, Eltern, Träger, die Erzieherinnengruppe selbst sollen mit dem Geplanten erreicht werden? Was soll sich durch das Vorhaben gegenüber der jetzigen Praxis verändern?

6. Vorhaben
In dieser Phase geht es um eine Begrenzung der Inhalte und Themen, wobei es sich als hilfreich erwiesen hat, ein Hauptvorhaben auszuwählen, um das das gesamte Projekt kreist, und diesem Nebenvorhaben als Ergänzung zuzuordnen.

7. Durchführung
Während der Durchführung sollte es um eine regelmäßige Rückvergewisserung gehen: Entspricht die Praxis dem vorgezeichneten Weg, machen die Aktivitäten den Kindern Spaß, oder gibt es Anlässe zur Revision des Planes?

8. Auswertung
Abschließende Auswertungsfragen sollten sein: Hat sich die Praxis in der gewünschten Richtung verändert? Ist mit der Durchführung das Vorhaben beendet, oder ergeben sich Anlässe, den bezeichneten Planungsprozeß von vorne in Gang zu setzen?

4.4. Warum Planung für den nächsten Tag?

Die tägliche Praxis des Kindergartens ist durch eine Flut des Geschehens auf unterschiedlichen Ebenen gekennzeichnet: Kinder spielen allein, in kleineren oder größeren Gruppen, wobei die sozialen Konstellationen rasch wechseln können; Erzieherinnen spielen, reden, organisieren in bezug auf einzelne oder mehrere Kinder, sprechen sich mit Kolleginnen ab und reagieren auf Eltern. Die Fülle der einzelnen Interaktionen scheint chaotisch, und auch die Erzieherin wird nicht den Überblick über alle Einzelheiten haben. Zwischen der Begrüßung der ersten Kinder, die die Erzieherin am Morgen erwartet, und der Verabschiedung des letzten, das verspätet von der Mutter abgeholt wird, liegen unzählige einzelne Begegnungen zwischen der Erzieherin und den Kindern, die teilweise von ihr ausgegangen sind und bei denen sie anderenteils auf Anfragen, Forderungen, Bitten der Kinder reagiert hat. Noch um ein vielfaches größer sind die nicht genutzten Interaktionschancen: Bitten von Kindern, auf die die Erzieherin nicht eingehen konnte; Spiele mit einzelnen Kindern, die zwar begonnen, aber angesichts der Tageshektik nicht zu Ende geführt wurden; ungehörte Fragen eines schüchternen Kindes, das sich nicht an die Erzieherin herantraute; Überlegungen der Erzieherin, die während des Ablaufs dann doch wieder vergessen wurden. Auch ohne eine einzige planerische Überlegung ist der Tagesablauf der Erzieherin mit ständigen Aktivitäten angefüllt. Warum dann also noch „Planung für den nächsten Tag"? Sollen die Anforderungen noch weiter erhöht werden, wo doch schon der Kampf um das alltägliche Überleben hinreichend Energien verlangt?

Aufgabe

Doch es geht hier nicht darum, Zusätzliches in das Kindergartenprogramm aufzunehmen, sondern um Erhellung des Alltags. Planung auf der dritten zeitlichen Ebene soll helfen, aus der Fülle des Alltagsgeschehens einige Ausschnitte hervorzuheben, so daß sie bewußter Reflexion zugänglich sind und damit partielle Veränderung ermöglicht wird. Es ist nicht der Anspruch, alle Aspekte des Kindergartengeschehens zu beleuchten und „in den Griff zu bekommen". Ein solcher Totalitätsanspruch wäre faktisch nicht nur nicht einlösbar, sondern pädagogisch auch nicht wünschenswert. Kindern soll im Kindergarten ein eigener Lebensraum angeboten werden, der ihre Kindlichkeit, ihre Geheimnisse vor den Erwachsenen bewahrt, indem er pädagogisch-unpädagogische Möglichkeiten freier Kinderäußerungen, eines eigenständigen sozialen Zusammenseins von Kindern und retardierende Momente eröffnet. Planung sollte nicht auf eine Überwachung der Kinder durch eine falsch verstandene Pädagogisierung gerichtet sein. In diesem Sinne sollte der Alltag des Kindergartens frei für eine große Fülle ungeplanter und von niemandem reflektierter Situationen sein, in denen sich die Freiheit des Kinderlebens ausdrückt.

Dies ist jedoch nur die negative Seite. Auf der anderen steht, daß sich dieses freie Kinderleben nicht von selbst ergibt, sondern pädagogisch hergestellt werden muß. 25 Kinder in einen Raum von 60 qm einzusperren und dann zu erwarten, hier könne alltäglich sich ein kreatives, sozial verträgliches Zusammenleben von allein ergeben, ist zynisch; 25 verschiedene Charaktere aufeinanderprallen zu lassen und dies in einem Alter, in dem Gleichaltrigenbeziehungen sich erst entwickeln müssen, und eine solche Veranstaltung dann „Gruppe" zu nennen, ist – gutmütig betrachtet – ignorant. (Nur in Klammern ein Zitat von Janusz Korczak: „Die Kinder sind zänkisch? Das ist unwahr – sie sind sowohl verträglich als auch nachsichtig. Sieh dir die Bedingungen für ihre Arbeit und ihr Zusammenleben genau an. Versuch doch einmal, vierzig Beamte in einem Raum auf unbequemen Bänken unter ständiger Kontrolle eines Vorgesetzten zu halten – sie werden einander die Augen auskratzen." *) Indem die Erzieherin fortlaufend den Kindergartenalltag darauf hin betrachtet, ob und inwieweit jedes ihrer Kinder zu seiner Spielwelt finden kann, erwirbt sie die Möglichkeit, durch direkte oder indirekte Hilfen in den Spielalltag eingreifen zu können. Planung des nächsten Tages wird notwendig, weil in der alltäglichen Spielwelt der Kinder eine große pädagogische Wirksamkeit des Kindergartens liegt, vielleicht noch wichtiger als die im vorigen Abschnitt beschriebenen herausgehobenen Projekte.

Darüber hinaus: Die Erzieherin ist nicht nur Anregerin, Organisatorin, Beobachterin der alltäglichen Spielwelt der Kinder, sondern sie steht mit ihrer Person mitten in diesem interaktionalen Geschehen des Alltags. Sowohl durch einen aktiven Beziehungsaufbau zu einzelnen Kindern als auch durch ihr Reagieren auf Beziehungswünsche der Kinder beeinflußt die Erzieherin das Leben im Kindergarten. Will sie die Punkte ihres Eingreifens nicht nur dem Zufall überlassen, will sie nicht nur auf Grund eines gefühlsmäßigen Ge-

---

* In: Wie man ein Kind lieben soll, Göttingen 1972[3], S. 194.

spürs handeln, bedarf es einer Planungsebene, die die Fülle aktueller Situationen reflektiert und Hinweise bietet, an welchen Stellen sie wie in das Geschehen eingreift. Durch diese alltägliche Planungsarbeit werden aus den auch ungeplant ablaufenden Situationen pädagogische, da das Chaos des Alltags auf eine Perspektive des erzieherisch verstandenen Handelns bezogen wird.

Wir haben also für die „Planung des nächsten Tages" zwei Ausgangspunkte: Zum einen die Beobachtung der Kinder, ihre Einbezogenheit in eine Spielwelt, die ihnen hilft, zu sich selbst zu kommen, zum anderen die Beobachtung des Eigenverhaltens der Erzieherin, die mit ihrem Handeln und Reden, mit ihren Eingriffen und Zurückhaltungen den pädagogischen Alltag des Kindergartens gestaltet. Indem die Erzieherin die konkrete Situation eines Kindes und der Kinder untereinander beobachtet, indem sie die ausgesprochenen und nicht ausgesprochenen Wünsche der Kinder an sie reflektiert und indem sie ihr eigenes Verhalten und ihre Emotionen in bezug auf verschiedene Kinder selbstkritisch betrachtet, gewinnt sie Möglichkeiten für eine geplante Veränderung des eigenen Eingreifens, die über die Spontaneität des unreflektierten Alltagshandelns hinausreicht. Hierin erblicken wir ein Kennzeichen der Professionalität des Erzieherinnenberufes, sich nicht dem Zufall des Augenblicks hinzugeben und damit häufig in die Fallen der spontanen Empfindungen zu geraten, sondern das eigene Verhalten an der Zwecksetzung des Kindergartens auszurichten: aus der Perspektive von kindlichen Entwicklungsbedürfnissen und -notwendigkeiten nach Selbstbewußtwerdung heraus handeln zu können. Soll der Kindergarten nicht irgendein Lebensraum sein, sondern ein Lebensraum in erzieherischer Absicht, so bedarf es einer ständigen Beobachtung und Reflexion des alltäglichen Lebens auf dem Hintergrund dieser Zielsetzung.

So sehr damit die Notwendigkeit alltäglicher Planungsarbeit begründet ist, so wenig soll dies die Vorstellung von Vollständigkeit implizieren. Diese wäre pragmatisch gesehen weder möglich noch pädagogisch erwünscht. Beleuchtet werden sollen vielmehr einige wenige Aspekte des Alltagsgeschehens, und statt des Strebens nach einer hoffnungslosen Totalität kommt es mehr auf eine begründete Entscheidung der ausgewählten Scheinwerferrichtung an. Die planerische Betrachtungsweise soll sich nicht an der Affirmation des Bestehenden ausrichten, wie es sich in der Praxis häufig feststellen läßt: man nimmt an der Kindergartenrealität das wahr, was als Bestätigung des Alltagshandelns und der Alltagsvorstellung herhalten kann. Wenn Matthias als der Außenseiterjunge gilt, als der Störenfried, der das Spiel der anderen Kinder nur zerstört, dann werden sich immer wieder Beobachtungen aufdrängen, die dieses Bild bestätigen. Während der Mittagspause werden die Gespräche der Erzieherinnen so ausgerichtet sein, daß Einvernehmen hergestellt wird, und die Planung für den zukünftigen Umgang mit Matthias wird kreisförmig auf die Bekräftigung der bisherigen Strategien hinauslaufen: Man muß Matthias stärker kontrollieren, um die anderen Kinder vor ihm zu schützen, man wird den Eltern Matthias' Verhalten verdeutlichen, da sie als die Urheber seiner Störungen ausgemacht sind. Die Alltagstheorien durch Gespräche im Kolleginnenkreis zu bestätigen, hat psychohygienischen Nutzen, nur dies ist noch kein professionelles Planungsverhalten.

Damit Veränderungen möglich werden, sollte der Scheinwerfer der alltäglichen Planungsarbeit nicht auf Affirmation ausgerichtet werden, sondern auf Verfremdung. Gemeint ist damit ein „Gegen-den-Strich-Lesen", gegen den Strich der Alltagstheorie, die immer nur sieht, was sie schon weiß, und der alltäglichen Beobachtung, die immer schon weiß, was sie sieht. An dem eben zitierten Beispiel gesagt bedeutet dies, gegen die vergewissernde Festschreibung der Schuld an Matthias' Auffälligkeiten durch seine Wesensmerkmale oder das Verhalten seiner Eltern und gegen die resignative Feststellung, man selbst könne nichts anderes tun, als man ohnehin tue, eine andere Perspektive einzunehmen: Wo sind meine Aggressionen gegenüber Matthias, gerade wenn ich sie hinter edlen Absichten verstecke, wo sind meine Beschränkungen, meine Reduktion von Matthias auf das Bild des Störenfrieds, wo sind meine Restriktionen, die die Entfaltung von Matthias verhindern. Dies meint nicht, die Erzieherin solle märtyrerhaft alle Schuld auf sich nehmen, denn es ist durchaus möglich, daß Matthias' Störungen durch seine Persönlichkeitsentwicklung und seine familiären Verhältnisse bedingt sind, sondern gemeint ist die Anerkenntnis des banalen Satzes, daß der einzige, der sich in einer Beziehungsstörung ändern kann, man selbst ist. Betrachten wir das angerissene Beispiel „gegen den Strich", so könnte es sinnvoll sein, die alltagstheoretische Behauptung in Frage zu stellen, verhaltensgestörte Kinder bedürften festerer Strukturen, da sie mit der Freiheit nicht sozial verträglich umgehen könnten. Vielleicht sollten wir als Erzieherinnen lernen, eine größere Toleranzbreite gegenüber Störungen zu entwickeln, vielleicht wäre es in diesem Beispiel hilfreich, durch bewußte Anstrengung zu versuchen, Matthias für einen gewissen Zeitraum nicht im Blick zu haben, damit wir aus dem bisherigen Kreislauf von Bild und Bestätigung des Bildes herauskommen. Es ist schwierig, die

Launenhaftigkeit eines egozentrisch-aggressiven Jungen zu ertragen, aber vielleicht hilft hier der Gedanke weiter, daß wir einer Selbsttäuschung aufgesessen sind, als wir davon ausgingen, alle Kinder seien liebenswert, statt uns zu überlegen, warum gerade Kinder nett, friedfertig und ehrlich sein sollten, wo doch unter den Erwachsenen die Zahl der Ekeligen, Aggressiven, Betrüge nicht unbeträchtlich ist. Vielleicht können wir dann besser mit diesen Kindern umgehen, wenn wir uns stärker auf unsere Fähigkeiten besinnen, stundenweise gemeinsam mit Menschen zu leben, die anders sind, als wir sie uns wünschen.

Möglichkeiten

Planung des nächsten Tages ist – wie Planung generell – an Sprache gebunden, durch die Bewußtseinsbildung möglich wird. Nicht das, was ich auf dem Nachhauseweg in mir spüre, sondern die durch sprachlichen Ausdruck erfolgte Objektivierung macht das Kennzeichen der Planung aus. Diese erfolgt durch das gesprochene Wort in den Gesprächen der Erzieherinnen und durch die schriftliche Fixierung. Gerade in letzterer liegt eine große Chance, da die Schriftsprache zwingt, die Fülle der Eindrücke zu ordnen, nach Ausdrucksmöglichkeiten des diffus Gefühlten zu suchen, Beziehungen herzustellen und Wichtiges von zu Vernachlässigendem zu trennen. Es gibt häufig eine Scheu vor dem Schreiben auch deshalb, weil die gegenwärtigen Erfahrungen und Überlegungen so oberflächlich und banal zu sein scheinen, daß sie es nicht wert sind, schwarz auf weiß festgehalten zu werden. Eine solche Scheu mag verständlich sein, abgebaut wird sie nur durch den „Zwang des Anfangens“. Die notwendigen Fähigkeiten des Schreibens werden sich nur in dem Prozeß des Schreibens selbst ausbilden. Dabei enthält Schreiben – gegenüber der Hektik des Alltagslebens – ein Moment der Langsamkeit, in der seine Bedeutung liegt: innehalten, damit für Augenblicke eine reflexive Haltung gegenüber dem eigenen Tun eingenommen werden kann.

Planung für den nächsten Tag kann sich in Absprachen mit den Kolleginnen ausdrücken, wenn man sich verständigt, wer morgen den Stuhlkreis gestaltet, wer mit einigen Kindern einkaufen geht etc. Typischer für diese Planungsebene scheint uns jedoch die individuelle Arbeit zu sein, während wir die beiden ersten Planungsebenen mehr auf die Erzieherinnengruppe bezogen haben. Der Kindergartenalltag mit seiner Fülle des Geschehens bringt ein hohes Maß an spontaner Betroffenheit auf Seiten der Erzieherin mit sich: Wut und

Freude, Enttäuschung und Hochgefühl, Abgespanntheit und Erregung, Trauer und Hoffnung, Ärger und Zufriedenheit, Ernüchterung und Bestätigung. Diese eigene Erwachsenenbetroffenheit ist wesentlich für die erzieherische Beziehung, aber gleichzeitig soll das professionelle Handeln nicht aus einer Befriedigung der eigenen Perspektive heraus erfolgen, sondern eine Hilfestellung in bezug auf die Entwicklungsbedürfnisse der Kinder sein. Dies macht es zumindest einmal am Tage erforderlich, selbstreflektierend innezuhalten, sich zunächst die eigene Betroffenheit zuzugestehen, in einem zweiten Schritt dann aber zwischen dem eigenen Erleben und einer reflektierenden Betrachtung der Situation aus der Perspektive von Kindern zu trennen. Damit dieser Schritt geleistet werden kann, bedarf es Momente der Einsamkeit.

Das zuletzt Gesagte mag als ein anspruchsvolles Programm mit einem ausführlichen Zeitrahmen erscheinen. Nun ist „Planung für den nächsten Tag“ jedoch Kurzplanung nicht nur in dem Sinne, daß sie sich auf einen nahen Zeitabschnitt bezieht, sondern auch durch die Tatsache, daß sie selbst oft nur wenige Minuten umfassen kann. Wir halten dies auch für realistisch, denn das Wesentliche dieser Planungsebene liegt in ihrer Kontinuität. Gemeint ist damit, daß es bei der alltäglichen Planung nicht auf den mit großem zeitlichen Aufwand begonnenen Bericht ankommt, ein Versuch, der dann nach wenigen Tagen schon zusammenbrechen muß, sondern auf die regelmäßige tägliche Konzentration, für wenige Minuten für sich selbst zu bleiben. Nicht durch den aufwendigen einmaligen Versuch, sondern durch die Regelmäßigkeit über einen längeren Zeitraum hinweg gewinnt die Planungsebene des nächsten Tages ihre Bedeutung.

Als Stichwort für die in diesem Abschnitt angesprochene zeitliche Planungsebene wurde der Begriff „Vorhaben“ gewählt, um auf den notwendigerweise geringeren Anspruch gegenüber der Projektplanung hinzuweisen. „Vorhaben“ soll die geringere Ausführlichkeit der Begründung, die kürzere Reichweite und inhaltliche Begrenztheit der Handlung, die weniger entfaltete Systematik des Geplanten ausdrücken. Vielleicht ist es nur ein Stichwort, in dem sich die Planung ausdrückt: ein ausgewähltes Bilderbuch, das ich morgen im Stuhlkreis vorlesen möchte; ein geplantes Gespräch mit einem Kind über ein Problem, das mir heute aufgefallen ist; die Vorbereitung eines Bastelangebotes, das ich vorschlagen möchte; die Zuwendung zu einem Kind, das ich heute oft habe links liegen lassen; der Mut, morgen meiner Kollegin zu sagen, daß mich etwas Bestimmtes gestern bei ihr geärgert hat; die Nachfrage bei einer Mutter, was sie mit ihrer Äußerung auf dem letzten Elternnachmittag gemeint hat. Mit dem geplanten Vorhaben wird nicht das gesamte Handeln der Erzieherin am folgenden Tag umrissen, ein Anspruch, der die Kindergartenpädagogik verfälschen würde. Es geht nicht um Totalität, sondern um realisierbare Kontinuität: jeweils ein Vorhaben für den kommenden Tag geplant zu haben.

Werden solche täglichen Planungsskizzen in einem Tagebuch festgehalten, dann ist es möglich, hin und wieder darin zu blättern, sich an Vergangenes zu erinnern und die früheren Notizen mit der aktuellen Situation zu vergleichen. Dabei mag es sich zeigen, daß Begebenheiten, die vor einem halben Jahr unsere Aufmerksamkeit auf sich gezogen haben, als „erledigt" vergessen wurden, oder aber es wird die Situation sein, daß wir Probleme über einen langen Zeitraum mit uns herumschleppen. Da wir viel Wert bezüglich der Planungsebene des nächsten Tages auf die Reflexion des Verhaltens und die Verbalisierung der Gefühle der Erzieherin legen, ist ein solches Tagebuch auch ein guter Spiegel für die eigene persönlich-berufliche Entwicklung.

Abschließend bleibt noch ein Problem zu erörtern: Wenn der Ausgangspunkt der Planung für den nächsten Tag das für die Erzieherin Augenfällige ist, in welcher Weise kann dann kontrolliert werden, daß dies nicht auf eine subjektivistische Sichtweise der Erzieherin hinausläuft, bei der viele wichtige Situationen unter den Tisch fallen und vielleicht einzelne Kinder keine oder nur wenig Berücksichtigung finden? Wird nur das geplant, was ins Auge fällt, können auffällige oder für die Erzieherin liebenswerte Kinder in den Vordergrund treten, während stillere oder schüchterne im Hintergrund bleiben, obwohl sie nicht weniger Aufmerksamkeit verdienten. Gerade angesichts der hohen Kinderzahlen in den Gruppen ist diese Frage von Wichtigkeit.

Um den Gefahren der Subjektivität der Alltagsplanung zu entgehen, schlagen wir dreierlei vor. Zunächst eine einfache Übung: Man notiert zu unterschiedlichen Zeiten die Namen der Kinder in der Reihenfolge, in der sie einem einfallen. Sind es dieselben Kinder, die immer zuoberst auf der Liste stehen? Gibt es Kinder, die einem nur schwer einfallen, wo man vielleicht sogar die Abwesenheitsliste bemühen muß, um alle Namen hintereinander zu bekommen? Sagt die Reihenfolge der Namensnennung etwas über die Stellung der Erzieherin zu den Kindern aus?

Zum zweiten ist es sinnvoll, in gewissen Zeitabständen – beispielsweise einem Vierteljahr – die Tagebuchnotizen systematisch durchzugehen. Für diesen Zweck können zwei Listen dienen: die erste enthält alle Namen der Kinder in alphabetischer Reihenfolge, und die zweite alle Arbeitsfelder der Erzieherin. Ordnen wir jetzt die Tagebucheintragungen der Arbeitstätigkeit- und der Namensliste zu, so lassen sich leicht Schwerpunktbildungen, aber auch leere Felder feststellen. Aus dieser oberflächlichen Auswertung ergeben sich weiterführende Fragen: Liegt die Nichtberücksichtigung eines bestimmten Arbeitsfeldes bei den Tagebucheintragungen darin begründet, daß in bezug auf diesen Aspekt der Arbeit keine Probleme auftauchen, weil er von alleine so funktioniert, wie er funktionieren soll, oder zeigen die Leerstellen im Gegenteil, daß es Handlungsfelder gibt, die als zu schwierig, zu diffus erschienen? Tauchen bestimmte Kinder nicht oder nur wenig auf, weil sie sich im Alltag ohnehin von selbst aufdrängen, oder sind dies Kinder, die einem „farblos" erscheinen? Falls letzteres gilt, versuche man sich vorzustellen: Wie sieht der Kindergartenalltag aus der Sicht dieses Kindes aus?

Es ist möglich, daß sich aus einer solchen Prüfung eine Veränderung der eigenen Aufmerksamkeitsrichtung von selbst ergibt.

Um der Gefahr der Subjektivität der Alltagsplanung zu entgehen, ist drittens ein gemeinsamer Austausch mit Kolleginnen hilfreich. Gemeint ist damit nicht das teilweise beliebte „Durchsprechen" einzelner Kinder, das häufig auf Schuldzuweisung an das „Wesen" des Kindes bzw. – bei Unterstellung der Unschuld des Kindes – an das elterliche Erziehungsverhalten hinausläuft. Kinder sind nicht „durchzusprechen", sondern es gilt, die Beziehungsstruktur Erzieherin-Kind mit der Perspektive aufzuklären, was sich an dem eigenen Verhalten verändern läßt, damit ein bestimmtes Kind zu sich selbst finden und dieses Selbst entwickeln kann. In dem Fall, daß zwischen den Erzieherinnen ein vertrauensvolles Gesprächsklima herrscht, können die Fragen angegangen werden: Was fällt mir bei dir auf – in bezug auf den Umgang mit einzelnen Kindern, Eltern, Kolleginnen, dem Träger; in bezug auf dein Verhalten in unterschiedlichen Bereichen der Arbeit? Solche Widerspiegelungen des eigenen Verhaltens durch Außenstehende können schmerzlich sein, sie helfen aber auch, unbewußte Anteile des eigenen Selbst in der Berufsarbeit zu entdecken. In vielen Fällen ist das Klima zwischen Kolleginnen nicht so, daß intensivere Fragen in einem positiven Klima diskutiert werden könnten, sondern es ist häufiger, daß niemand etwas sagt, um das oberflächliche gute Einvernehmen nicht zu stören. Deshalb kann es günstiger sein, zu dieser Praxisberatung in gewissen Abständen eine berufserfahrene außenstehende Person hinzuzuziehen.

5. Konkretion: Elemente kindzentrierter Kindergartenpädagogik

Werfen wir einen Blick zurück auf den bisherigen Gedankengang: Ausgangspunkt bildete eine kritische Auseinandersetzung mit der traditionellen Kindergartenpraxis, die gegenüber der notwendigen Intensität der erzieherisch gestalteten Beziehung häufig als an der Oberfläche verbleibend erschien. Viele ihrer Regeln normieren den Kindergartenalltag, so daß der Darstellung und Förderung der Individualität des einzelnen Kindes enge Grenzen gesetzt werden und auch die persönliche Identität der Erzieherin hinter ihrer Berufsrolle verschwindet. Dabei gingen wir davon aus, daß Regeln und Rituale einerseits notwendig sind, damit für die Erzieherin Kindergartenarbeit als lebenslange professionelle Tätigkeit möglich und damit für Kinder ein Entwicklungsraum geschaffen wird, der Angst durch Verläßlichkeit reduziert. Andererseits schien uns die tatsächlich vorhandene Regelungsdichte über diese Ziele hinauszuschießen, so daß die erzieherischen Möglichkeiten des Kindergartens nicht voll zur Entfaltung kommen können. Im Gegensatz zu einer ritualisierten Praxis haben wir eine Kindergartenpädagogik zu begründen versucht, die wir schlagwortartig mit der Überschrift „kindorientiert“ bezeichneten. Dabei sind wir von einer pädagogischen Annäherung an „Kinder“ ausgegangen, obwohl uns bewußt war, daß es nicht möglich ist, ein Kind zu verstehen. Kindergartenerziehung soll eine Praxis gestalten, die die kindlichen Entwicklungsbedürfnisse in den Mittelpunkt rückt.

Dabei stellten wir den Begriff der „Erziehung“ in den Mittelpunkt des pädagogischen Geschehens, da wir nicht davon ausgehen können, die Persönlichkeit des Kindes sei bereits hinreichend angelegt, es gelte jetzt nur noch, sie zu verstehen und einen Entfaltungsraum der Ruhe und Geborgenheit herzustellen. Erziehung ist vielmehr ein für Kinder existentiell notwendiges Hilfeangebot von Erwachsenen, das von der dialektischen Bestimmung ausgeht, das Selbst sei auf einen Prozeß der Bewußtwerdung des bisher Angelegten angewiesen und werde durch diesen Prozeß gleichzeitig von außen mitgeschaffen. Zuletzt haben wir schließlich den Aspekt der Planung hervorgehoben, indem wir von der These ausgingen, je freiheitlicher und auf die Individualität eines jeden Kindes bezogen der Erziehungsprozeß sei, eines desto größeren Maßes an Reflexion und Vorbereitung bedürfe das pädagogische Geschehen, solle es nicht in Zufälligkeit, Willkür und Erwachsenenzentrismus abgleiten.

Abschließend wollen wir im folgenden einige Elemente einer kindorientierten Kindergartenpädagogik beschreiben, die auf den bisherigen Gedanken aufbauen. Drei Aspekte sollen dabei in den Vordergrund gestellt werden: Da wir die erzieherische Beziehungsgestaltung zwischen Erzieherinnen und Kindern für das Kernstück des Kindergartengeschehens halten, wollen wir zunächst nach deren Möglichkeiten und Grenzen fragen. Diese Beziehungen sind in einen konkreten Rahmen eingebettet, so daß wir darlegen, welche räumlichen, materialen, zeitlichen und inhaltlichen Möglichkeiten der Kindergarten bieten muß, um dem gestellten Anspruch gerecht zu werden. Drittens schließlich geht es um ein Problem, das in allen Kindergärten von herausgehobener Bedeutung ist: die Verbindungen zwischen Kindergarten und Elternhaus.

5.1. Welche Aufgaben und Grenzen hat die Beziehungsgestaltung zwischen Erzieherin und Kindern?

Wenn wir um 10.30 Uhr in einen Kindergarten eintreten, werden wir folgendes wahrnehmen können: Unsere Ohren hören eine laute Geräuschkulisse: gleichzeitig tuscheln, schreien, lachen, maulen viele Kinder; Erwachsene singen, sprechen, rufen; es wird gehämmert, Autoreifen quietschen, ein Turm stürzt ein. Unsere Augen sehen viele Bewegungen: Kinder gehen allein, zu zweit, zu dritt von der einen in die andere Ecke; Kinder sitzen, liegen, stehen, gehen, rennen, hüpfen; Kinder spielen, essen, malen, toben, langweilen sich; Erwachsene tragen ein Kind auf dem Arm, spielen Mensch-ärgere-dich-nicht, trinken Kaffee, unterhalten sich mit Kleinen und Großen, leiten Kinder bei einer Bastelarbeit an. Der Versuch, die Wahrnehmungen im Kopf zu ordnen, fällt schwer: Vieles passiert gleichzeitig: Spielen und Nichtspielen, ein einzelnes Kind und kleine Gruppen, laut und leise, konzentriert und flippig, ausgelassen und traurig, Spannung und Langeweile, Hilfe von der Erzieherin und Streit ohne Erzieherin, Friede und Konflikt. Als Außenstehende erscheint uns die Situation ohne jede Struktur, chaotisch, ein Gewimmel und Geschrei. Vielleicht denken wir uns nur noch den Rat an die Erzieherin: brich dieses Durcheinander von Freispiel ab und führe einen ruhigen, geordneten Stuhlkreis durch. Aus der Perspektive der Erzieherin, die von Beginn des Kindergartentages an in das Geschehen einbezogen war, wird die gleiche Situation und deren Bewertung ganz anders aussehen, da das für den Außenstehenden Chaotische für die Erzieherin eine Struktur aufweist. Es ist nicht zufällig, warum welche Kinder was machen, und auch ihr eigenes Verhalten – ihr Eingreifen und Nicht-Eingreifen – hat Gründe, die mit den Entwicklungsbedürfnissen der einzelnen Kinder und der Geschichte ihrer Beziehungen zusammenhängen. Auf der Ebene der oberflächlichen Wahrnehmung erscheint uns also das Alltagsgeschehen im Kindergarten als chaotisch und zufällig, was auf der Ebene der Beziehungsgeschichte Struktur und pädagogische Bedeutung erhält.

Prozeßhaftigkeit

Das Einleitungsbeispiel weist darauf hin, daß das Kindergartengeschehen ein Netz vielfältiger und vielschichtiger sozialer Beziehungen ist, deren Entwicklung unter kurz- und längerfristiger Perspektive betrachtet werden muß. Jeder Kindergartenvormittag ist der erneute Versuch einer Beziehungsgestaltung zwischen 25 Kindern und einem oder zwei Erwachsenen, wobei weder die Erzieherin noch das Kind oder die Gruppe als Ganze im Vordergrund stehen, sondern die Vielgestaltigkeit, die Parallelität der Beziehungen. Es gilt, täglich ein Geschehen in Gang zu setzen, das jedem Kind das Maß an Alleinsein und Kontakt, Freundschaft und Auseinandersetzung, Nähe zu Kindern und Erwachsenen, Passivität und Aktivität gibt, das es zu seiner gesunden Entwicklung benötigt. Diese vielfältigen Beziehungsgestaltungen sind aber nicht nur ein alltäglicher Versuch, der von der Zufälligkeit aktueller Stimmungen abhängt, sondern sie stellen eine längerfristige Entwicklung dar. Die Alltäglichkeit des Spielens und Lernens im Kindergarten hat ihre eigene Geschichte, die eine Gruppensituation herstellt und dem Aufbau, der Erhaltung und dem Abbruch von Beziehungen zwischen Kindern sowie Kindern und Erwachsenen im Alltag Möglichkeiten schafft, aber auch Grenzen setzt. Einschnitte in diese Beziehungsgeschichte werden zu Beginn eines neuen Kindergartenjahres gesetzt, wenn die „Schul"kinder entlassen und neue Kinder aufgenommen werden. Da dies in der altersgemischten Gruppe aber immer nur für einen Teil der Kinder gilt, sind diese Einschnitte nicht absolut zu setzen, sondern es sind Etappen einer weiterreichenden Entwicklung. Der Kindergarten unterscheidet sich auch in dieser Hinsicht von der Schule, die mit jeder Schulentlassung und der Einschulung einen neuen Zyklus beginnt. Dabei weist die Beziehungsentwicklung im Kindergarten Bezüge zu der Familie auf: die 25mal unterschiedliche Situation und Geschichte kindlicher Entwicklungen in ihrem familiären Umfeld wirkt in das Kindergartengeschehen ein, und gleichzeitig wirken die im Kindergarten sich entwickelnden Beziehungen zu Kindern und Erwachsenen auf die Dynamik des Familiengeschehens zurück.

Die Erzieherin löst die Aufgabe der Beziehungsgestaltung auf zweifache Weise. Zum einen ist sie direkt tätig: sie läßt Nähe zu, wenn ein Kind ganz allein mit ihr sein möchte; sie sucht Nähe, um ein Kind aus seiner Außenseiterrolle herauszuholen; sie bietet sich für Auseinandersetzungen an, wenn ein Junge ihr als Frau seine männliche Überlegenheit demonstrieren muß; sie sucht die Auseinandersetzung, um ein Kind aus einem gleichförmigen Spielprozeß, in dem ihn seine Ängstlichkeit gefangen hält, herauszuholen. Zum anderen wird die Erzieherin bei der Gestaltung der Beziehungen der Kinder untereinander indirekt tätig: sie schafft Rückzugsmöglichkeiten, damit Kinder für sich sein können; sie verweist auf einen Spielpartner, damit Kinder aufeinander zugehen; sie läßt gewähren, damit Kinder eine Auseinandersetzung alleine bewältigen; sie schafft Freiräume, damit aggressive und zärtliche Gefühle von Kindern zum Ausdruck kommen; sie setzt Regeln, um dem Chaos der Emotionen Grenzen zu setzen; sie macht inhaltliche Angebote, damit kleine Kindergruppen sich finden.

Die indirekten Hilfen der Erzieherin, damit Kinder im täglichen Kindergartenalltag zu für sie wichtigen Beziehungen kommen können, und das direkte Eingeben ihrer Person als Teil des Beziehungsgeschehens, an der Kinder sich liebend und aggressiv „abarbeiten“ können, müssen in einem ausgewogenen Verhältnis stehen, d.h. wir gehen in unserer Kindergartenkonzeption davon aus, daß die Aufgabe der Erzieherin nicht nur in der Schaffung einer Umgebung besteht, die für die kindliche Entwicklung geeignet ist. Die Funktion der Erzieherin erschöpft sich auch nicht in ihrer Vermittlerrolle wichtiger Inhalte. Solche indirekten Aufgaben sind zwar wichtig, und wir werden im nächsten Abschnitt auf sie zurückkommen, zentral aber sind die direkten Aufgaben, bei denen sich die Erzieherin als Person unmittelbar anbietet.

Kindergartenkinder lernen nicht nur durch das Material, und sie sind im Kindergarten nicht ausschließlich auf soziale Kontakte zu anderen Kindern angewiesen, sondern sie bedürfen einer gegenüber der Familie erweiternd und kompensatorisch wirkenden Beziehung zu einer lebendigen Erzieherin. Dies meint nicht, daß die Erzieherin im Mittelpunkt des Kindergartengeschehens steht, um den herum sich 25 Verhältnisse ausbilden, die der Mutter-Kind-Beziehung analog sind. Der Kindergartenalltag ist vielmehr ein Geflecht vielfältiger Beziehungen zwischen der Erzieherin und einzelnen Kindern, einer kleinen Kindergruppe sowie der Kindergartengruppe insgesamt und einzelner Kinder untereinander sowie der einzelnen Kinder und der gesamten Kindergruppe. Die unmittelbare, personale Arbeit der Erzieherin wird dadurch zu einer pädagogischen, daß sie ihre Rolle in dem Geflecht reflektiert und ihr Eingreifen, Verweigern, Sich-zurück-Ziehen von der Überlegung her steuert, was das einzelne Kind auf Grund seiner Entwicklungsbedürfnisse benötigt, um sich selbst bewußt zu werden.

Kinderperspektive

Zur Begründung der zentralen Rolle der Erzieherin-Kind-Beziehung in unserer Kindergartenkonzeption wollen wir nach der Situation des in den Kindergarten eintretenden Kindes fragen. Wenn ein Kind mit drei oder vier Jahren in den Kindergarten kommt, hat es schon eine weite Strecke seiner Persönlichkeitsentwicklung zurückgelegt. Es weiß, daß es eine eigenständige Person ist („Ich bin Ich"), und es ist mit der Frage beschäftigt, wer es denn eigentlich sei. Wie bei uns Erwachsenen auch ergibt sich eine Antwort auf die Frage „Wer bin ich?" durch die Beziehungen, in denen es lebt. Für ein Vor-Kindergartenkind sind das überwiegend die familiären: „Wer bin ich für meine Mutter, meinen Vater, meine Geschwister, meine Großeltern?" Diese Beziehungen zeichnen sich durch Wechselseitigkeit aus: das Kind entwickelt sich nicht nur in und durch seine Familie, sondern es spielt in der Dynamik des Geschehens auch für die anderen eine bedeutsame Rolle, ist Liebesobjekt oder Sündenbock, Rivale oder Zusammenhalt für die Ehepartner.

Jedes Kind hat also, bevor es das erste Mal in den Kindergarten kommt, bereits eine Beziehungsgeschichte hinter sich, die auch die Erwartungen steuert, die es an die Erzieherinnen und Kinder richtet: Da ist das Kind, das immer Mittelpunkt des gesamten Familienlebens war und diese egozentrische Sichtweise mit Selbstverständlichkeit auf die Kindergruppe überträgt; da ist das Kind, das schon lange Zeit als so schlimm galt, daß die Mutter nicht mehr damit fertig wurde, und das nun hofft, in der neuen Situation würde es jemand verstehen; da ist das überbehütete Kinder, das noch nie Kontakt zu anderen Kindern hatte und sich jetzt vor allem auf „Kinder" freut; da ist das „Karriere-Kind", das als erstes krabbeln, laufen, sprechen konnte und nun den Erwerb von Fähigkeiten erwartet, um gut in der Schule zu sein; da ist das mißachtete Kind, notdürftig versorgt und mit materiellen Statussymbolen versehen, das Hunger nach Liebe hat; da ist das Kind, das noch ein kleines Geschwisterkind hat, von dem es sich an den Rand gedrängt fühlt, und das nun hofft, endlich selbst im Mittelpunkt zu stehen. Diese Liste unterschiedlicher Beziehungsgeschichten von in den Kindergarten eintretenden Kindern ließe sich fortsetzen. Gemeinsam ist all diesen Fällen, daß die Kinder ihre jeweils verschiedene Geschichte in den Kindergarten einbringen und deren Struktur auf den Kindergarten übertragen. Diese Übertragung kann auf direktem Wege verlaufen – die Erzieherin soll der stundenweise Ersatz für die Mutter, die Kinder sollen die erfahreneren oder jüngeren Spielpartner wie die Geschwister sein –; sie kann kompensatorisch wirken – von der Erzieherin möchte man die Liebe und das Verständnis bekommen, das man zu Hause nicht erhält, man möchte einen Freund gewinnen, der der Rivale des Geschwisterkindes nicht ist –; oder die Übertragung hat den Mechanismus einer Gegenübertragung – die Erzieherin und die Kinder müssen abgelehnt werden, weil man sich von der Mutter aus der behüteten Familiensituation gestoßen fühlt. Ob als direkte, kompensatorische oder Gegenübertragung, die Erwartungen der Kinder an den Kindergarten prägen sich in familiären Beziehungsmustern aus, was bei einigen Kindergartenkindern schon dadurch zum Ausdruck gebracht wird, daß sie mit Selbstverständlichkeit davon ausgehen, der Kindergarten sei die Wohnung der Erzieherin, sie lebe und schlafe dort, auch wenn die Kinder nach Hause gingen. Kinder, die diese Vorstellung haben, sind häufig auch durch viele Worte nicht vom Gegenteil zu überzeugen.

Zwischen der Familie als dem privaten und dem Kindergarten als dem öffentlichen Erziehungsraum gibt es wichtige Unterschiede in der Beziehungsgestaltung, die für die Entwicklung der kleinen Kinder bedeutsam werden. Familiäre Beziehungen sind durch die Merkmale der Intimität und Diffusität gekennzeichnet, institutionelle durch Öffentlichkeit und Normiertheit. Damit soll zum Ausdruck gebracht werden: Ein Kind wird schon während der Schwangerschaft mit Hoffnungen, Erwartungen und Ängsten seiner Eltern begleitet. Das, was man ihm gibt, und das, was man von ihm erwartet, läßt sich häufig nicht konkret aussprechen, weist aber eine tiefe Bedeutsamkeit für alle Beteiligten auf. Die Familie ist nicht nur eine Institution, in der Erziehung und Aufzucht von Kindern gewährleistet wird, sondern aus der Perspektive der Beteiligten ist sie der private Raum, in dem Individualität, auch die chaotischen Anteile der Individualität, zum Ausdruck kommen, der Raum, der mit seiner Intimität gegen die Außenansprüche der „feindlichen", bedrohenden

Welt steht. Institutionelles Handeln steht demgegenüber in der Öffentlichkeit. Es bietet Dienstleistungen für spezifische Zwecke an, die jedermann gleichberechtigt in Anspruch nehmen kann, der dieses Zweckes bedarf und die Zugangsbedingungen erfüllt. Der institutionelle Rahmen legt die Grenzen der Beziehungsgestaltung fest und grenzt damit die Erwartungsbreite und Erwartungstiefe ein.

Ein Kind, das zum erstenmal in den Kindergarten eintritt, ist noch geprägt durch den familiären Egozentrismus, der ihm nahelegt, im Kindergarten eine Ersatz- oder Gegenfamilie, in der Erzieherin eine Ersatz- oder Gegenmutter, in den Kindern Geschwister oder Feinde zu sehen. Nun soll ein Kind lernen, daß nicht alle Beziehungen Spielarten familialer Strukturen sind, es soll seine Erwartungen spezifizieren und Intimität steuern; nur, es soll lernen, heißt auch: es kann dies noch nicht. Wie bei allen pädagogischen Veranstaltungen darf der Kindergarten das Ziel nicht als Ausgangsforderung setzen und Kinder von dorther beurteilen. Deshalb gilt für das Beziehungshandeln im Kindergarten eine spezifische Spannung: Auf der einen Seite ist es ein Handeln im institutionellen Rahmen, setzt also den diffusen Bedürfnissen deutliche Grenzen und schränkt intime Emotionalität ein; auf der anderen Seite ist mit einer Erwartungshaltung zu rechnen und auf sie einzugehen, die diffus ist und auf Intensität zielt. Dieses vom Kind her sich ergebende ambivalente Verhältnis wird noch dadurch verstärkt, daß sich die erzieherischen Einzeltätigkeiten im Kindergarten nicht von denen der Mutter in der Familie unterscheiden. Das gegebene Spannungsfeld läßt sich nicht dadurch auflösen, daß nur noch eine Seite zum Tragen kommt, sondern es ist die pädagogische Aufgabe des Kindergartens, dieses auszuhalten und zu reflektieren.

In der Rolle der Erzieherin kristallisiert sich das Problem: An sie richten die Kinder ihre diffusen, ganzheitlichen Erwartungen, auf die sie reagieren muß. Sie kann mit den Kindern nicht bewußt und verbal aushandeln, für was sie zuständig und für was sie nicht zuständig sei, da die Kinder dies nicht verstehen könnten. Begleitet wird dies auf seiten der Eltern häufig durch Eifersuchtsreaktionen, wenn sie erleben, daß die eigenen Kinder sich der Erzieherin zuwenden und daß diese mit Schwierigkeiten der Kinder oft leichter fertig wird. Auf der anderen Seite steht das Erziehungshandeln in einem institutionellen Rahmen, der festlegt, was Erzieherinnen dürfen und was nicht. Zu erleben, in welch unglücklichen und manchmal das Wohl des Kindes gefährdenden Weisen Eltern mit ihren Kindern umgehen, ohne daß die Erzieherin über nennenswerte Möglichkeiten des Eingreifens verfügt, ist schwierig. Auch von der Erzieherin selbst her birgt der Beziehungsaspekt Spannungen: Auf der einen Seite löst die Berufsaufgabe, sich mit der emotionalen, kognitiven und sozialen Entwicklung kleiner Kinder zu beschäftigen, auch bei der Erzieherin intime, „private" Reaktionen aus, und auf der anderen Seite stehen der professionelle Rahmen und die Ansprüche als Arbeitnehmerin auf einen geregelten Zeitrahmen und Begrenzung der Arbeitsanforderungen, um in dem Beruf nicht ganz aufzugehen. Die Erziehungsansprüche kleiner Kinder und die persönliche Reaktion auf kindliche Selbstdarstellung stehen im Widerspruch zu Professionalität und Institutionalität. Es ist Aufgabe der Kindergartenpädagogik, diesen nicht zu verleugnen, indem die diffusen Ansprüche der Kinder ausgeklammert werden und eine Reduktion der Erziehungsaufgaben stattfindet oder indem die Erzieherin als sich selbst aufopfernde, omnipotente Mutter für 25 Kinder verstanden wird, sondern es gilt, diese Spannung von Diffusität und Professionalität, von Kinderbedürfnissen und Institutionsmöglichkeiten zu reflektieren.

Einwand

Bevor wir danach fragen, was eigentlich damit gemeint ist, wenn von dichter Beziehungsgestaltung zwischen Erzieherin und Kind als dem Kern des erzieherischen Auftrags des Kindergartens gesprochen wird, wollen wir uns – quasi als Gegenprobe – mit einem Einwand beschäftigen, der dahingehend lautet, Kinder gehörten zunächst und vor allem in die Familie, der Kindergarten komme ergänzend für einige Stunden hinzu, um den Kindern zusätzliche Spiel- und Beschäftigungsanregungen sowie ein soziales Feld der Gleichaltrigenkontakte zu bieten. Die Vorrangstellung der Familie bedinge auch, daß die Befriedigung intensiver Gefühle, die persönliche Identifikation eines Kindes dort ihren Platz haben, die Erzieherin dürfe der Mutter nichts wegnehmen.

Dieser Einwand geht von einem Familienverständnis aus, nach dem intensive Emotionen in den Kreis der Familie eingeschlossen und gegenüber der Außenwelt abgeschirmt werden. Richtig an dieser Argumentation ist die Hervorhebung der Kontinuität als dem zentralen Faktor von Familienbeziehungen. Ein Kind wird im Verlauf seines Lebens viele Erzieherinnen, Lehrer, Pädagogen erleben und zu ihnen Beziehungen aufbauen, aber sie alle werden – trotz allen Engagements und lebensgeschichtlicher Bedeutsamkeit – es nur ein Stück weit begleiten, während die Eltern ihre Verantwortung uneingeschränkt wahrnehmen. Die unbefriedigenden Ergebnisse familienersetzender Erziehung in Pflegefamilien und Heimen scheinen dafür zu sprechen, daß es im Hinblick auf kontinuierliche Liebe und lebenslange Identifikation des einzelnen Kindes nur schwerlich Alternativen zur Familie gibt. Dieses ist ausdrücklich anzuerkennen, und es ist deshalb eine wichtige Zielsetzung der familienergänzenden Institutionen Kindergarten, den Eltern in der Wahrnehmung ihrer Aufgaben Hilfen zu geben.

Trotz der Bestätigung der Unterstützung starker Familienverbindungen scheint es ungeeignet, damit gegen intensivere Beziehungen zwischen Kindern und professionellen Erzieherinnen zu argumentieren. Erwachsene mögen für sich mit gutem Recht eheliche Treue verabreden, die Übertragung dieses Modells auf die Beziehung zu Kindern ist faktisch falsch. Mit der Geburt des Kindes beginnt der ambivalente Prozeß der Bindung und Loslösung zwischen Mutter und Kind. Das Durchtrennen der Nabelschnur und das erste Anlegen an die Mutterbrust sind ein charakteristisches Bild für diese Situation. Die kindlichen Entwicklungen werden Eltern in pädagogisch verantwortbarer Weise stützen, wenn sie die Spannung zwischen Engagement und Distanzierung aushalten und Kinder zunehmend in andere Beziehungen loslassen. In dieser Dynamik spielt die Erzieherin im Kindergarten eine bedeutsame Rolle: häufig ist es das erste Mal, daß ein Kind in einem institutionellen Rahmen nichtfamiliäre Kontakte aufbaut. Für die Eltern ist dies teilweise ein schmerzlicher Prozeß des Loslassens, im Interesse des Kindes aber auch ein notwendiger.

Der zitierte Einwand, die Erzieherin dürfe der Mutter nichts wegnehmen und müsse sich deshalb mit der Intensität ihrer Beziehung zurückhalten, stimmt noch aus einem zweiten faktischen Grund nicht. Die Realität ist teilweise nicht so, daß Kinder in ihren Familien geliebt werden, sondern in vielen Kindergartengruppen haben wir einige Kinder, die durch die Erzieherin faktisch ein Mehr an Aufmerksamkeit, Verständnis, Zuwendung erhalten als von jeder anderen Person in ihrem familiären Umfeld. Die Intensität der Zuwendung hier mit dem zitierten Argument abzulehnen, würde das Problem nur mit der Folge verdrängen, daß diese Kinder nirgendwo ihre Bedürfnisse nach Liebe und Zärtlichkeit befriedigt bekämen, auf die sie Anspruch haben. Es gibt Kinder, für die eine starre Grenzziehung zwischen familienergänzend und familienersetzend wenig hilfreich ist, und es erscheint ideologisch, einen Maßstab zu haben, mit dem sich eindeutig entscheiden ließe, was in den Bereich der Familie fällt und was in den des Kindergartens. Eine solche Sichtweise ist unhistorisch, und die gegenwärtige Tendenz läßt eher vermuten, daß der Anteil institutioneller gegenüber familialer Erziehung zunehmen wird. Ein solch erhöhter Anteil bedeutet jedoch nicht nur eine quantitative Verschiebung, sondern hat auch Konsequenzen für die Qualität des pädagogischen Bezuges. Die Forderung nach Intensität der Erzieherin-Kind-Beziehung wird also voraussichtlich weiter an Bedeutung gewinnen. Es gilt die Gefahr zu vermeiden, ein mittelschichtorientiertes Familienbild, das sich zudem gerade dort aufzulösen beginnt, als Normalitätsmaßstab auf alle Familien zu übertragen. Die Frage kann also nicht lauten: Darf ich als Erzieherin im Kindergarten intensive Beziehungen zu einzelnen Kindern haben?, sondern nur: Wie kann im institutionellen Rahmen die Aufgabe, Kindern das ihnen notwendige Maß an Liebe zu geben, wahrgenommen werden?

Bestimmung

Oft ist von „intensiven Beziehungen“ die Rede gewesen. Was damit gemeint ist, wollen wir zunächst an einigen praktischen Beispielen betrachten. Da ist Ruth, ein körperlich und psychisch stabiles, sechsjähriges Mädchen. Sie weiß, was sie will, und das tut sie auch im Verlauf des Kindergartenvormittages, ohne sich groß um die anderen zu scheren, die sie benutzt, wenn sie sie braucht, und in Ruhe läßt, wenn sie sie nicht braucht. Dieses Brauchen und Nichtbrauchen gilt auch in der Beziehung zu Ruths Erzieherin: Des öfteren teilt Ruth ihr etwas Privates mit, das sie erfreut hat oder belastet, und dann schafft sie einen Rahmen, in dem die beiden alleine sind, und meistens muß sie während des Stuhlkreises auf dem Schoß der Erzieherin sitzen, was ihr Körperkontakt erlaubt, aber auch ihre herausgehobene Stellung vor der Gruppe demonstriert. Da ist Jan, ein dreijähriger Junge, dessen Mutter mit drei kleinen Kindern und vor allem mit der Beschäftigung mit sich selbst so überfordert ist, daß sie Jan nicht die Geborgenheit und Sicherheit vermitteln kann, die er braucht. Diese sucht er bei seiner Erzieherin, wenn er über weite Strecken des Vormittags sich fest an sie klammert und so auf ihrem Arm überall da mit hingeht, wo sie sich aufhält. Da ist Peter, ein Junge, den die Erzieherin persönlich gerne mag, der sie aber nur in Anspruch nimmt, damit sie ihm etwas besorgt oder ihm bei einer Schwierigkeit hilft. Da ist Andrea, ein geistig behindertes Mädchen, das sich unglücklich in sich selbst eingeschlossen hat. Sie wehrt alle Kontakte von außen ab, befriedigt sich selbst, entwickelt stereotype Bewegungen und bleibt so auf ihrem Entwicklungsstand stehen. Die Beziehung zu ihrer Erzieherin, die von beiden Seiten her nie eine liebende ist, entwickelte sich durch Kampf: Die Erzieherin stellt eine

Anforderung, übt körperlichen Druck aus, Andrea sperrt sich dagegen, es gibt eine Machtauseinandersetzung. Nachdem die beiden mehrere Male heftig gekämpft haben, ist eine Beziehung zwischen ihnen hergestellt, in der die Erzieherin Anforderungen an Andrea stellen kann, so daß sie sich körperlich und psychisch schnell entwikkelt. Und da ist Roland, ein sechsjähriger Junge, der von allen Kindern als Außenseiter geächtet wird. Roland sucht die Nähe der Erzieherin, ist dann sehr zutraulich und zärtlich, um im nächsten Moment durch eine bewußte Grenzüberschreitung ihren Zorn auf sich zu ziehen. Dies ist ein fest eingefahrenes Muster: Nähe, Aggression, Wut, Beziehungsabbruch –, das die Erzieherin durch ihre Zuwendung auch nach seiner Aggression überwinden müßte, aber meistens gelingt es beiden nicht, einen Weg aus dieser Sackgasse herauszufinden.

Die Beispiele sollen zunächst zeigen, daß das Maß an Nähe, das einzelne Kinder als Wunsch an die Erzieherin herantragen, unterschiedlich ist. Es reicht von einer Serviceperson, die Dienstleistungen zur Verfügung stellt, bis zur Ersatzmutter. Die Erzieherin hat die Aufgabe, sich auf diese Unterschiedlichkeit kindlicher Erwartungen einzustellen, wobei die kindlichen Bedürfnisse im Verlauf der Kindergartenzeit der Veränderung unterliegen. Nicht der Wunsch nach Nähe und Distanz der Erzieherin sollte die Intensität der Beziehung bestimmen, sondern das Entwicklungsbedürfnis des Kindes. Die Beispiele zeigen zum zweiten, daß intensive Beziehung nicht nur die liebenden, zärtlichen, nahen Gefühle meint, sondern auch die aggressiven, kämpfenden. Auch hier geht es nicht um den Wunsch der Erzieherin, Distanz zu Kindern herzustellen, die für sie persönlich unangenehm sind, sondern ausschlaggebend ist das Bedürfnis des Kindes. Die Erzieherin stellt sich für die Kinder als Objekt zur Verfügung, von dem sie Liebe empfangen und an dem sie Aggressionen „abarbeiten“ können. Drittens zeigen diese Beispiele: Beziehungen können auch scheitern, scheitern aus Gründen, die in der Person der Erzieherin oder in Problemen des Kindes liegen. Der hohe Anspruch auf Intensität der Erzieherin-Kind-Beziehung sollte nicht als Moral dienen, die blind für eine realistische Betrachtung der Situation macht, sondern Aufforderung für eine kritische, selbstreflexive Prüfung der Erzieherin sein.

Wie unterschiedlich für Kinder der Wunsch nach Zärtlichkeit und Aggression, Nähe und Distanz zur Erzieherin auch ist, für alle Kinder gilt gleichermaßen: Sie wollen von der Erzieherin einen Ausdruck der Individualität ihrer Beziehung, der sie von den anderen abhebt. Für Thorsten ist dies: als einziges Kind jeden Morgen an der geöffneten Eingangstür zu klingeln, um dort von der Erzieherin abgeholt zu werden; für Frauke ist es der Blick, mit dem die Erzieherin sie aus der Gruppe der anderen hervorhebt; für Rainer die exklusive Situation beim Vorlesen des Bilderbuchs; Anja muß beim Frühstück nahe der Erzieherin sein und von ihr den Apfel geschnitten bekommen; Ruth sitzt regelmäßig während des Stuhlkreises auf dem Schoß der Erzieherin etc. Intensive Beziehung bedeutet, trotz 25-Kinder-Gruppe, trotz Institution zusammen mit jedem einzelnen Kind die Situation herauszubilden, in der die Individualität dieser Beziehung ihren Ausdruck findet.

Grenzen

Die intensive, bewußt reflektierte Beziehungsgestaltung in den Mittelpunkt zu rücken, fordert viel von der einzelnen Erzieherin, so daß sich die Frage stellt, ob diese Ansprüche angesichts des institutionellen Rahmens überhaupt realisierbar sind. Wir wollen deshalb vier Grenzen der Gestaltung von Beziehungen im Kindergarten hervorheben, die nicht ohne weiteres überschritten werden können.

1. Es ist unmittelbar plausibel: Personale Beziehungen benötigen Personal. Das pädagogische Geschäft läßt sich – wie die meisten Dienstleistungsberufe – nur sehr begrenzt rationalisieren, so daß im Verhältnis zu den automatisierbaren Produktionsbereichen der Personaleinsatz relativ steigen muß. Die Praxis zeigt nun aber, daß die Personaldecke in vielen Kindergärten kurz ist, und angesichts sinkender Arbeitsstunden durch die Arbeitszeitverkürzungen und steigender Aufgaben z.B. durch die Verlängerung der Öffnungszeiten noch kürzer wird, da beide Faktoren häufig nicht durch entsprechende Erhöhungen des Stellenplans ausgeglichen werden. Damit ist zunächst einmal eine Grenze gesetzt, die für die einzelne Erzieherin in ihrer Gruppe nicht übersteigbar ist, auch wenn ein zunehmendes Engagement von Erzieherinnen feststellbar ist, auf politischer Ebene für eine Verbesserung der Rahmenbedingungen einzutreten. Wir betrachten dies als Teil der Berufsarbeit der Erzieherinnen, doch auf der pädagogischen Ebene sind die von außen vorgegebenen Rahmenbedingungen als gesetzte Grenzen vorläufig zu akzeptieren, und es ist dann die Frage, für welche pädagogischen Tätigkeiten das vorhandene Zeitbudget ausgegeben werden soll.

2. Eine zweite Grenze setzt die Tradition des Kindergartens. Wir haben dieses Buch mit einer Beschreibung der Regeln und Rituale in der Kindergartenarbeit begonnen und die These aufgestellt, viele

dieser Regeln hätten den unbewußten Sinn, „sich die Kinder vom Leib zu halten". Dies ist in Bezug auf die räumlichen Arrangements durchaus wörtlich zu verstehen, gilt aber auch im übertragenen Sinne. Wenn wir beispielsweise an die tief verankerte „Gerechtigkeits"vorstellung denken, nach der jedem Kind das Gleiche zusteht, dann ist diese pädagogische Maxime mit der Individualität der Erzieherinnen-Kind-Beziehung unvereinbar, denn wenn wir jedem Kind „das Gleiche" geben, können wir auf individuelle Wünsche und Notwendigkeiten nicht reagieren. Gegen die Gerechtigkeitsforderung, die der Individualität enge Grenzen setzt, stellt sich deshalb der Anspruch nach „gezielter Ungerechtigkeit". „Ungerechtigkeit" meint dabei: Nicht jedem das Gleiche, sondern jedem Kind nach den Bedürfnissen seiner Entwicklungssituation; und „gezielt" meint: Ungerechtigkeit nicht auf Grund der Gefühlslage der Erzieherin, sondern auf Grund von Beobachtung und Reflexion der Situation des einzelnen Kindes.

3. Die Forderung, die Erzieherin solle „Objekt" der positiven und negativen Beziehungsansprüche der einzelnen Kinder sein, hat ihre Grenze in den Möglichkeiten der Persönlichkeit der Erzieherin. In familiären Beziehungen sind die Eltern nicht nur Objekt kindlicher Beziehungswünsche, sondern ebenso umgekehrt: das Kind ist Objekt elterlicher Wünsche. Ob man dies pädagogisch für geboten hält oder nicht, es ist faktisch so; nur wenige Eltern würden Kinder zeugen, gebären und großziehen, wenn zwischen Eltern und Kindern nicht ein verwobenes Netz gegenseitiger Abhängigkeiten und Wünsche entstünde. Wir betrachten es im Gegensatz zu der Familienerziehung als das entscheidende inhaltliche Merkmal der Professionalität der Erzieherinnenarbeit, daß es sich bei ihren Beziehungsgestaltungen nicht um wechselseitige, sondern um einseitige handelt, die so zu gestalten sind, daß die Erzieherin eine dienende Funktion für die kindliche Entwicklung hat. Vergleichbar ist dies mit der Situation eines Therapeuten, der sich als Übertragungsobjekt für die Neurosen seiner Patienten zur Verfügung stellt. Und um dieses Therapeuten-Bild weiterzuführen: So wie der Therapeut hinreichende Reflexionsmöglichkeiten hat, um solche Übertragungen zu erkennen und zu lernen, mit ihnen umzugehen, so benötigt auch die Erzieherin intensive Hilfen, damit sie ihre eigenen Beziehungsanteile zu den Kindern aufdecken und bearbeiten kann.

4. Letztens schließlich liegt eine notwendige Begrenzung in dem Auftrag des Kindergartens. Die in ihm ausgebildeten Erwachsenen-Kind-Beziehungen sind Beziehungen auf Zeit – sechs Stunden am

Tag und zwei oder drei Jahre im Leben des Kindes. Für Kinder ist diese Grenze oft leichter zu akzeptieren als für Erzieherinnen. Nach einiger Zeit wird das Kind in die Schule überwechseln, und für die meisten ist dies ein sehnlich erwarteter Abschnitt in ihrem Leben. Die Erzieherin bleibt dagegen im Kindergarten zurück, neue Kinder mit neuen-gleichen Ansprüchen wenden sich an sie, auf die einzustellen erst der Schmerz des Abbruchs der alten Beziehung verarbeitet werden muß.

Handwerkszeug

Kennzeichen der Erzieherinnenarbeit ist eine Körper- und Sinnesnähe: Sie spürt ihren erhöhten Pulsschlag und ihr schnelleres Atmen, wenn sie eine Viertelstunde Fußball gespielt hat; sie merkt ihren lahmen Arm und den beginnenden Schmerz im Rücken, wenn sie ein Kind lange durch die Gegend trägt; sie fühlt, wie der Sand durch ihre Hände rinnt, hört durch die lärmende Kulisse hindurch das leise Weinen eines traurigen Kindes; sie beobachtet, von den Kindern angehalten, den Weg einer schleimigen Schnecke. Die gesamte Person der Erzieherin mit all ihren körperlichen, emotionalen und geistigen Aspekten ist ihr Handwerkszeug. Wie die Erzieherin ihren Körper präsentiert, damit ein Kind sich anlehnen oder kämpfen kann, wie sie sich bewegt – auf ein Kind zu oder von ihm weg –, wie sie mit ihrer Stimme umgeht – laut und leise, fröhlich und fest, singend und schreiend –, wie eine Erzieherin ihre Liebe und ihre Aggression äußert – spontan und zurückhaltend: es gibt keinen Aspekt ihrer Person, der in bezug auf ihre Arbeitstätigkeit von unbedeutender Rolle wäre. Gleichzeitig hat ihre Berufstätigkeit Auswirkungen auf ihre Art zu sehen, zu hören, zu denken und zu fühlen. Die Welt aus der Perspektive kleiner Kinder wahrzunehmen, die Unmittelbarkeit des Ausbruchs ihrer Emotionen „hautnah" zu erleben, die Formung des Rückens durch die kleinen Stühle zu spüren, Tränen zu trocknen, wenn einem selbst eher zum Heulen zumute ist – dies alles modelliert die Gefühle, den Körper und Geist der Erzieherin in einer spezifischen Weise, es verändert sie, macht sie anders, als sie geworden wäre, hätte sie eine andere Berufswahl getroffen.

Wenn die These richtig ist, die Person der Erzieherin sei ihr wichtigstes berufliches Handwerkszeug, dann hat dies Auswirkungen auf die Planung der Arbeit. Die Reflexion der eigenen Situation und der eigenen Geschichte, der Wirkungen der eigenen Person auf Kinder und der Rückwirkungen der Arbeit auf die eigene Person, der Möglichkeiten der eigenen Verdrängung und des bewußten Nichtveränderns, der Ausprägung von Individualität und deren Zurücknahme hinter das geforderte „Rollenspiel“ – dies wird notwendig nicht wegen einer gruppendynamischen Mode von Selbsterfahrung und des Kreisens um die eigene Person, sondern wegen eines dem Erzieherinnenberuf angemessenen professionellen Selbstverständnisses. Wir wollen deshalb einige Schlußfolgerungen dieser These betrachten.

1. Zunächst einmal ist festzuhalten, daß ohne Bewußtwerdung der eigenen Geschichte eine für den Erzieherinnenberuf notwendige Professionalität nicht erworben werden kann, da anderenfalls die eigenen „blinden Flecke“ ein Verlassen des Egozentrismus und eine Einstellung auf die Perspektiven anderer erschweren würden. Die Auseinandersetzung mit der eigenen Geschichte ist auch deshalb zentral, weil die Berufsmotivation jeder Erzieherin in unmittelbarer Beziehung zu der eigenen Kindheit steht, sei es, daß diese wiederholt, sei es, daß diese kompensatorisch „in Ordnung“ gebracht werden soll. Wahrscheinlich lassen sich bei den meisten beide Anteile auffinden. Gefährlich ist dabei nicht, daß diese Beziehung besteht, denn ohne sie wäre der Berufswunsch undenkbar, sondern die mangelnde Klarheit darüber. Erschwerend kommt hinzu, daß die Berufsmotivation sich in Abhängigkeit von der eigenen Lebensgeschichte der Erzieherin verändert, während das Alter der Kinder im Kindergarten gleich bleibt. Neben der Reflexion der Kindergartenarbeit unter der Perspektive der Entwicklung des Kindes steht deshalb die Frage nach der eigenen Entwicklung: Was verändert sich in der Bedeutung, die die Arbeit mit immer gleichen Kindern für die Erzieherin hat? Gibt es Brüche und Krisen, Phasen, in denen man die Kinder nicht an sich herankommen lassen kann?

2. Auseinandersetzung mit der eigenen Person verlangt auch die Tatsache, daß die eigenen Anpassungsstrukturen dadurch beeinflußt werden, daß die Erzieherin permanenten Umgang mit einer Altersstufe hat, die triebnäher, den zivilisatorischen Zwängen noch weniger unterworfen, im gesellschaftlichen Rollenspiel nicht so geübt ist. Die sich daraus ergebenden Beobachtungen sind nicht neutral, sondern existentiell, es sei denn, die eigene Betroffenheit würde ängstlich oder zwanghaft verleugnet. Viel von der beschriebenen Ritualisierung der Kindergartenarbeit mag hierin ihre Ursache haben: Verdrängung des notwendigen Chaos. Ein Spezifikum ist es dabei, daß die Erzieherin es mit Kindern zu tun hat, die auf der Suche nach Geschlechtsrollenidentifikation sind und deshalb häufig stereotype Rollen ausprägen: der aggressiv-ödipale Junge und das brave, hin-

terrücks-zickige Mädchen. Diese übertriebene Rollendarstellung trifft auf Erzieherinnen, die als Frauen auch durch ihren Beruf emanzipatorische Motivationen verfolgen.

3. In dem dichten, alltäglichen Umgang mit Kindern, der die Erzieherin in vielfacher Weise beansprucht, werden nicht nur die positiven, sondern früher oder später auch die negativen Aspekte der eigenen Persönlichkeit sichtbar: das Phlegma oder das Aufbrausen, die Langeweile oder die Aggression. Da es nicht ausreicht, sich mit der resignativen Feststellung zu begnügen, man sei, wie man sei, da andererseits die „Schattenseiten" der eigenen Person sich nicht überspielen lassen, ergibt sich die Aufgabe der Aufklärung über und des Umgehenlernens mit dem eigenen Charakter. Dabei bringen die Kinder ihre Freuden und Ängste, ihre Hoffnungen und Enttäuschungen, ihre Liebe und Aggression, ihre Sehnsüchte und Probleme unmittelbar ein, und es ist Aufgabe der Erzieherin, ihnen bei ihren Problemen weiterzuhelfen und ihre Freuden zu teilen. Andererseits kann die Erzieherin selbst ihre Wünsche und Freuden, aber auch Enttäuschungen und Ängste nur bedingt präsentieren, denn der Kindergarten ist kein kompensatorischer Lebensraum für die Erzieherin, die durch die Kinder ihre Probleme bearbeitet. Es ergibt sich das Dilemma, daß die Erzieherin, um im Kindergarten erfolgreich zu sein, als lebendige Person erscheinen muß, daß aber wesentliche Teile ihrer lebendigen Person sich nicht zur Darstellung im Kindergartenalltag eignen.

4. Die Berufssituation im Kindergarten bewirkt, daß Erzieherinnen für viele Stunden am Tag in einer kleinen Erwachsenengruppe zusammen sind, wobei es eine Reihe beruflicher Zwänge zur Abstimmung untereinander gibt. Dies schafft eine quantitativ umfassende und qualitativ dichte Kommunikationssituation, die zu vielerlei Problemen führen kann, zumal die Gruppenzusammensetzung in den meisten Fällen von den Erzieherinnen nicht selbstbestimmt gewählt wurde. Erzieherinnen werden in ihrem privaten Lebensbereich selten so viele Stunden auf so engem Raum mit immer den gleichen Menschen verbringen. Wichtige Teile der Erzieherinnenarbeit gehören dabei zu „intimen" Verrichtungen: ein Kind ausschimpfen oder ihm eine Strafe androhen, in Babysprache lallen und auf allen vieren durch den Raum krabbeln. Die Bedingungen von 75 Kindern und 6 Erwachsenen in einem Gebäude von 300 qm haben zur Folge, daß Kolleginnen untereinander sich bei „Intimitäten" wahrnehmen. Dies kann Peinlichkeitsgefühle auslösen und Rückzugsstrategien bewirken. Das Zusammenstehen von Erwachsenen bei dem Spiel der Kin-

der auf dem Außengelände, während innerhalb der eigenen Gruppe Erzieherinnen mehr mit Kindern spielen, kann etwas mit der dichteren Beobachtung in dieser Situation zu tun haben.

5. Noch einen letzten Aspekt wollen wir ansprechen, der eine Auseinandersetzung der Erzieherin mit ihrer eigenen Person notwendig macht, damit eine angemessene professionelle Haltung erworben werden kann. Erzieherinnenarbeit bezieht sich nicht nur auf die Kinder, sondern auch auf Erwachsene. Im interessenvertretenden Umgang mit Eltern, Trägern, Verwaltungen, Politikern muß die Erzieherin auch politisch handeln können, wobei zwischen den für die Arbeit mit Kindern notwendigen Qualifikationen, die ein sensibles Einstellen auf die Entwicklungsbedürfnisse der anderen erfordern, und den Anforderungen für eine erfolgreiche Teilnahme am politischen Geschehen, die machtorientierte Strategien und Taktiken zur Durchsetzung eigener Interessen verlangen, große Gegensätze bestehen. In der alltäglichen Berufsarbeit hat es die Erzieherin mit Rücksichtnahme und persönlichem Verstehen zu tun, deren Übertragung auf den politischen Bereich naiv wäre. Die Berufsposition der Erzieherin erschwert so ein Erlernen des politischen Machtspiels, verstärkt dadurch, daß Erzieherinnen nahezu ausschließlich Frauen sind, Trägervertreter dagegen häufig Männer, die oft einen formal höheren Ausbildungsabschluß haben. Zu dieser verunsichernden Situation kommt hinzu, daß Erzieherinnen einen Beruf ausüben, von dem in vielen Fällen alle anderen Erwachsenen glauben, sie verstünden davon zumindest genau so viel. Dies sind einige der Faktoren, die die Darstellung der eigenen Professionalität der Erzieherinnen erschweren: Was ist meine Fachlichkeit und wie kann ich sie auf eine Weise nach außen dokumentieren, daß sie von den anderen anerkannt wird?

Will die Erzieherin in ihrer Berufsarbeit mit den Kindern und Erwachsenengruppen erfolgreich sein, bedarf es einer Auseinandersetzung mit der eigenen Person als dem wichtigsten Handwerkszeug, für die wir im Vorstehenden einige der dabei auftauchenden Fragen benannt haben. Sie zu beantworten verlangt – ähnlich wie wir es in Bezug auf die Wahrnehmung der kindlichen Entwicklungssituation gefordert haben – von der Ebene der sichtbaren Oberflächenerscheinungen weg zu tiefer liegenden Aspekten der beruflichen Identität vorzudringen.

5.2. Welche räumlichen, materialen, zeitlichen und inhaltlichen Rahmenbedingungen benötigt eine kindzentrierte Kindergartenpädagogik?

Beziehungen entwickeln sich nicht im luftleeren Raum, sondern in einem räumlich, zeitlich und thematisch strukturierten Rahmen. Dieser bleibt der eigentlichen Beziehungsgestaltung nicht äußerlich, sondern zwischen beiden gibt es eine spezifische Wechselwirkung. In einer liebenden Beziehung zwischen zwei Menschen sind die Fragen, wann, wie lange, wo und was sie miteinander reden und machen, für die Entwicklung ihrer Gefühlsbeziehung zentral, da ein falscher Rahmen – z.B. das nicht zur Verfügungstehen von hinreichend Zeit an einem ungestörten Ort – die Entwicklung von Liebesäußerungen verhindert. Auf der anderen Seite werden die beiden Liebenden bemüht sein, den Rahmen selbst aktiv so zu gestalten, daß er zu ihren Gefühlen „paßt". Ein großer Teil der Liebesentwicklung dreht sich um die Auseinandersetzung bezüglich der Rahmengestaltung, durch die ihre Beziehung einen Ausdruck erhält.

Diese Wechselseitigkeit von Rahmen und Beziehung gilt nicht nur für Liebesverhältnisse, sondern auch für die uns hier interessierende Kindergartenpädagogik. In einem Kindergarten, der mit Stühlen, Tischen und Raumteilern „zugebaut" ist, werden die Kinder nicht toben; in einem Kindergarten, der von der Erzieherin immer überschaubar ist, werden die Kinder keine Heimlichkeiten austauschen; in einem Kindergarten, der von der ersten bis zur letzten Minute verplant ist, werden die Kinder keine Langeweile empfinden; in einem Kindergarten, der unter dem Primat des Bastelns und der Ordnung steht, werden die Kinder ihre Themen nicht einbringen. Wir müssen also der Frage der Gestaltung des räumlichen, materialen, zeitlichen und inhaltlichen Rahmens eine große Bedeutung zumessen; dies auch deshalb, weil in pädagogischen Beziehungen die Einflußmöglichkeiten von Kindern geringer sind als von Erwachsenen. Betrachten wir einen antiautoritären Kinderladen der frühen 70er Jahre, die vorbereitete Umgebung eines Montessori-Kinderhauses, einen geordneten, traditionellen Kindergarten, eine entsprechend dem Situationsansatz umgestaltete Einrichtung und einen alternativen Waldorfkindergarten: alle fünf Einrichtungen gestalten den Raum, die zeitliche und inhaltliche Strukturierung sehr unterschiedlich, aber alle werden begründet behaupten, die Kinder fühlten sich wohl, die Praxis zeige, daß Kinder genau das benötigen, was ihre Einrichtung ihnen anböte. Daß jedes der konträren Modelle aufgeht, hat in der Anpassungsfähigkeit und Anpassungsnotwendigkeit kleiner Kinder seinen Grund. Sie verfügen über keine Alternativmodelle, sie haben keine Möglichkeit und Fähigkeit, diese direkt zum Ausdruck zu bringen, sondern sind auf das angewiesen, was die Erwachsenen ihnen anbieten. Dies erhöht die Verantwortung des Erwachsenen, ein Konzept von den Entwicklungsinteressen des Kindes her zu begründen, und hat eine sensible Wahrnehmung der kindlichen Situation zur Voraussetzung, die sich um den Abbau einer erwachsenen-egozentrischen Pädagogik bemüht.

Raum

Ein Regelkindergarten, der mehrere Gruppen hat, wirkt auf den unbefangenen Betrachter häufig so, als handele es sich um zwei, drei oder vier identische Kindergärten, die sich in dem gleichen Gebäude befinden: In einer Drei-Gruppen-Anlage haben wir drei Bauteppiche, drei Puppenecken, drei Malwände, drei Eßtische, drei Garderoben usw. Wenn in einem solchen Kindergarten ein teures Möbelstück neu angeschafft wird, so geschieht dies, um niemanden zu benachteiligen, dreimal: für jede Gruppe eines. Die allen zur Verfügung stehende Fläche – Flure, Halle, Nebenräume – bleibt gegenüber den Gruppenräumen eher ungestaltete Verkehrsfläche, die im Alltag nur in seltenen Fällen und unter Anwendung vieler Regelungen benutzt wird.

Demgegenüber schlagen wir eine Umkehrung dieses geltenden Prinzips vor: Die Gestaltung des Gebäudes sollte durch die gemeinsame Nutzung der Halle und Flure deutlich machen, daß es sich um „einen“ Kindergarten handelt, während die einzelnen Gruppenräume unterschiedliche Schwerpunkte aufweisen. Als Prinzip sollte gelten, daß von wenigen Ausnahmen abgesehen die gesamte Fläche so gestaltet wird, daß sie für alle Kinder während des Freispiels frei zugängliche Spielfläche ist. Dies sollte auch für die Turnhalle gelten, die durch die wenigen wöchentlichen Turnstunden nicht ausgelastet ist. Die Verkehrsfläche sollte so klein wie möglich gehalten werden, auch wenn es Gedränge und Konflikte beim 12.00 Uhr-Abholen gibt. Spielangebote dieser zusätzlichen Flächen könnten sein: eine riesige Malwand, auf der mit Fingerfarbe auch gematscht werden kann, eine stabile Werkbank mit „echtem“ Werkzeug, Wasserspiele in den Waschräumen, Angebote für grobmotorische Bewegungen durch Aufstellen weniger, stabiler Turngeräte und Hinlegen einer großen, dicken Matte, Möglichkeiten zum Rückzug einzelner Kinder oder kleiner Kindergruppen in einer Kammer etc. Gerade weil durch die Art der Raumgestaltung die Individualität einer jeden

Einrichtung zum Ausdruck kommen soll, kann es nicht um einen normierten Katalog von Spielangeboten für alle Kindergärten gehen. Vielmehr muß jeder Kindergarten unter den räumlichen Bedingungen, die ihm zur Verfügung stehen, und unter Reflexion der kindlichen Entwicklungsbedürfnisse die eigenen Schwerpunkte finden. Ein solcher Veränderungsschritt hilft, alle Kolleginnen in einen gemeinsamen Prozeß einzubinden, da in den Spielflächen außerhalb der Gruppenräume ein gemeinsamer Verantwortungsbereich entsteht.

Das hier Vorgeschlagene hat nichts mit der in einigen Kindergärten praktizierten Regelung gemein, unter bestimmten Umständen und mit Erlaubnis der Erzieherin einige Kinder „nach draußen zu lassen" oder in einem gruppenweisen Wechsel auch die Halle mitzubenutzen. Vielmehr geht es darum, die gesamte Kindergartenfläche so zu betrachten und zu gestalten, daß es das selbstverständliche *Recht* eines jeden Kindes ist, sich zu jeder Zeit selbst entscheiden zu können, ob es im Flur, in einem der Gruppenräume oder auf dem Außengelände spielen möchte. Ein solches Prinzip läßt bei Erzieherinnen, die bislang auf ihre Gruppe bezogen gearbeitet haben, Ängste aufkommen: „Wie ist das denn mit der Aufsichtspflicht, wenn ich keinen Überblick mehr habe?" Diese Ängste sind verständlich, aber – wie die Erfahrungen der Kindergärten zeigen, die eine solch offene Arbeit praktizieren – auch überwindbar.

Trotz der hier vorgeschlagenen Öffnung der Gruppen halten wir die Beibehaltung des Gruppenprinzips in aufgelockerter Form für sinnvoll. Neben der Verantwortung aller Kolleginnen für die gesamte Einrichtung steht die Gestaltung des eigenen Gruppenraumes. Das wichtigste Kriterium dabei ist die Individualität: der Raum sollte so gestaltet sein, daß er diese Erzieherin und diese Kindergruppe widerspiegelt. Wäre diese Forderung erfüllt, wäre es unmöglich, daß ein Gruppenraum wie der andere aussähe, allenfalls dadurch unterschieden, ob die Puppenecke rechts oder links und der Bauteppich oben oder unten sich befinden. Ein Gruppenraum könnte aussehen wie die Werkstatt eines Schreiners, wie ein Body-Building-Center, wie ein alt-deutsches Wohnzimmer, wie ein Töpferstudio, wie eine Raumstation, wie die Wohnung einer Hexe. Wahrscheinlich benötigt man solche Gegenbilder, um sich von der Macht der unbewußten Tradition zu lösen, nach der jeder Gruppenraum aus Tischgruppen und Stühlen im Zentrum und je einer Puppen-, Bau-, Lese-, Kuschelecke besteht. Soll dieses „Pflichtpensum" eingehalten werden – incl. der diversen Raumteiler – so ist der Spielraum für eine individuelle Raumgestaltung gering.

Fangen wir also an, herauszuschmeißen: als erstes die Unmenge an Tischen und Stühlen. Für einen Gruppenraum sind nicht mehr als zwei, höchstens drei Tische notwendig: ein gemütlicher Eßtisch, ein großer Farb- und Kleisterkleckse aufweisender Mal-Bastel-Ton-Knete-Tisch und ein kleiner Tisch-Spiele-Tisch. Für alle übrigen Aktivitäten von Kindern ist es eher typisch, daß sie auf dem Fußboden stattfinde. Die Stühle, die für den Stuhlkreis benötigt werden, lassen sich in einer Ecke stapeln und zu diesem Zweck hervorholen. Entbehrlich sind auch die vielen halb-hohen Schubladen-Fächer-Schränke, die viel Platz in Anspruch nehmen und wenig Stauraum bieten. Diese „Raumteiler" schaffen nicht wirkliche Rückzugsmöglichkeiten für Kinder, da sie zumindest für die Erzieherin jederzeit Einblick gewähren, sie sind vielmehr Bremsen für den kindlichen Bewegungsdrang. Notwendig sind ein oder zwei Schränke, damit jedes Kind einen Ort für seine individuellen Dinge hat, und ein raumhohes Regal, in dem sich viel unterbringen läßt. Der Rest an Bauklötzen, Verkleidungssachen, Decken, Tüchern und Seilen läßt sich besser in Körben aufbewahren, was auch das Aufräumen erleichtert. Der weitgehend leergeräumte Raum sollte, falls keine Fußbodenheizung vorhanden ist, durchgängig mit einem weichen, aber nicht langschlingigen Teppichboden ausgelegt werden, um das Spielen der Kinder auf dem Boden zu befördern. Dies mag die Fragen von Hygiene und Reinigungsmöglichkeiten aufwerfen, nur – trotz des notwendigen Maßes an Hygiene: ein Kindergarten ist kein Krankenhaus.

Die folgenden Vorschläge zur Gestaltung des Kindergartenraumes sollen diesen nicht im einzelnen normieren – statt Tischen ein Tobe- und Spielehaus, statt Schränken Klettergerüste und statt diverser Ecken dicke Matratzen –, da dies der oben genannten Forderung nach Individualität widersprechen würde. Wenn man die Entwicklung der Kataloge der großen Kindergartenfirmen verfolgt, läßt sich eine solche Tendenz durchaus feststellen, und wahrscheinlich ist die Herausbildung dieser spezialisierten Firmen ein Hauptgrund für die auffällige Gleichförmigkeit des Kindergartens. Deshalb also die Anregung: keine Einrichtungsgegenstände bei diesen Firmen kaufen, sondern lieber auf Trödelmärkten und in Einrichtungshäusern schauen. Aus den entwicklungspsychologisch bedingten Spielbedürfnissen der Kinder und der gesellschaftlich geforderten kompensatorischen Erziehungsfunktion des Kindergartens heraus lassen sich aber einige prinzipielle Kriterien der Gestaltung von Kindergartenräumen ableiten. Fünf von ihnen wollen wir nennen.

1.: Ein Gruppenraum sollte eine feste Grundstruktur haben, womit nicht der traditionelle Raum gemeint ist, sondern eine individuelle Struktur, die die einzelnen Elemente verbindet. Verdeutlichen läßt sich das an den oben genannten Bildern: Werkstatt, Wohnzimmer, Turnhalle, Raumstation etc. Diese Grundstruktur, die an wenigen Raumelementen sichtbar wird, sollte „fest" in dem Sinne sein, daß sie den Kindern eine dauerhafte Identifikation mit ihrem Raum bietet. Beispiele: Ein Wohnzimmer zeichnet sich durch Wohnlichkeit – Blumen, Sitzgarnitur, Eßtisch –, eine Werkstatt eher durch Nüchternheit und Praktikabilität, eine Raumstation durch Futurismus aus.

2.: Diese feste Grundstruktur sollte übersichtlich sein – nicht in dem Sinne, daß ein Erwachsener von überall her einen Einblick in alle Ekken hat, sondern daß die traditionelle Überladenheit der Räume reduziert wird, damit die wenigen Strukturprinzipien zum Vorschein kommen können. Ein Raum sollte sich in zwei, drei, höchstens vier Bereiche aufgliedern, die voneinander abgehoben sind. Beispiel: Einen Eingangsbereich mit den beiden Tischen, der den ankommenden Kindern einen Einstieg in den neuen Kindergartentag erleichtert, einen großzügigen Bereich für Bewegung und Konstruktion, der durch ein raumhohes Regal abgetrennt ist, und einen Nebenraum als große Puppenecke. Mit Übersichtlichkeit ist auch die Frage der Ästhetik angesprochen: Es erleichtert Kindergartenkindern nicht den Überblick, wenn jeder Winkel des Raumes mit Bildern der Kinder, Tierphotos, Bastelprodukten etc. angefüllt ist. Auch hier gilt: Weniger ist oft Mehr.

3.: Innerhalb dieser festen übersichtlichen Grundstruktur sollte der Raum variabel sein, um sich den Spielbedürfnissen anzupassen, die sich im Laufe der Zeit entwickeln. Beispiel: Die Kinder benutzen die 25 qm des Bewegungsbereichs im Gruppenraum, um mit dicken Wollknäueln ein Spinnennetz zu machen, so daß grobmotorische Aktivitäten nicht möglich sind, dafür aber kriechen und klettern. Nachdem ein Kind damit angefangen hat, entsteht eine Modewelle, die zwei Wochen andauert, dann abebbt und später nur noch sporadisch auftritt. Ein Gruppenraum wird um so variabler sein, je weniger eine Erzieherin ihn in bestimmte Ecken einteilt, denen spezifische Betätigungsformen der Kinder zugeordnet werden: Essen, bauen, basteln etc.

4.: Der Raum sollte Rückzugsmöglichkeiten für ein einzelnes Kind und für ein kleine Kindergruppe bieten. Gemeint ist damit ein wirkliches Alleine-sein-Können: eine kleine dunkle Nische, die von niemandem – auch der Erzieherin nicht – einsehbar und so weit von dem übrigen Trubel entfernt ist, daß nicht die gesamte Geräuschkulisse hörbar ist. Viele Kinder wollen im Kindergarten mit anderen Kindern zusammen sein, mit ihnen spielen oder einfach das Geschehen beobachten, aber es gibt auch einzelne Kinder, die für eine kürzere oder längere Phase des Vormittags ganz allein für sich sein müssen. Beiden Bedürfnissen sollte die Raumgestaltung Rechnung tragen.

5.: Der Kindergartenraum sollte sich entwickeln und damit die Geschichte der Kindergruppe widerspiegeln. Ein Gruppenraum sollte nach dem vormittäglichen Aufräumen nicht so aussehen wie um 8.00 Uhr, und im Sommer nicht so wie im Winter (weit über die Ausnahme von Maikäfern im Sommer und Schneemännern im Winter hinaus). Denken wir beispielsweise an die Einrichtung eines Wohnzimmers von uns Erwachsenen: Es gibt da eine Grundstruktur von Eßtisch, Schrank, Sofa, Fernseher, Musikanlage. Über die Zeit hinweg verändert sich der Raum: ein geschenktes Bild wird aufgehängt, eine große Topfblume gekauft, das alte, zerfledderte Sofa durch ein neues ersetzt, ein kleiner Couchtisch zugelegt, der Praktikabilität wegen der Eßtisch umgestellt usw. Die Gestaltung des Raumes drückt die Individualität des Menschen aus, und die Entwicklung des Raumes spiegelt seine Geschichte. Dies sollte auch für den Kindergartenraum gelten. Zu Beginn des Kindergartenjahres gibt es nur eine einladende Grundstruktur, die im Verlauf des Jahres in Abhängigkeit von dem Gruppengeschehen und den vorherrschenden konkreten Spielthemen umgebaut und ausgefüllt wird. Irgendwann wird dann ein solches Maß an Chaos erreicht sein, daß ein bewußter Neuanfang sinnvoll erscheint. Bei all diesen Prozessen sollten die Kinder durch verbal geäußerte Vorschläge direkt und durch sensibel von der Erzieherin wahrgenommene Wünsche indirekt beteiligt sein.

Material

Für die Auswahl des Materials gelten teilweise ähnliche Kriterien wie für die Gestaltung des Raumes insgesamt. Auch hier sollte als oberste Maxime gelten, daß in der Auswahl des Materials die Individualität der Erzieherin und die Individualität der konkreten Kindergruppe zum Ausdruck kommen. Dieser Forderung steht das normierende Angebot der Kindergartenfirmen im Wege, weshalb ihm und den massiven Verkaufsstrategien der Firmenvertreter mit viel Skepsis zu begegnen ist. Häufig zeigt sich eine Praxis, die unserer konsumorientierten, kapitalistischen Wirtschaftsstruktur entspricht, aber pädagogische Gesichtspunkte außer acht läßt. Sehr schnell hat man nach dem Besuch eines geschickt operierenden Vertreters viel Geld für irgendwelche Spielkästen ausgegeben, die das Spielangebot in einer Weise strukturieren, wie man es eigentlich nicht will.

Was also benötigen wir an Spielmaterial im Kindergarten?

- zwei Paar Boxhandschuhe und sieben Pferdeleinen,
- jede Menge Decken, Tücher und Wäscheklammern,
- Wollreste und Seile in unterschiedlicher Stärke,
- Fingerfarbe, Ton und Kleister.

Diese Liste ließe sich fortsetzen. Sie unterscheidet sich von einer anderen, die etwa so beginnt:

- zwei Memoryspiele und sieben Puzzles,
- Bauklötze unterschiedlicher Systeme,
- Mensch-ärgere-Dich-nicht, Lotto und Domino,
- Buntstifte, Wachsmalstifte und Filzstifte.

Die Wahrscheinlichkeit ist groß, daß das Spielverhalten der Kinder in dem nach der ersten Liste zusammengestellten Kindergarten wilder, lauter, munterer, chaotischer ist als das der Kinder, die sich in einem nach der zweiten Liste arbeitenden Kindergarten befinden. Die Frage – welches Spielmaterial wähle ich aus? – ist also abhängig von der Frage, welches Spielverhalten möchte ich bei den Kindern unterstützen? Es wird nicht verwundern, daß wir uns eher für die erste Liste entscheiden – für die Boxhandschuhe und gegen das riesige Holzpuzzle, für die Decken und gegen das neue Baukastensystem, für den Stoffhund und gegen das Lottospiel, für die Fingerfarbe und gegen die Filzstifte. Die Begründung für diese Entscheidung liegt einerseits darin, daß für Kinder im Kindergartenalter Spiele typisch sind, in denen sie ihren ganzen Körper unmittelbar einsetzen können und die vielfältige Symbolbildungen erlauben. Andererseits sehen wir es als Erziehungsaufgabe des Kindergartens an, der zivilisatorischen Tendenz, immer frühzeitiger und immer umfassender den Körper in ein glattes, bewegungsgehemmtes, emotionsloses System einzupassen, ein bewußtes Gegengewicht entgegenzusetzen, da eine zu frühe Anpassung weder der psychischen Gesundheit bekommt noch den Lernmöglichkeiten von Kindergartenkindern entspricht.

Nun wird man auf einer pragmatischen Ebene sagen können, daß die Boxhandschuhe und Puzzles, Decken und Baukästen, der Stoffhund und das Lottospiel, die Fingerfarbe und Filzstifte sich nicht gegenseitig ausschließen, sondern daß alles zusammen vorkommen sollte, damit jedes Kind sich das aussuchen kann, womit es spielen möchte. Die Argumentation ist richtig, doch hier geht es um konzeptionelle Fragen, und da verwischt die scheinbare Liberalität das Problem. Wie bei der Frage der Raumgestaltung geht es auch bei den Kriterien zur Auswahl des Materials um Schwerpunktsetzungen.

Halten wir als *erstes Kriterium* fest: Es sollten Materialien ausgewählt werden, die für das Spielverhalten von Kindergartenkindern typisch und aus der Zielsetzung der Einrichtung heraus unterstützenswert sind:

- Materialien, die körperorientiertes Spielen erlauben,
- Materialien, die soziale Prozesse provozieren,
- Materialien, die auf Grund ihrer Unbestimmtheit Symbolbildungen anregen.

Der *zweite Punkt* lautet: „Weniger ist Mehr!“ Die meisten Kindergartenräume weisen eine solche Überfülle an Material auf, daß für die Kinder Übersichtlichkeit unmöglich und das Aufräumen entsprechend erschwert ist. Wir sollten das Spielverhalten unserer Kinder beobachten und all die Spielkisten und Materialien in den Keller verbannen, die nicht benutzt werden. Um eine mehr oder weniger willkürliche Zahl zu nennen, kann man davon ausgehen, daß die Hälfte des vorhandenen Spielmaterials ausgeschlossen werden kann.

Der Ausschluß der Überfülle an Spielmaterial gilt insbesondere für den Beginn des Kindergartenjahres. Genau wie bei der Gestaltung des Gruppenraumes gilt auch für die Materialauswahl, daß das zur Verfügung stehende Material sich mit der Geschichte der konkreten Kindergruppe entwickeln sollte. Beispiel: Wir beginnen im neuen Kindergartenjahr mit einer Grundausstattung – die schon zitierten Boxhandschuhe, Pferdeleinen, Decken, Farben und Holzbauklötze, ergänzt durch einiges „Babyspielzeug“, das für Dreijährige Kontinuität zu ihrem bisherigen Spiel in der Familie bietet –, und ergänzen diese im Laufe des Jahres durch die Materialien, die auf Grund der Spielsituation der Kindergruppe benötigt werden oder die wir auf Grund unserer Zielsetzung aus kompensatorischen Gründen als wichtig ansehen. Der Raum füllt sich so im Laufe des

Jahres an, was – in einem Diskussionsprozeß mit den Kindern – die Frage des Ausscheidens nicht mehr benötigter Spiele notwendig macht.

Ein weiterer Punkt zur Frage der Materialauswahl: Es sollten mehr Gegenstände, die im gesellschaftlichen Alltagshandeln vorkommen, und weniger Spielzeugkrams, der diese nur imitiert, ausgewählt werden. Nehmen wir als Beispiel die Gestaltung einer Puppenecke: Ein Kinderbett, in das sich auch Sechsjährige hineinlegen können, eine Wickelkommode, auf die Kinder klettern können, ein Kinderwagen, der auch dem Transport von Kindern dienen kann, Babyflaschen mit Saugern, aus denen Kinder auch mal trinken können, Schnuller – trotz der hygienischen Bedenken –, Strampelanzüge, Windeln, Töpfchen etc. Eine solche Ausrüstung paßt nicht in jeden Gruppenraum, aber dies scheint auch nicht nötig, wenn in einer mehrgruppigen Einrichtung an einer Stelle ein solches Spielangebot vorkommt. Werden diese Gegenstände gebraucht gekauft oder von Eltern gespendet, liegen sie preislich unter den Angeboten der Imitate der Kindergartenfirmen, weisen auf Grund ihrer Stabilität eine längere Haltbarkeit auf und erhöhen den Spielwert. Es ist ein pädagogischer Wert des kindlichen Spiels, sich durch wiederholendes Spielen seiner eigenen Entwicklung bewußt zu werden und das Funktionieren der Erwachsenenwelt zu verstehen. Dies zu fördern gelingt mit der Aneignung realistischer, gesellschaftlicher Gebrauchsgegenstände leichter als mit den Surrogaten, die das nicht halten, was sie vorgeben: mit einem Kinderbügeleisen kann man nicht bügeln, mit einem Spielzeugpuppenwagen keine Kinder befördern, mit einem Puppenherd nicht kochen. Bieten wir den Kindern also realistische Gegenstände an, das Element der Symbolik und Phantasie werden sie selbst einbringen.

Letztens: Die Einführung neuer Materialien in die Kindergruppe sollte mit „Liebe“ erfolgen, damit die Kinder es nicht als beliebiges Spielzeug empfinden, sondern sich mit ihm identifizieren können. Beispiel: Im Stuhlkreis zeigt die Erzieherin die Puppe und erzählt eine spannende Geschichte über ihre kindgerechte Geburt, ihre Herkunft, ihren Weg bis in den Kindergarten, die Kinder einigen sich auf einen Namen, es gibt eine Taufzeremonie, Anziehsachen müssen für die Puppe ausgesucht werden etc. Später kann diese Puppe noch eine Geschwisterpuppe bekommen, aber dann sollte es auch reichen. Wird das Spielmaterial auf diese Weise bewußt eingeführt und eine Beziehung des Materials zur Gruppe als ganzer, zu einer Teilgruppe oder zu einem einzelnen Kind hergestellt, wird die Beliebigkeit aufgehoben und die Identifikation der Kinder mit ihrem Kindergarten verstärkt.

Zeit

Auf einem vierstündigen Kindergartenvormittag bezogen sehen wir als täglich sich wiederholenden Regelfall folgende Strukturen vor:

- eine Freispielphase von 3 Stunden und 30 Minuten,
- eine Aufräumphase von maximal 10 Minuten,
- einen Stuhlkreis von ca. 20 Minuten.

Mit dieser Aufgliederung wird deutlich, daß das Schwergewicht auf dem Freispiel der Kinder liegt. Was gehört dazu? Wenn die Regel gilt, daß innerhalb bestehender Grenzen jedes Kind sich frei bewegen kann, ob es im Gebäude oder auf dem Außengelände spielt, wenn jedes Kind selbst entscheidet, ob und wann es etwas ißt und trinkt, wenn die Erzieherin sich von der Vorstellung löst, es sei eine wichtige Aufgabe, alle Kinder der Gruppe ständig im Blick zu haben, dann sind auch das Spiel auf dem Außengelände, das Frühstükken und die exklusive Beschäftigung der Erzieherin mit einem oder mehreren Kindern Elemente des Freispiels. Die Frage mag auftauchen: Ist der Zeitraum von 3 1/2 Stunden für so kleine Kinder nicht zu lang? Muß ich den Kindern durch eine stärkere Strukturierung nicht Orientierungspunkte verschaffen? Braucht ein Kind nicht auch Phasen der Ruhe und Konzentration, die in dem Chaos eines so langen Freispiels verloren gehen müssen? Die Fragen hängen mit grundsätzlichen, konzeptionellen Entscheidungen der Kindergartenpädagogik zusammen.

Solange 25 Kinder in ihrem Spiel auf den Gruppenraum verwiesen sind und solange die Entscheidungsfreiheit zwischen Puppen-, Bau- und Malecke, zwischen Puzzle, Memory und Lottospiel besteht, solange machen die oben genanten Fragen einen Sinn. Nur: dies ist gerade nicht die Pädagogik, die wir für den Kindergarten als angemessen betrachten, sondern es ist unser Anliegen, den Freiheitsspielraum des Kindes im Kindergarten deutlich zu erweitern. Dazu gehört auch, daß es über seine Zeiteinteilung verstärkt verfügen kann. In einem so konzipierten Kindergarten sind längere Spielprozesse nicht nur möglich, sondern die längere Freispielzeit ist Voraussetzung für intensiveres Spiel. Ein Puzzlespiel dauert fünf Minuten, zwei Puzzlespiele zehn Minuten, ein Bild malen ebenfalls zehn Minuten, ein Bilderbuch betrachten zwölf Minuten; aber ein Prozeß differenzierender Kleingruppenspiele, in die die genannten Aktivitäten in einen Zusammenhang von Rollen- und Bewegungsspielen eingeordnet sind, braucht eine längere Zeitspanne und kann über Wochen hinweg andauern. Eine starre Zeiteinteilung, die das Freispiel bereits nach einer oder 1 1/2 Stunden unterbricht, verhindert die Möglichkeit, daß Kinder zu intensivem Spiel und sozialen Beziehungen untereinander kommen können. Ein Kind braucht einen Wechsel von Aktivität und Ruhe, Ausgelassensein und Konzentration, Aktivität und Langeweile, Anspannung und Pause, Anforderung und Sich-gehen-Lassen, aber jedes Kind hat seinen eigenen Rhythmus, und wenn wir einen Rahmen haben, in dem laut und leise zu sein, allein und in der Gruppe zu sein gleichzeitig möglich sind, dann wird jedes Kind für sich und mit seinen Freundinnen und Freunden diesen Rhythmus selbstbestimmt finden. Auch Phasen der Langeweile, des Nur-so-Dasitzens, des Herumlaufens und Herumguckens sind keine Störungen, keine „Löcher", die die Erzieherin durch Aktivitätsangebote schnell füllen müßte, sondern es sind notwendige Phasen, um danach wieder zur Konzentration finden zu können.

Mag einigen die Freispielzeit als zu lang erscheinen, dann mögen die maximal zehn Minuten für das Aufräumen als unrealistisch kurz gelten. Auf dem Papier kann der Gegenbeweis für diese Skepsis nicht geliefert werden, doch aus eigener Erfahrung können wir sagen, daß die angegebene Zeitspanne dann zutrifft, wenn folgende Punkte eingehalten werden: 1. Die überflüssige Überfülle an Material wird drastisch reduziert; 2. auf ein Einsortieren in Kisten und Kästen wird zugunsten großer Körbe weitgehend verzichtet; 3. es besteht nicht der Anspruch, der Raum müsse nach dem Aufräumen so wie zu Beginn des Vormittags aussehen; 4. wir versuchen, uns von Erwachsenenvorstellungen eines geordneten Raumes zu befreien und uns kindlichen Ordnungsvorstellungen anzunähern; 5. es gilt nicht die Regel: jeder räumt da auf, wo er gespielt hat, sondern: jeder räumt an einer Stelle des Raumes auf; 6. die Erzieherin verzichtet auf das Hinterherräumen und nimmt strukturierende Aufgaben wahr.

Der Stuhlkreis ist der Zeitpunkt des Tages, an dem das ansonsten stark aufgelockerte Gruppenprinzip zum Tragen kommt. Deswegen ist er als Abschlußritual, das nur unter der Regel funktioniert, daß alle Kinder sich daran beteiligen, wichtig. Hier ist der Ort, an dem alle Kinder alle anderen sehen, wo nach dem Kind gefragt wird, das heute fehlt, in dem kindliche Wünsche für das Kindergartenprogramm besprochen werden. Die gemeinsame Gesprächssituation sollte dabei nicht überfordert werden, da drei- bis sechsjährige Kinder vorwiegend über andere Formen der Bedürfnisäußerung verfügen, als Vorstellungen in einer großen Gruppe zu diskutieren. Des öfteren sollte die Erzieherin in dieser Situation das spielen, was sie sonst nicht tun sollte: „Entertainerin“: Ein Märchen spannend erzählen, Zauberstücke vorführen, geheimnisvoll einen neuen Gegenstand präsentieren, etwas ungewöhnliches zum Essen zum Probieren geben, ein Kasperlestück vorführen. Was dabei im einzelnen präsent wird, ist nicht so bedeutsam, als daß es in einer Form passiert, die der Kindergruppe Spannung und Freude bringt. Gleichberechtigt neben diesen Showsituationen der Erzieherin stehen die bei vielen Kindern beliebten rituellen Stuhlkreisspiele und -lieder. Als Erzieherin mag es einem häufig langweilig sein, zum x-ten Male „Hilfe, hilfe, ich bin in den Brunnen gefallen“ zu spielen, sich die Haare und Füße zu waschen, Schuhe zu putzen und Fahrrad zu fahren, aber der Wunsch vieler Kinder gerade nach diesen Wiederholungen ist ernst zu nehmen. Er enthält ein regressives Element: in dem Ausführen des Bewährten einen sicheren Abschluß zu erhalten. Die Ritualisierung stellt ein notwendig kompensatorisches Element gegen die Vielschichtigkeit, Wildheit, Unsicherheit des Freispiels dar, und in der Gleichförmigkeit wird die Komplexität des übrigen Geschehens reduziert.

Diese zeitliche Strukturierung des sich wiederholenden Kindergartenvormittags sollte durch möglichst viele Besonderheiten ergänzt werden: die Feste und Geburtstagsfeiern, Spiele im Wald, Fahrt mit öffentlichen Verkehrsmitteln, Besuche im Kindertheater und Museum, der Gang zur Kirche, Picknick auf der Wiese, Exkursionen in Geschäfte und Betriebe etc. Dabei ist für Kinder oft das eigentliche Ziel der Unternehmung nicht das Wichtigste, sondern die Unternehmung selbst, das Durchbrechen der täglichen Routine, das Erleben, mit so vielen Kindern und den Erzieherinnen den bekannten Platz zu verlassen. Wenn wir formuliert haben, „möglichst viele Unternehmungen“, so ist dies aus der Erfahrung gesagt, daß solche Ereignisse angesichts des hohen Personalaufwandes eher schwierig sind. Zwischen der Routine des Kindergartenalltags, in dem sich erst auf Dauer Spielstrukturen entwickeln können, und dem Verlassen dieses Alltags sollte ein ausgeglichenes Mischungsverhältnis bestehen.

Inhalte

In der Reformbewegung des Kindergartens Ende der 60er bis Mitte der 70er Jahre wurden eine Vielzahl von Projekten durchgeführt, die den Einbezug neuer Inhalte in das Kindergartenprogramm zum

Ziel hatten: Von dem Lesenlernen, einer spielerischen Einführung in eine erste Fremdsprache, den Schlüsselbegriffen mit naturwissenschaftlichem Schwerpunkt, dem mathematisch-didaktischen Material über Spielkästen zur Sozialerziehung, neue Lieder und eine musikalische und bildnerische Früherziehung bis zu Themen, die soziale, gesellschaftliche und politische Inhalte einbrachten: unter verschiedenen Strukturgesichtspunkten und einem unterschiedlichen Grad methodischer Strenge, mit mehr oder weniger geglückter Nähe zum kindlichen Spielverhalten sollten die Programme das leisten, was Saul B. Robinson als generelle Maxime pädagogischer Veränderung ausgab: „Bildungsreform als Revision des Curriculums“*. In den Kindergärten heute finden wir Reste dieser Reformbestrebungen: den einen oder anderen Spielzeugkasten zur Sozialerziehung, hin und wieder eine Mappe zur Förderung der Schulreife, geplante Projekte, die über die traditionelle Orientierung am Jahreskreislauf hinausgehen und beispielsweise Themen des Umweltschutzes oder Probleme im Umfeld des Kindergartens ansprechen, ein neuer Typ von Bilderbüchern und Kinderliedern. Die inhaltlich orientierten Projekte der 70er Jahre haben so zu einer Bereicherung des Kindergartenprogramms beigetragen.

Wenn wir in unserer Konzeption den Fragen der Auswahl und Aufbereitung thematischer Schwerpunkte keine Priorität einräumen, sondern die in erzieherischer Absicht gestalteten Beziehungsentwicklungen in den Mittelpunkt stellen, so geschieht dies aus folgenden Gründen. Im Gegensatz zur Schule ist es für den Kindergarten als sozialpädagogischer Einrichtung untypisch, nach dem Kanon an Inhalten zu suchen, der Kindern im Alter von drei bis sechs Jahren vermittelt werden müßte. Wenn wir dagegen an den Anfangsunterricht der Grundschule denken, so steht unabhängig davon, welche Ziele und Inhalte darüber hinaus wichtig werden sollten, im Mittelpunkt die Einführung in die Kulturtechniken. Dies kann didaktisch-methodisch auf sehr unterschiedlichem Wege geschehen, und wir behaupten auch nicht, daß der Anfangsunterricht sich hierin erschöpfe, aber wie auch immer: der Inhalt des Lesen-, Schreiben- und Rechnenlernens ist zentraler Bestandteil der beiden ersten Grundschuljahre.

Der didaktische Auftrag des Kindergartens ist demgegenüber diffuser: Kinder sollen eine breite Förderung in ihrer sozialen, emotionalen und kognitiven Entwicklung erhalten, aber es gibt keinen

* Neuwied 1972[4].

Kanon spezifischer Inhalte, an denen sich diese Zielsetzung festmachen ließe. Dies bedeutet nicht, daß es keine Inhalte und wichtige Inhaltsbereiche gäbe, vielmehr: in jedem Kindergarten werden Lieder gesungen, Bilderbücher vorgelesen, Geschichten und Märchen erzählt, Basteltechniken vermittelt usw. Nur: welche Lieder, Bilderbücher, Geschichten, Märchen, Basteltechniken usw. zum Inhalt des Kindergartens werden, ist nicht das Entscheidende. Es gibt vielmehr eine breite Palette, und wahrscheinlich kann beinahe jedes Thema Gegenstand eines Projektes im Kindergarten werden: von der Mücke bis zum Elefanten, von der Dorfwiese bis zum Mond, von den Zwergen und Riesen bis zu soziokulturellen Konflikten verschiedener Nationalitäten, von der schönen Liebe zwischen Mutter und Kind bis zu den Problemen der Umweltzerstörung und des Krieges.

Wenn die Suche nach einem für alle Kindergärten verbindlichen Curriculum vergebens ist und wenn nahezu jeder Gegenstand zum Inhalt des Kindergartengeschehens werden kann, worin besteht dann das entscheidende Auswahlkriterium? Wir denken, dies liegt nicht in dem Inhalt selbst, sondern in einer doppelten Perspektive, unter der ein bestimmter Inhalt betrachtet wird:

1. unter der Perspektive der Kinder und
2. unter der Perspektive der erzieherischen Zielsetzung des Kindergartens.

Mit anderen Worten: Wir nehmen einen beliebigen Inhalt und fragen:

1. Was ist an diesem Inhalt aus der Sicht der Kindergruppe insgesamt oder einzelner Kinder, der Struktur ihrer sozialen, affektiven und kognitiven Entwicklung das Spannende, Problematische, Beruhigende, und
2. was an diesem Inhalt kann der Kindergruppe insgesamt oder einem einzelnen Kind eine Hilfestellung zu mehr SELBST-BEWUSST-SEIN geben?

Inhalte ergeben sich in der Praxis des Kindergartens mehr oder weniger zufällig: seien es bestimmte Vorlieben und Stärken einer Erzieherin, Fragen, Interessen, Anregungen von Kindern oder Inhalte, die Außenstehende oder das Fernsehprogramm provozieren. Entscheidend für die pädagogische Frage des Kindergartens ist nicht die Auswahl des Inhalts – dort sollten mehr pragmatische Gründe der

Interessen von Erzieherinnen und Kindern ausschlaggebend sein –, sondern dessen Betrachtung aus der Perspektive von Kindern und der Zielsetzung der Kindergartenarbeit.

Abschließend dazu ein Beispiel: Auf Grund der Überlegungen, die vielen Abfälle, die im Kindergartenalltag anfallen, zu sortieren und möglichst einem Recycling zuzuführen, taucht während einer Dienstbesprechung das Thema „Müll“ auf. Es entsteht eine Sammlung von Einzelinhalten: vorhandene Bilderbücher, Fahrt mit dem Müllauto, Besuch einer Mülldeponie, praktische Projekte zur Müllvermeidung und -sortierung im Kindergarten usw. Dies ist zweifelsohne ein gutes und wichtiges Thema, aber es gibt kein pädagogisches Kriterium, das uns nahelegen würde, das Thema „Müll“ sei ein Pflichtbestandteil des Kindergartencurriculums, oder es sei wichtiger als die Themen: „Krankenhaus“, „Post“, „Rotkäppchen“, „Streit in der Kindergruppe“. Vieles wäre wichtig, aber nicht alles läßt sich behandeln. Das ausgewählte Thema „Müll“ wird erst dann zu einem pädagogisch bedeutsamen Inhalt, wenn es aus der Perspektive der Kinder betrachtet wird. Dann tauchen Fragen wie diese auf: Was hat der riesige Bauch der Müllfahrzeuge mit der Machtphantasie und den Machtängsten der Kinder zu tun? Welche Mischung von Lust an und Angst vor Aggressionen kommt bei der Betrachtung der gewaltigen Müllzerkleinerungsmaschine zum Ausdruck? Auf welche Frage des sich entwickelnden Selbstbewußtseins der Kinder nach Geburt und Tod trifft die Behandlung des Entstehens und Vernichtens von Müll? Erst diese und ähnliche Fragen machen das zufällig ausgewählte Thema „Müll“ zu einem pädagogisch akzentuierten Inhalt im Kindergarten. Wir plädieren also dafür, Inhalte nicht auf der Ebene ihrer Oberfläche zu betrachten, sondern sie dadurch zu intensivieren, daß sie in Beziehung zu den bewußten und unbewußten grundlegenden Themen der Entwicklungsstruktur von Kindern gesetzt werden.

Spiel

Der zentrale Stellenwert, den in der Schulplanung die inhaltliche Entscheidung einnimmt, kommt in der Kindergartenpädagogik der Spielförderung zu. Spiel ist die quantitative und qualitative Haupttätigkeit des drei- bis sechsjährigen Kindes, und der Kindergarten als sein Lebensraum muß darauf bezogen sein. Wir wollen deshalb diesen Abschnitt mit Betrachtungen zum kindlichen Spiel und zur pädagogischen Spielförderung abschließen.

Vergleichen wir drei- bis sechsjährige Kinder mit uns Erwachsenen, so ist zweierlei auffällig: zum einen sind sie ständig in Bewegung, ihre Hände müssen alles berühren, ihre Füße da- und dorthin laufen, Bewegungen, die häufig als nicht zielgerichtet erscheinen; zum anderen ist ihr Kopf in fortwährender Bereitschaft, alles mit einer symbolhaften Bedeutung zu belegen: aus dem Stock wird ein Gewehr, mit dem die Feinde erschossen werden, oder ein Spaten, mit dem die Arbeiter zu ihrer Arbeit gehen, oder ein Zauberstab, der hilfreiche Feen herbeirufen kann, oder ein Schwert, das bei der Abwehr von Räubern hilft. Woher kommen diese beiden ausgezeichneten Merkmale kindlichen Verhaltens, die scheinbar zwecklose, permanente Bewegung des Körpers und die ständige Symbolbildung des Kopfes?

Durch die Einführung in die Welt der Sprache, durch den ständig sich erweiternden Lebenskreis und heute auch durch das Fernsehen als Möglichkeit, auf Knopfdruck die ganze Welt in die kleine Wohnung zu holen, gerät das sich entwickelnde Kind in eine Spannung: zunehmend mehr Fragen tun sich auf, mit denen die Entwicklung der Antworten nicht Schritt halten kann. Das kleine Kind ist permanent umgeben von Sprache, die es jetzt im Vergleich zum Säuglingsalter technisch aufnehmen und reproduzieren, deren inhaltliche Bedeutung es jedoch nur bruchstückhaft verstehen kann; das kleine Kind ist umgeben von einer Flut an Bildern, aus denen es einzelne Elemente wahrnehmen, deren Zusammenhang es häufig aber nicht interpretieren kann; das kleine Kind lebt jetzt mit der Ahnung, daß hinter der sicht- und greifbaren Welt mit ihrer Zufälligkeit und häufigen Unvorhersehbarkeit eine Welt von Bedeutungen steht, die die Willkürlichkeit interpretierend aufhebt und den Erscheinungen sinnhaften Zusammenhalt gibt. Die Möglichkeiten der Kinder, all diese Bezüge zu verstehen, sind aber gering. Damit Kinder trotz dieses wesentlich stärkeren Überwiegens der Fragen vor den vorhandenen Antwortmöglichkeiten nicht resignieren, sondern im Gegenteil in den meisten Fällen optimistisch ihre eigene Entwicklung betreiben können, bedarf es eines Mechanismus, der die Kluft überbrückt. Kinder brauchen die sinnlichen Erfahrungen mit den realen Gegenständen, und sie benötigen die handgreiflichen Manipulationen an ihnen, um hinter die Zusammenhänge der wahrnehmbaren Oberfläche zu gelangen. Sie müssen die Welt durchmessen – erlaufen, erspringen, erklettern –, und sie müssen auf die Welt einwirken – zerstörend und aufbauend erhalten –, um zu „begreifen", was es mit der Ahnung eines späterhin sich nur sprachlich vermittelnden Sinns jenseits der Oberflächenerscheinungen auf sich hat. Diese Hintergrundwelt muß Spuren in der kindlichen Muskelanspannung hinterlassen, um zu beweisen, daß sie nicht Wahn, sondern Wirklichkeit ist.

Die Symbolbildung korrespondiert mit diesem Mechanismus des Handlungs- und Bewegungsbezugs: Nicht nur die Welt mit ihren Erscheinungen und Bedeutungen wirkt auf das Kind ein, sondern die Symbolik erlaubt es dem Kind, über die Welt und ihre Gesetzmäßigkeiten zu herrschen. Es verfügt über das Gift, mit dem es töten, aber auch Tote zu Leben erwecken kann; es besitzt eine Zeitmaschine, die Zukunft in Gegenwart und Gegenwart in Zukunft, die Vergangenheit in Gegenwart und Gegenwart in Vergangenheit verwandeln kann; es hat eine Rakete, die es selbst und jeden anderen auf den Mond schießen, aber auch von Afrika in die Spielecke des eigenen Zimmers befördern kann. Würde dem Kind diese Fähigkeit nicht zustehen, es müßte verrückt werden angesichts der Massivität des Außen und der Hilflosigkeit des eigenen Selbst. Die Möglichkeit zur Symbolbildung kann dabei von Erwachsenen in zweifacher Weise unzureichend verstanden werden: als falsche Phantastik einerseits, die es möglichst bald zugunsten realistischer Welterklärung abzubauen gilt, und andererseits als die wunderbare Phantasiebegabung, die den „Künstler im Kind" offenbart und erhaltenswert ist. Beide Einschätzungen sind von einem Erwachsenenzentrismus geprägt: die erste verkennt, daß realistische Weltsicht nicht im Durchlauf physikalisch-chemisch-technisch-sozialwissenschaftlicher Lehrgänge erworben wird, sondern eines notwendigen Zwischenstadiums bedarf, in dem die Realität durch Verzerrung angeeignet wird. Die zweite romantisiert die kindliche Symbolbildung, indem sie diese auf schöpferische Erwachsenenkreativität bezieht und nicht ihre „Krückenhaftigkeit" erkennt.

Die beiden beschriebenen Mechanismen – Körperhaftigkeit und Symbolbildung – konkretisieren sich in dem Spielverhalten von Kindern im Kindergartenalter. Bei jeder Tätigkeit, die das Kind ausführt oder die mit ihm ausgeführt wird, ist es bestrebt, in eine Spielwelt überzuwechseln, in der es sich heimisch fühlen kann, um die Brocken des Neuen zu verarbeiten. Viele Situationen im kindlichen Leben sind dieser Tendenz nicht förderlich: Da ist die Hektik des Alltags in der Familie, die das Leben in einer Geschwindigkeit ablaufen läßt, die der notwendigen Langsamkeit der Kinder nicht entspricht; da ist die Langeweile des Fernsehens, das viele Bilder vorführt, nur nicht handelnd hinter den Schein der Wirklichkeit blicken läßt; da sind die Normen von Sauberkeit und ordentlicher Kleidung, die den Einsatz des Körpers verhindern; da sind die vielen schützenswerten Dinge, die nicht demontiert werden dürfen, um sie verstehen zu können; da sind schließlich Erwachsene, die die Bedeutsamkeit der Arbeit des Spiels für die kindliche Entwicklung nicht verstehen.

Der Kindergarten ist demgegenüber ein kompensatorischer Lebensraum, in dem Kinder Kinder sein können. Um diesen Anspruch einlösen zu können, bedarf es einer Gestaltung des Kindergartens, die dem kindlichen Spiel zu seinem Recht verhilft. Erforderlich ist deshalb, ein Klima zu schaffen, das die Hektik, Langeweile und Sauberkeit, die Priorität der Dinge und das Unverständnis der Erwachsenen überwindet, ein Raum, in dem Langsamkeit, Spannung, Schmutz, Kindzentriertheit und Verständnisbemühung herrschen. Planung der Kindergartenarbeit ist auf die Zwecksetzung bezogen, einen solchen Spielraum für Kinder zu schaffen. Angesichts der Dominanz der Projekt- und Vorhabenplanung, die auf die Tätigkeiten der Erzieherin zielen, erhält dieser zentrale Punkt leicht nicht die Aufmerksamkeit, die er verdient, er geht im Alltag der von selbst spielenden Kinder unter. Benennen wir deshalb abschließend einige Punkte, die neben der beschriebenen Raumgestaltung, Materialauswahl und Zeitstrukturierung von Bedeutung sind, will der Kindergarten seine Aufgabe der Spielförderung wahrnehmen.

1. Das Spiel der Kindergartenkinder ist eine zu ernste und wichtige Angelegenheit, als daß es der Didaktisierung der Erwachsenen in die Hände fallen dürfte. Memory, Puzzle und Domino mögen für Kinder noch unterhaltsam und entspannend sein, die meisten didaktischen Spiele sind ärgerlich und vom Vergnügungswert her langweilig: Sie mißbrauchen das Spiel als ein Mittel und entwerten damit die kindliche Lebensform. Kindergartenkinder leben nicht zu dem Zwecke, später in die Schule zu kommen, und sie spielen nicht, um einem didaktischen Plan zu folgen. Spiel ist keine Motivationsform für angeblich pädagogische Absichten, sondern eine wichtige Lebensform im „Hier-und-Jetzt".

2. Es gibt Kinder, und vielleicht nimmt deren Zahl zu, die nur wenige Techniken des Spielens ausgeprägt haben. Ein Beispiel dafür sind Kinder, die im Wald angelangt fragen: „Und was sollen wir jetzt spielen?", weil die normierten Angebote des Kletterturms und der Rutsche fehlen. Spieltechniken erwirbt man nur durch Spielen, d.h. der Kindergarten muß einen Rahmen bereitstellen, in dem eine bislang verhinderte Entwicklung nachgeholt werden kann. Gefördert wird dies auch durch den Einbezug von Materialien, die eigentlich für kleinere Kinder gedacht sind. Darüber hinaus kann das Spiel des Kindes mißlingen, weil die Probleme, die ein Kind in der Reali-

tät zu verkraften hat, so groß sind, daß seine Spielmöglichkeiten nicht ausreichen, um sie durch Handlung und Symbolbildung kompensatorisch zu bearbeiten. Von beiden Seiten her mag hier eine Hilfestellung erfolgen: durch sensible Unterstützung der Erzieherin das Spielpotential des Kindes erhöhen und durch direktes Bearbeiten des zugrunde liegenden Problems, so daß es zumindest bis zu dem Punkt reduziert wird, der für dieses Kind tolerierbar ist. Dies gilt beispielsweise für aggressive Kinder, die ihre Aggressionen nicht mehr im Spiel gestalten können, sondern „in echt" zuschlagen müssen, aber auch für gehemmte Kinder, die dies oder jenes tun, nur nicht zu ihrem Spiel finden.

3. Nicht nur unter dem hier interessierenden Aspekt der Bildung einer gemeinsamen Symbolwelt, aber auch unter diesem erscheint die Orientierung der Arbeit der Erzieherin auf die „Gruppe" Fiktion. Weitgehend ist diese lediglich als äußerer Rahmen zu sehen, innerhalb dessen vielfältige Kleingruppen möglich sind. Je kleiner diese Gruppen und häufig auch je homogener sie sind, desto intensiver können Kinder ihre spezifische Entwicklungssituation in die zu entfaltende Spielwelt einbringen: mit der besten Freundin im Spiel die Bedingungen der Pflege des eigenen Kindes besprechen, in der altershomogenen Jungenbande die Möglichkeiten des Erschießens, den Rhythmus von Tod und Auferstehung durchspielen. Nicht jedes Kind eignet sich als Partner für solch schwierige Dinge: das eine Mädchen mag zu verkitscht sein, der andere Junge ist zu tölpelig und seine Aggressionen tun zu weh, als daß er ein guter Kämpfepartner wäre. Kinder haben oft andere und im Sinne des Aufbaus einer gemeinsamen Spielwelt zielgerichtetere Kriterien der Gruppenbildung als wir Erzieherinnen.

4. Die Spielumwelt im Kindergarten sollte Möglichkeiten zu eindeutiger Geschlechtsidentifikation enthalten: von der kitschigen Barbie-Puppe bis zu der vollständigen Indianerausrüstung. Kinder im Kindergartenalter sind auf der Suche nach Antworten auf die Frage, was es heißt, Junge oder Mädchen zu sein, und viele ihrer Tätigkeiten haben den Sinn, sich Antwortmöglichkeiten zu erspielen. Wir sollten dieses Entwicklungsbedürfnis nicht mit unserem Erwachsenenproblem nach gleichberechtigter Geschlechtsrollenbestimmung verwechseln. Aus dem gleichen Grund bedürfen Kinder der Gewaltspiele, damit sie ihre eigene Aggression modellieren lernen und damit sie mit der erlittenen Aggression durch die Macht des Erwachsenen fertig werden. Gewaltspiele zu verbieten ist, auch wenn dies in ruhiger Gesprächsform passiert, Gewalt der Erwachsenen an dem

Kind und verstärkt so das Aggressionsthema. In diesem Sinne ist es paradox, wenn man Kindern durch Verbot derartiger Spiele das einzige Mittel raubt, mit dem sie mit diesem Problem fertig werden können.

5. Spiel in dem hier verstandenen Sinne ist auf eine langfristige Zeitperspektive angelegt. Vor Jahren haben wir einmal ein fünfjähriges Mädchen beobachten können, das in dem ersten halben Jahr im Kindergarten nichts tat, nicht einmal einen Stift freiwillig anrührte, das dann aber in der zweiten Jahreshälfte nur noch eine Tätigkeit kannte: malen, malen, malen: von den ersten Kritzelbildern über Kopffüßler bis hin zu ausführlichen symbolischen Darstellungen ihres Denkens und Fühlens. Geben wir in unserem Kindergarten den Kindern diese Zeit, oder sind wir mehr auf kurzweilige, abwechslungsreiche Gestaltung des Kinderlebens ausgerichtet? Um nochmals dazu Jean-Jacques Rousseau zu zitieren: „Darf ich nun die wichtigste und nützlichste Regel jeder Erziehung aufstellen? Sie heißt nicht: Zeit gewinnen, sondern Zeit verlieren." *

6. Es gibt Äußerungsformen kindlicher Symbolbildung, die für uns Erwachsene „niedlich" erscheinen. Über sie zu lachen, mag nahe liegen, aber es verkennt die Ernsthaftigkeit, mit der das Kind diese Tätigkeit versieht. Schließlich lachen wir auch nicht über die Verrenkungen einer Ballettänzerin, obwohl ihre Bewegungen von der Bühne in das Alltagsleben transportiert auch komisch wären, sondern wir bewundern ihre Kunst. Darüber hinaus gibt es für die Kinder oft keinen Moment von größerer Peinlichkeit, als wenn sie es miterleben müssen, wie Erwachsene ihre „niedlichen" Äußerungen und Spiele anderen Erwachsenen weitererzählen. Vielleicht bekommen wir auch deshalb nur einen kleinen Teil der kindlichen Symbolbildungen zu sehen.

7. Kinder spielen im Kindergarten mit Erzieherinnen Memory, Lotto, Puzzle und Mensch-ärgere-dich-nicht, weil das Spiele sind, die Erwachsene auch können. Für die eigentliche kindliche Spielwelt sind die Großen ungeeignet. Dies ist kein Vorwurf, sondern eine Feststellung. Wir sollten als Erzieherinnen den Kindern viele Möglichkeiten anbieten, damit sie zu ihrem Spielthema finden können, aber wir sollten uns zurückhalten, in diese Welt einzudringen, da wir mehr zerstören als bereichern. Obwohl es also wenig hilfreich ist, wenn Erzieherinnen sich auf einer inhaltlichen

---

* A.a.O., S. 72.

Ebene zu sehr in das Spiel der Kinder einmischen, kann die Möglichkeit, daß Erwachsene Kinder verstehen, erhöht werden, wenn die kindlichen Erlebnismöglichkeiten nicht nur sprachlich erklärt, sondern auch tatsächlich gespürt werden: den aus der geschlossenen Hand herausgepreßte Sand, das bis auf die Unterhose durchnäßt Werden, die Ernsthaftigkeit der Arbeit an einem Staudamm, den eigenen Schrei, die panische Angst, von allen verlassen zu sein, die Wut nach einem verlorenen Streit, das herzhafte Lachen wegen einer freudigen Überraschung, die tiefe Resignation und das unendliche Glück. Sich im Kindergartenalltag von den Kindern zu diesen Erlebnissen provozieren zu lassen, mag gelingen, wenn Erzieherinnen sich passiv treiben lassen, nicht als die kompetenten Erwachsenen das Spiel gestalten, sondern sich der Spielkompetenz von Kindern anvertrauen.

5.3. Welche Leistungen erbringt der Kindergarten für die Eltern und welche Einflußmöglichkeiten haben sie?

Der Auftrag des Kindergartens ist immer in Abhängigkeit von der Aufgabe der Familie bestimmt:

- Ob bei den ersten Kinderbewahranstalten, die die unbeaufsichtigten kleinen Kinder verwahren mußten, da sie bei der entstehenden industriellen Produktionsarbeit störten;
- ob bei der Konzeption des Kindergartens durch Fröbel, der ihm den Auftrag zuwies, die zerrissene Einheit des Familienlebens wiederherzustellen;
- ob bei der Vorschulerziehung Ende der 60er/Anfang der 70er Jahre, durch die wichtige schul- und gesellschaftsrelevante Fähigkeiten aufgebaut werden sollten, die die Familie nicht hinreichend garantierte;
- ob bei der heutigen Diskussion um flexible und verlängerte Öffnungszeiten, um Frauen eine außerhäusliche Erwerbsarbeit zu ermöglichen;

immer ist die Funktion des Kindergartens in bezug auf die Situation der Familie zu sehen. Dabei gibt es im Rahmen der Kindergartenpädagogik kaum einen Bereich, der in gleicher Weise durch ideologische, emotional hoch bedeutsame Verzerrungen gefährdet ist wie die jetzt vorliegende Frage. Jeder von uns ist in einer konkreten Familie als Kind aufgewachsen und lebt jetzt in einer solchen (oder gegen sie), zu der er eine unmittelbare – positive oder negative – Einschätzung hat. Die Familie wird in ihrer Unmittelbarkeit von den Individuen als das eigentlich Spontane, Private empfunden und der Fremdheit und Kälte der Gesellschaft gegenübergestellt. Die damit verbundene Emotionalisierung birgt die Gefahr der Realitätsverzerrung in sich, weil wir unsere familiale Wirklichkeit (oder das kompensatorische Gegenbild von ihr) als selbstverständlich und universell gültig voraussetzen und so einem Egozentrismus unterliegen. All das, was unserem Bild von Familie nicht entspricht, wird dann entweder geleugnet oder als Defizit angesehen, das es auszugleichen gilt. Die Gefahr der Realitätsverzerrung hat Folgen für die Konzeption des mit der Familie koordinierten Kindergartens. Wenn wir uns von Familienbildern leiten lassen, die einem Wunschdenken oder nur unseren persönlichen Erfahrungen oder Ängsten entspringen, ist die Wahrscheinlichkeit groß, an der Realität der Aufgaben des Kindergartens und an der Situation von Kindern und ihrer Eltern vorbeizugehen. Deshalb ist vor der Beschreibung der Elternarbeit und -mitentscheidung ein kurzer Blick auf die Familienbilder notwendig.

Familienbilder

In den 50er und 60er Jahren dieses Jahrhunderts – also in der Zeit, in der die meisten der heute praktizierenden Erzieherinnen Kinder waren –, war das prägende Familienmodell in der alten Bundesrepublik das der natürlichen, selbstverständlichen mütterlichen Liebe. Sie hatte ein „Prä" vor allen sonstigen erzieherischen Einwirkungen, sowohl denen der Bildungsinstitutionen als auch vor den „heimlichen Miterziehern". Sie war zeitlich gesehen die erste Beziehung des Kindes, und sie blieb auch qualitativ die für die Entwicklung des Kindes bestimmende. Der Qualifikationserwerb in der Schule und die Einführung in ein erweitertes gesellschaftliches Umfeld kamen erst später hinzu, entscheidend für die Persönlichkeitsbildung waren die ersten Lebensjahre. Damit die Basis dieser „primären Sozialisation" gelingen konnte, war die Intensität und Quantität der frühen Mutter-Kind-Beziehung von ausschlaggebender Bedeutung. Dieser herausgehobenen Aufgabe der Familie kam entgegen, daß die mütterliche Liebe als eine der Frau angeborene Naturnotwendigkeit erschien. Dies konnte gestört werden: durch ökonomische Verhältnisse einerseits, die die Mütter zu einer Berufstätigkeit und damit Verletzung ihrer mütterlichen Pflichten zwangen, durch ein Streben nach Luxus andererseits, so daß beide Ehepartner arbeiteten, um mehr als das notwendige Geld zu verdienen. Möge so die Gesellschaft Schuld gehabt oder ein individueller psychischer Defekt der Frau vorgelegen haben, das prägende gesellschaftliche Bild der 50er und 60er Jahre war das der nichtberufstätigen Frau, die in der Pflege des Hauses und vor allem in der Erziehung ihrer Kinder aufging.

Dies war ein Bild, die faktischen Verhältnisse sahen oft anders aus, wenn wir nur an die große Zahl der Kriegswitwen und der nichtehelichen Kinder in der Nachkriegszeit denken. Aber dieses Bild wirkte als Moral, die eine Norm vorgab, dergegenüber alle Erziehungsverhältnisse, die ihr nicht entsprachen, als „defizitär" beurteilt wurden. Es mußten dann Nothilfeeinrichtungen einspringen, um die armen Kinder oder bedauernswerten Frauen zu unterstützen. Der Kindergarten war eine solche Nothilfeeinrichtung, und daß wir 1965 einen durchschnittlichen Versorgungsanteil von 33% mit Kindergartenplätzen in der alten Bundesrepublik hatten, ist ein Indiz dieser Konzeption, ebenso wie das fast vollständige Fehlen von Krippen, Kindertagesstätten und Horten, da es im Gegensatz zur damaligen DDR politisch gewollt war, keine Infrastruktur bereitzustellen, die es Frauen ermöglicht hätte, einer außerhäuslichen Berufsarbeit nachzugehen.

In den 70er und verstärkt seit den 80er Jahren ändert sich das vorherrschende Bild der natürlichen und alles andere überdeckenden mütterlichen Liebe in der gesellschaftlichen Mittelschicht. Es ist bedeutsam, daß es sich zunächst hier ändert, weil dies auch die Schicht war, deren Mütter und Großmütter die entscheidenden Verfechter der traditionellen Frauenrolle waren. Die Berufstätigkeit der Frau ist jetzt kein Notbehelf mehr, der aus ökonomischen Gründen leider in Kauf genommen werden muß, sondern sie ist der entscheidende Bereich, in dem sich das Recht der Frau auf ihre Emanzipation ausdrückt. Wir leben heute in einer Zeit des Wechsels verschiedener Frauen- und Mutterbilder, und für solche Phasen ist es charakteristisch, daß es Widersprüche zwischen verschiedenen Balanceversuchen gibt und daß die Einheitlichkeit des gesellschaftlichen Leitbildes in konkurrierende Vorstellungen zerfällt.

Kinder leben heute in vollständigen Familien, in denen einer oder beide Elternteile arbeiten oder Vater und Mutter von Arbeitslosigkeit betroffen sind, sie leben in Ein-Eltern-Familien, nicht-ehelichen Lebensgemeinschaften oder Scheidungsfamilien mit der Möglichkeit oder Unmöglichkeit, intensiven Kontakt zu dem anderen Elternteil zu haben, sie leben in getrennten Familien zusammen mit einem Stiefelternteil oder allein mit einer Bezugsperson, sie leben in

Großeltern-Eltern-Familien und Mehrfach-Betreuungs-Familien, sie haben ein oder mehrere Geschwister oder sind Einzelkinder. Die Wahrscheinlichkeit ist dabei groß, daß viele Kinder im Laufe ihrer Entwicklung zwei oder mehrere derartige Familienformen erleben. Zu diesen vielfältigen Möglichkeiten kommt noch hinzu, daß sie vom subjektiven Empfinden her in zweifacher Form auftreten können: als die Lebensweise, die von den Erwachsenen bewußt gewählt und gewünscht wird, und als Krisenform, die durch den Schicksalsschlag einer zerstörten Beziehung ausgelöst wird. Typisch dürfte für viele Eltern ein Prozeß sein, der zwischen Beziehung, Störung, Trennung und Verarbeitung sowie Entscheidung für eine neue Beziehung oder das Alleine-Leben pendelt. Dies gilt nicht nur im Falle einer tatsächlichen Scheidung der Eltern, sondern die Ungewißheit der Stabilität einer Ehebeziehung beeinflußt auch diejenigen, die auf Dauer in einer unvollständigen Familie zusammenleben. Wenn in Großstädten heute mehr als die Hälfte aller Ehen geschieden wird, läßt sich als Normalfall nicht mehr die Lebenslänglichkeit der Ehe behaupten. In diesen Prozeß vielfältiger und sich wandelnder Familienformen sind die Kinder unmittelbar einbezogen: als der Faktor der Stabilität und Verläßlichkeit angesichts der bedrohten, ungewissen Erwachsenenbeziehung, als der Störenfried, der an der Entfaltung des eigenen Lebensplanes hindert, als Ursache oder Auslöser des Zerbrechens der Erwachsenenbeziehung, als der einzige gemeinsame Bezugspunkt der ansonsten auseinanderstrebenden Elternteile.

Der gegenwärtig schwankende Grund, auf dem sich die Familie befindet, hat Auswirkungen für Frauen, Männer und Kinder: Frauen müssen eine Balance zwischen zwei gesellschaftlich gleich starken Rollenzuschreibungen finden: die Frau als Hausfrau und Mutter einerseits und die Frau als sich durch außerhäusliche Erwerbsarbeit Emanzipierende andererseits. Die Entscheidung mag zugunsten der einen oder anderen Seite getroffen werden, es bleibt zumeist ein Rest an Unsicherheit und Defiziterlebnis angesichts des Ausklammerns der anderen Rollenhälfte. Möglichkeiten, einen Kompromiß zwischen beiden Anforderungen zu finden, leiden häufig unter der Doppelbelastung, da jede der beiden Teilaufgaben die ganze Person fordert. Männer befinden sich in der zwiespältigen Situation, daß einerseits verstärkt traditionell der Frauenrolle zugesprochene Aufgaben an sie herangetragen werden, während sie sich andererseits in der Beeinflußbarkeit der Entscheidung für oder gegen ein bestimmtes Familienmodell tendentiell in einer abhängigeren, passiveren Rolle befinden. Problematisch für viele Kinder ist vor allem die Instabilität: die Instabilität bei wechselhaften Betreuungsarrangements während des Tages und die Instabilität des Wechsels verschiedener Familienformen im Verlauf der Entwicklung des Kindes und Jugendlichen, die nur in wenigen Fällen von ihnen beeinflußbar ist.

Angesichts der Vielfältigkeit der Familienformen müssen wir uns von der Vorstellung trennen, es gäbe ein für alle Menschen verbindliches Leitbild der Familie, demgegenüber andere Formen des Zusammenlebens von Erwachsenen und Kindern als von der Norm abweichend und defizitär bestimmt werden könnten, die der kompensatorischen sozialpädagogischen Handlung bedürftig wären. Wir müssen vielmehr davon ausgehen, daß es unterschiedliche Lebensperspektiven auch in bezug auf das Zusammenleben zwischen Erwachsenen und Kindern gibt, die mehr oder weniger bewußt gewählt werden und die sich im Verlauf des Lebens verändern können. Die Trennung von dem Leitbild der „vollständigen Familie" fällt dabei auch deswegen schwer, weil es tiefliegende, persönliche Überzeugungen berührt und das bisher geltende Familienbild für die eigene Entwicklung weitgehend modellgebend war. Nochmals sei gesagt, daß auch für die Zeit der Vorherrschaft des bürgerlichen Familienbildes, also bis in die 50er und 60er Jahre dieses Jahrhunderts hinein, die faktische Situation sich differenzierter gestaltete. Was sich in den letzten Jahren ändert, ist nicht primär die zahlenmäßige Erhöhung Alleinerziehender, alternativer Lebensformen und von Müttererwerbsarbeit, sondern diese ist nur ein Ausdruck für die Auflösung der „vollständigen Familie mit nicht außerhäuslich berufstätiger Mutter" als der einzigen Möglichkeit von beurteilter Normalität. Angesichts der hohen Emotionalisierung, die das Thema „Familie" in sich birgt, fällt eine distanzierte Haltung nicht leicht, die unterschiedliche und widersprüchliche Formen des Zusammenlebens von Erwachsenen und Kindern ohne Bewertung nebeneinander stehen läßt. Um der Vielfältigkeit des Familienlebens, wie es heute in den meisten Kindergärten auftaucht, gerecht werden zu können, bedürfen Erzieherinnen aber einer neutralen, nicht beurteilenden Haltung und damit einer Distanz gegenüber der eigenen persönlichen Entscheidung.

Kindergartenauftrag

Wenn die einleitende These richtig ist, daß der Auftrag des Kindergartens sich in Abhängigkeit von der Situation der Familie ergibt, welche Auswirkungen haben dann die gegenwärtig sich in starkem

Maße verändernden Familienverhältnisse? Welche Position soll der Kindergarten einnehmen: eher abwartend, da er sich bei einer Nachfrage nach Kindergartenplätzen, die bei über 90 % liegt, einer breiten Zustimmung der Familien sicher sein kann, und da angesichts der gegenwärtigen Auslastung ohnehin kein Spielraum für „Flexibilisierung" besteht? Oder soll er offensiv auf die sich abzeichnenden Veränderungen zugehen und sein bisheriges Angebot quantitativ und strukturell ausweiten?

Zunächst einmal ist festzustellen, daß der gegenwärtige Regelkindergarten mit seinen drei bis vier Stunden Kernangebot am Vormittag und der Fülle freiwilliger Arbeitsgemeinschaften am Nachmittag auf eine spezifische Familienform zugeschnitten ist, nämlich die „vollständige" Familie mit nicht außerhäuslich berufstätigen Müttern. Der Vielfalt der faktischen Familienformen wird er weder quantitativ noch konzeptionell gerecht. Jedes Dienstleistungsunternehmen steht aber immer wieder vor der Frage, ob seine Angebotsgestaltung noch angemessen ist, wobei die Beurteilung von Angemessenheit von den Bedürfnissen der Nachfrager abhängen sollte. Die Differenziertheit der gegenwärtigen Familienformen führt zu sehr unterschiedlichen Betreuungs„*bedarfen*" und auch zu einer quantitativen Ausweitung des Anspruchs auf institutionelle Erziehung: teilweise für Kinder unter drei Jahren, in wachsendem Maße für ganztägige Betreuung von Kindergartenkindern und zunehmend auch für Schulkinder nach der Schule. Dies erweiterten Ansprüche werden deshalb in den Kindergärten nicht in vollem Ausmaß sichtbar, weil die Eltern gezwungen sind, die Betreuungsmöglichkeiten privat abzusichern. Für die Kinder sind viele dieser Formen problematisch, weil sie Kindern häufig wechselnde Bezugspersonen zumuten und weil viele von ihnen nicht mehr sind, als das Wort ausdrückt: „Betreuung". Für Eltern sind die informellen Angebote mit einer großen Instabilität und deshalb Unzuverlässigkeit verbunden. Um den zusätzlichen Betreuungs- und Erziehungsbedarf institutionell abzudecken, ließe sich auch an eine Verstärkung der Sondereinrichtungen denken: Zentrale Kindertagesstätten, separate Horte, Krippen und Krabbelstuben. Im Gegensatz dazu plädieren wir für eine Aufhebung von Sondereinrichtungen – auch die für behinderte Kinder – zugunsten des wohnortnahen Kindergartens. In zentralen Kindertagesstätten, Horten etc. kommt es teilweise zu einer Häufung bestimmter Randgruppen, so daß diese Einrichtungen stigmatisiert werden, was die Randständigkeit weiter verstärkt. Auch muten sie bereits kleinen Kindern lange Fahrzeiten zu und erschweren so informelle Kontakte des Kindes im Wohnumfeld, und sie reduzieren die Möglichkeit des Kontaktes zwischen Familie und Einrichtung.

Der wohnortnahe Kindergarten hat demgegenüber die Chance der Integration aller Kinder, wenn er sich zu einem Erziehungsraum verändert, der verschiedenste Familienformen integriert und heterogene Bedürfnisse von Kindern sowie Vätern und Müttern aufnimmt. Der Kindergarten hat hier eine große Chance, weil er in der Lebensgeschichte des Kindes der erste außerfamiliale Ort ist, an dem sich unterschiedlich gestaltete persönliche Lebensformen treffen, und weil er die sozial-pädagogische Institution ist, die für alle Bevölkerungsgruppen eine hohe Akzeptanz besitzt. Ziel der Reform des Kindergartens ist es, daß er als wohnortnahes Angebot für alle Kinder erhalten bleibt, indem er als ein gemeinsames, wenngleich differenziertes Erziehungsfeld konzipiert wird, d.h. als ein Kindergarten, der um ein Kernangebot für alle Kinder herum zusätzliche Möglichkeiten verlängerter Öffnungszeiten anbietet und der sich entsprechend der Nachfrage für eine erweiterte Altersmischung öffnet. Wenn in einem Wohnort die Nachfrage nach Ganztagsbetreuung und Plätzen für Kinder unter drei Jahren sowie Schulkinder kontinuierlich hoch ist, mag dies zu gesonderten Gruppen für Hortkinder oder Tagesstättengruppen in Kindergärten führen, in den Fällen, in denen die Nachfrage nicht durchgängig so groß ist, wird dies gemischte Gruppen bedeuten.

Um den unterschiedlichen Bedürfnissen verschiedener Familienformen gerecht zu werden und so den wohnortnahen Regelkindergarten als gemeinsamen Erziehungsort für alle Kinder offenzuhalten, benötigen wir eine flexible, permanente und ortsnahe Bedarfsplanung, die auch Einzelfälle berücksichtigt. Wenn der Kindergarten den tatsächlichen Betreuungsansprüchen gerecht werden soll, können nicht Öffnungszeiten generell festgelegt werden, auch nicht pauschal um einige Stunden erweiterte, sondern entsprechend sich wandelnder Anforderungen muß ständig neu überprüft werden, wie die institutionelle Angebotsstruktur so gestaltet werden kann, daß sie die konkrete Situation trifft. Zielpunkte der Bedarfsplanung sind zum einen, Eltern ein Angebot zu machen, das sich gegenüber informeller Betreuung durch Verläßlichkeit auszeichnet, und zum anderen, für Kinder eine Dauerhaftigkeit zu erreichen, so daß die Vielfalt unterschiedlicher Bezugspersonen an einem Tag und der Wechsel im Verlauf des Jahres entfällt. Diese Forderung verlangt „Flexibilität" der Verwaltung und Politiker, finanzielle Mittel bereitzustellen, Bereitschaft der Träger, ihr Angebot entsprechend der konkreten Nachfrage zu verändern und fortlaufend daraufhin zu befragen, ob es den Bedingungen vor Ort noch entspricht, und schließlich Möglichkeiten der Erzieherinnen, sich auf eine Erweiterung der Altersmischung und zusätzliche Erziehungsaufgaben einzulassen.

Eltern sollten dabei ein Recht haben, auf die Angebotsstruktur des Kindergartens Einfluß zu nehmen. Dies muß dabei keinen Gegensatz zu der Interessenlage von Erzieherinnen und Trägern schaffen, wenn gemeinsam eine Orientierung an pädagogisch verantwortbaren Lösungen erfolgt. Eltern haben nicht nur ein Interesse, daß ihre Kinder irgendwie betreut werden, sondern daß dies in einer Weise geschieht, die ihrem Wohl förderlich ist.

Die Frage der Passung von Familiensituation und Angebotsstruktur des Kindergartens darf nicht ausschließlich unter quantitativen Betreuungsgesichtspunkten diskutiert werden, soll der Kindergarten nicht in Zeiten der Bewahranstalt zurückgedrängt werden. Auch in qualitativ pädagogischer Hinsicht ist dementsprechend eine Differenzierung zu sehen: Wir haben in unseren Einrichtungen einerseits Kinder, für die der Kindergarten eine Bereicherung des vielschichtigen Familienprogramms ist, und andererseits solche, die keine Geschwister haben und nur über mangelhafte außerhäusliche Sozialkontakte verfügen, so daß der Kindergarten ein erstes Einübungsfeld in gleichaltrige Sozialbeziehungen ist. Überhaupt ist der Kindergarten angesichts der Isoliertheit vieler Familien ein wichtiger Sozialraum, in dem Kinder häufig erstmals über die enge Kleinfamilie hinausgelangen und der auch für Eltern Nachbarschaftskontakte eröffnet. Darüber hinaus finden wir in vielen Kindergärten einige Kinder, für die die Beziehung zur Erzieherin Elemente ersetzt, die traditionell der Mutter zugeschrieben werden. Diese Aufgaben nicht mit Hilfe eines ideologischen Maßstabes von familienergänzend vs. familienersetzend auszugrenzen, sondern sie als wichtigen Bestandteil der Berufsarbeit der Erzieherin aufzunehmen, erscheint zentraler Punkt einer sozialpädagogisch begründeten Kindergartenreform.

Haben wir auf das Recht von Eltern hingewiesen, auf die Angebotsstruktur des Kindergartens Einfluß zu nehmen, so ist auch auf die Gefahr hinzuweisen, daß dadurch eine kleine Gruppe von Kindern und Eltern leicht übersehen werden kann. Der Kindergarten als Bildungsinstitution, um den erfolgreichen Schulstart zu sichern, der Kindergarten als allgemein sozialpädagogisches Angebot, um soziale Kontakte und Anreicherung des Kinderlebens zu schaffen, der Kindergarten als flexibles Betreuungsangebot, um außerhäusliche Berufsarbeit von Frauen zu ermöglichen –, in allen drei Schritten der Kindergartenreform wendet er sich an eine breite Gruppe von Eltern, die über hinreichende Möglichkeiten verfügen, ihre Interessen durchzusetzen. Demgegenüber ist aber nicht aus dem Blick zu verlieren, daß der Kindergarten eine wichtige sozialpädagogische Aufgabe bezüglich Kindern und Eltern hat, die „randständig" sind, Familien, die ihre Erziehungsfunktion nicht oder nur sehr unvollkommen wahrnehmen. Hier ist es oft Aufgabe der Erzieherinnen und Träger, die Ansprüche dieser Kinder zu sichern. Gerade konfessionelle Kindergärten sollten sich nicht nur als Gemeindekindergärten verstehen, sondern ihren diakonischen oder caritativen Auftrag verstärkt in den Blick nehmen.

Der Kindergarten ist die erste Erziehungsinstitution, die nahezu flächendeckend alle Familien erreicht. Durch das alltägliche Miteinanderleben werden dabei für die Erzieherinnen Familiensituationen erkennbar, die mit dem Wohl der Kinder unvereinbar sind: Sexuell mißbrauchte und körperlich mißhandelte Kinder, drogen- und alkoholabhängige Eltern, die ihre Versorgungsaufgaben nur noch eingeschränkt wahrnehmen, Kinder, die körperlich oder seelisch vollkommen alleine gelassen sind etc. Bestätigen sich im Verlauf des Kindergartenjahres die ersten Verdachtsmomente, und sind die ersten, noch oberflächlichen Gespräche mit den Eltern geführt, schließt sich häufig eine kürzere Phase an, die mit dem Versuch um Verständniswerbung und Suche nach einvernehmlichen Lösungen beginnt, aber schnell in gegenseitigen Beschuldigungen endet, die sich zunehmend verschärfen und bis zur Drohung nach Herausnahme des Kindes aus dem Kindergarten einerseits und einer „Anzeige" bei dem Jugendamt andererseits reichen können. Die Hektik der zweiten Phase mündet in die Resignation der dritten: Nichts hat sich verändert, die Erwartungen sind wortlos geklärt, man schaut nicht mehr hin, sondern versucht, den Kindern im Kindergarten Zuwendung zu geben, und bald ist die Kindergartenzeit vorbei, und neue Kinder kommen. Dieser skizzierte Verlauf ist nicht notwendigerweise so: es gibt auch Beispiele der Herausnahme von Kindern aus ihren Herkunftsfamilien auf Anregung des Kindergartens (mit welchem langfristigen Ergebnis?), es gibt auch Beispiele von Veränderung des elterlichen Verhaltens; aber in den meisten Fällen zeigt sich ein Verlauf, der angesichts der starken Betroffenheit bei Bekanntwerden des auslösenden Ereignisses resignativ ist.

Gerade weil der Kindergarten die erste Institution ist, in der die langfristig problematische Erziehungssituation sichtbar wird, hat er in diesen Fällen eine wichtige Funktion. Damit er seine Möglichkeiten ausbilden kann, scheint zweierlei notwendig: Realismus und

Loslösung von Vorstellungen bürgerlicher Normalität. Zunächst ist davon auszugehen, daß beim Zustandekommen eines längerfristigen Beratungsprozesses die Wahrscheinlichkeit des Aufkommens immer neuer Probleme groß ist. Leicht gewinnt man den Eindruck eines Fasses ohne Boden, und die Möglichkeit des Scheiterns ist groß. Dies ist nicht resignativ gemeint, sondern soll einen realistischen Ausgangspunkt des eigenen Handelns bezeichnen. Zum anderen müssen wir uns unsere eigenen Beurteilungsmaßstäbe bewußt machen. Es gibt Familien, die gemessen an den Vorstellungen der überwiegenden Bevölkerungsmehrheit andere Vorstellungen von Glück und Lebenssinn haben und deren Lebensweise dann oft als problematisch, katastrophal, krankhaft erscheint. Es ist ein schwieriger, aber notwendiger Prozeß, daß Erzieherinnen sich von der eigenen Bewertung distanzieren und ausschließlich von der Frage ausgehen: Welche Schritte sind für das langfristige Wohl dieses Kindes richtig – nicht unserer Vorstellung vom Wohl des Kindes im allgemeinen.

Die Erzieherin bewegt sich in ihrem Handeln in einem Spannungsfeld von Hilfe und Kontrolle, mit dem sie professionell umgehen sollte. Zwar verfügt der Kindergarten als freiwillige sozialpädagogische Einrichtung über keine direkten Sanktionsmöglichkeiten, aber trotzdem sind die Art und Weise, in der eine das Wohl des Kindes gefährdende Familiensituation offengelegt wird, die Möglichkeit, Informationen an das Jugendamt weiterzugeben, Elemente der Kontrolle. Dies kann auch bewußt gewollt sein, wie etwa in dem Beispiel als Erzieherinnen eine richterliche Anordnung erwirkten, daß Eltern ihr Kind regelmäßig in den Kindergarten schicken mußten. Dies ermöglichte den Erzieherinnen die Kontrolle über Spuren elterlicher Mißhandlung und hat vielleicht deren Häufigkeit vermindert. Auf der anderen Seite hat der Kindergarten Möglichkeiten der Hilfe. Diese beziehen sich vor allem auf das Kindergartenangebot selbst: Regelmäßig sechs Stunden am Tag in einer Atmosphäre zu leben, die auf die kindlichen Bedürfnisse hin ausgerichtet ist, löscht nicht die negativen familialen Erlebnisse, kann aber durch ein Gegengewicht von Verläßlichkeit und Kompensation bedeuten, daß ein Kind Hoffnung bekommen kann; falls sich die Möglichkeit einer intensiven Beziehung zu der Erzieherin eröffnet, ersetzt dies nicht die unzureichende Mutterbindung, kann aber doch für das Kind die Chance bieten, zum ersten Mal in seinem Leben „gesehen" zu werden. Durch seine Einbindung in das System eines Wohlfahrtsverbandes und durch Kooperation mit sozialpädagogischen und sozialarbeiterischen Initiativen vor Ort hat der Kindergarten darüber hinaus Möglichkeiten, Fachkompetenz zu vermitteln, damit das verursachende Erwachsenenproblem angegangen werden kann.

Elternarbeit

Der Elternarbeit wurde in den verschiedenen Konzepten der Kindergartenreform ein zunehmend breiter Raum zugestanden: In der Lückertschen Frühlesebewegung sollten die Eltern die Agitatoren sein, die von dem Kindergarten ein schulorientiertes Förderprogramm einforderten; in der Kinderladenbewegung waren sie gleichzeitig die Träger, die den erst später eingestellten Erzieherinnen bis ins einzelne reichende Vorschriften machten; im Situationsansatz wurden Eltern Partner, die ihre Kompetenzen bei der Situationserschließung und Projektdurchführung einbringen sollten. In Kindergartenkonzeptionen kann man lesen, wichtig sei die Partnerschaft zwischen Eltern und Erzieherinnen, sie müßten ihre Erziehungsvorstellungen gegenseitig abstimmen, damit für die Kinder eine Kontinuität zwischen Familie und Kindergarten erreicht werden könne. Bei Stellenausschreibungen für Erzieherinnen kann man den Eindruck gewinnen, Elternarbeit sei ein gleichgewichtiger Bestandteil neben der Kinderarbeit. Wörter wie die von der „vertrauensvollen, intensiven Zusammenarbeit" lesen sich gut, unsere Ohren haben sich an sie gewöhnt, aber: Beschreiben sie das, was in der Praxis realisiert wird oder realisiert werden sollte? Wir gehen davon aus, daß diese Formeln mehr zudecken als erhellen, und wollen deshalb die Erwartungshaltung von Eltern und der Erzieherinnen beschreiben sowie die Möglichkeiten, aber auch Grenzen des Kindergartens, den Ansprüchen gerecht zu werden, benennen.

Angesichts der sich differenzierenden Familienformen ist es falsch, in pauschaler Form von den Erwartungen der Eltern an den Kindergarten zu sprechen, da das Augenfälligste in dieser Hinsicht ist, daß es eine weit gefächerte Palette sehr unterschiedlicher Ansprüche gibt: da sind Eltern, die für ihre Kinder eine stundenweise Bereicherung durch soziale Kontakte zu anderen Kindern, durch neue, erweiterte Spiel- und Bastelangebote erwarten, darüber hinaus aber nichts mit dem Kindergarten zu tun haben; oder alleinerziehende Mütter, die berufstätig sind und eine ganztägige Betreuung für ihre Kinder brauchen, außer dieser Servicefunktion selbst aber keinen Kontakt zu der Einrichtung suchen; es gibt Eltern, bei denen der eigene Wunsch, Kontakte zu gleichaltrigen Eltern zu bekommen, im Vordergrund steht; da sind Eltern „schwieriger" Kinder, die von der Erzieherin Hilfen für ihr eigenes Erziehungsverhalten erwarten oder die Befriedigung für ihre Suche nach den neuesten Erziehungsratschlägen erhoffen; es gibt Eltern, die die Nachbarschaftskontakte im Kindergarten in institutionalisierter Form fortsetzen und die im Kindergarten endlich etwas zu sagen haben wollen. In unterschiedlicher Mischung und mit spezifischen Akzentuierungen kommen diese Erwartungen in einem Regelkindergarten gemeinsam vor, so daß eine differenzierte Antwort des Kindergartens erforderlich ist. Dies bedeutet auch, daß die Nähe und Distanz zwischen Elternhaus und Kindergarten unterschiedlich ist: von dem Kindergarten als Dienstleistungsunternehmen zur stundenweisen Betreuung der Kinder mit einem Minimum an organisatorischer Absprache bis zu der intensiven Zusammenarbeit und Elternberatung. Wie auch in der Kinderarbeit sollten wir wegkommen von dem pauschalierenden Blick auf die Gruppe, die in der Realität nicht existiert, und stärker die Einzelfälle sehen. Der Kindergarten macht ein differenziertes Angebot, das Eltern annehmen oder ablehnen können. Eine solche Sichtweise bedeutet auch, Abschied zu nehmen von der „Erwartung der großen Zahl“: Ein Elternabend wird nicht durch den Prozentsatz der anwesenden Eltern erfolgreich oder ein Mißerfolg, sondern durch die Intensität der Gespräche der Beteiligten. Ein bunter Strauß der Elternangebote kann enthalten:

- Elternnachmittage auf Gruppenebene mit einer Mischung aus Kaffeeklatsch und Berichten aus der Kindergruppe sowie Vorstellen der nächsten Vorhaben und Bitte um Mithilfe,
- Elternabende zur Besprechung pädagogisch relevanter Themen frühkindlicher Erziehung und Abklärung der gegenseitigen Erwartungen,
- gemeinsame Feste von Eltern und Kindern, bei denen die Erzieherinnen nicht die Animateure sind, sondern die auch von den Eltern mitgestaltet werden,
- Elternhospitationen im Kindergarten, die Eltern nicht nur ihr eigenes Kind aus einer anderen Sicht erleben lassen, sondern oft auch eine Bestätigung der Erzieherinnenarbeit bringen,
- Elternberatung im Kindergarten mit dem Ziel, gegenseitig mehr Informationen über das Kind zu erhalten und Eltern fachfrauliche Hilfen zu geben,
- Hausbesuche, auf die die Kinder sich freuen und die häufig Situationselemente beleuchten, die bislang unbekannt waren, aber für das Erziehungsgeschehen wesentlich sind.

Nicht alle möglichen Elemente an Angeboten für Eltern – und über die genannten hinaus gibt es eine Reihe weiterer – müssen in einem

Kindergarten vorkommen; es gibt nicht die konzeptionell richtige Zahl an Elternabenden und Hausbesuchen. Wichtiger erscheint, zu Beginn eines Kindergartenjahres realistisch abzuschätzen, wieviel an zeitlichen Ressourcen für Elternarbeit zur Verfügung steht, bzw. zur Verfügung gestellt werden soll, und von dorther den Eltern die Angebote zu präsentieren. Es ist z.B. ärgerlich, wenn die angekündigten regelmäßigen Gruppennachmittage nach wenigen Monaten „einschlafen", weil man dafür keine Zeit hat oder nicht mehr weiß, was man dort machen soll. Sich vorzunehmen, im Verlaufe eines Jahres alle Familien zu besuchen, erfordert sehr viel Zeit und kann außer zu sich überbietenden Kuchenschlachten weniger für die Arbeit bringen als der gezielte Besuch bei wenigen Eltern.
Zwischen Erzieherinnen und Eltern findet ein Prozeß des Aushandelns statt, der zwei unterschiedliche Grenzziehungen aufweist: auf der einen Seite versuchen Erzieherinnen, Eltern zu motivieren, die sich durch den Kindergarten in Anspruch genommen fühlen, und auf der anderen Seite weisen Erzieherinnen Forderungen der Eltern auf weitergehende Angebote ab. Gestaltet sich dieses Aushandeln konfliktreich, gerät leicht eine Gruppendynamik in den Vordergrund, die die Frage nach der pädagogischen Zwecksetzung verdrängen kann. Maßstab der tatsächlich realisierten Angebote sollte die Situation der Kinder sein, und dazu gehört:

- ein gewisses Maß an gegenseitiger Kenntnis über den anderen Lebensbereich der Kinder, aber nicht ein bei einigen Eltern vorhandener Wunsch, alles über die Angebote des Kindergartens und über das Verhalten des eigenen Kindes zu erfahren, hinter dem häufig Ablösungsschwierigkeiten der Eltern stehen;
- ein Angebot an Aktivitäten für die ganze Familie, das deren Isolierung im Stadtteil durchbricht, aber nicht ein Ersatz für Kneipe, Kaffeeklatsch und Sportverein;
- eine Möglichkeit, Eltern im Gespräch erzieherische Ratschläge zu geben, ohne deshalb die Ansprüche von Erziehungsberatungsstellen erfüllen zu wollen;
- ein flexibles Eingehen auf Zusatzwünsche einzelner Eltern, aber nicht der Aufbau einer Erwartungshaltung, für alles zuständig zu sein;
- eine Gesprächsbereitschaft über belastende Faktoren der Eltern, die vielleicht nur das Ziel hat, auf Arbeitslosenzentrum, Drogen- und Eheberatung etc. zu verweisen.

Der Kindergarten soll nicht nur Anstalt zur Beförderung fröhlichen Kinderspiels für einige Stunden am Tag sein, sondern er ist auf die

Lebenssituation der Kinder insgesamt bezogen, und insoweit steht die Familiensituation im Mittelpunkt der Reflexion und Planung der Kindergartenarbeit. Es gilt aber die Gefahr zu vermeiden, daß mit diesem notwendigen Familienbezug die Erwachsenenbedürfnisse zuungunsten der Kinder in den Vordergrund gestellt werden. In der Kindergartenpraxis zeigt sich dies beispielsweise in den beliebten „Tür-und-Angel-Gesprächen", wenn zwischen 8.00 Uhr und 9.30 Uhr Erzieherinnen und Eltern sich unterhalten und die Gestaltung des Kinderlebens entsprechend in den Hintergrund gerät. Außer für organisatorische Fragen sind diese Gespräche pädagogisch wenig ergiebig, sie dienen der Entlastung der Erwachsenen und stehlen die Zeit der Kinder. In konzeptioneller Hinsicht zeigt sich die Gefahr, wenn gefordert wird, der Kindergarten solle Kristallisationskern aller institutionellen und informellen Angebote für Familien in einem Gemeinwesen sein, ohne daß die notwendigen personellen Ressourcen und fachlichen Kompetenzen mitgedacht werden. Für den Kindergarten wird die Zusammenarbeit mit Personen und Institutionen im Umfeld zunehmend wichtiger, und der von Vertretern des Situationsansatzes geforderte Gemeinwesenbezug hat dem Kindergarten viel von der künstlichen Beschränktheit auf die eigenen Gemäuer genommen. Zu warnen ist allerdings davor, daß mit der Eleganz der Formulierung die unterstützende Funktion derartiger Kontakte für den primär wichtigen erzieherischen Auftrag des Kindergartens aus dem Blick gerät. Der Kindergarten ist ein Angebot zur Verbesserung der Lebenssituation von Kindern, und wenn er einen Beitrag dazu leisten kann, daß diese auch außerhalb seines Zuständigkeitsbereichs befördert werden kann, dann ist dies positiv. Hauptbezugspunkt bleibt jedoch die Gestaltung innerhalb des Ortes und der Zeit im Kindergarten.

Grenzen

Wir haben oben betont, daß Eltern Möglichkeit haben sollten, auf die Angebotsstruktur und die Öffnungszeiten Einfluß zu nehmen. Angesichts ihrer Mitbestimmung bezüglich der Konzeptionsentwicklung sind wir allerdings zurückhaltend. Eltern sollen die Wahlmöglichkeit zwischen verschiedenen Einrichtungen und damit konzeptionelle Schwerpunkte haben, ein direkter Einfluß auf die Konzeption steht ihnen nicht zu. Konzeptionen werden von den Erzieherinnen in Abstimmung mit dem Träger erstellt. Sie sind das Ergebnis professioneller Arbeit und Erfahrung und nicht das Zusammentragen von Alltagsmeinungen. Auch weil die Konzeption die

Struktur des Erzieherinnenhandelns steuert und dieses keine äußerliche und damit von außen lenkbare, sondern eine unmittelbar die Person berührende Tätigkeit ist, läßt sich die Konzeption nur von denen entwickeln, die nachher damit arbeiten müssen. Der Einfluß des Trägers liegt in seiner Entscheidungsbefugnis bei der Einstellung des Personals und in den Vorgaben religiöser oder weltanschaulicher Art, für die der Träger steht. Es ist notwendig, Eltern immer wieder die eigene Arbeit zu verdeutlichen und die konzeptionellen Begründungen dafür zu erklären, es ist auch möglich, mit ihnen in einen selbstkritischen Diskussionsprozeß über die Kindergartenarbeit einzutreten, nur: wie intensiv man auch immer diskutiert, es bleibt einzig in der Entscheidungskompetenz der Erzieherinnen, die pädagogischen Grundlagen und die aus ihnen abgeleiteten Prinzipien der Erziehungsarbeit mit den Kindern festzulegen.

Es gibt Einrichtungen, bei denen die Eltern mitentscheiden wollen, ob Muttertagsgeschenke gebastelt werden oder nicht, ob der Nikolaus sich vor den Kindern umkleidet oder nicht, ob und wieviel in einem Kindergarten gebastelt wird etc. Wenn es dann in diesen Einrichtungen Streit über solche Fragen gibt, ist es ein Argument der Eltern, daß es für ihre Kinder eine Kontinuität zwischen den Erziehungsvorstellungen im Elternhaus und im Kindergarten geben müsse, da sie sonst orientierungslos würden. Schon auf einer faktischen Ebene trifft diese Begründung aber nicht zu. In jeder Kindergartengruppe finden wir 25 verschiedene Erziehungsmeinungen: Eltern, die ihre Kinder schlagen, Eltern, die liebevoll mit ihren Kindern umgehen, Eltern, die an der Karriere ihrer Kinder arbeiten, Eltern, die ihre Kinder vernachlässigen, Eltern, die sich von ihren Kindern mißbrauchen lassen etc. Wie soll hier Kontinuität für alle hergestellt werden? Indem die Erzieherin die 25 verschiedenen Erziehungsvorstellungen im Kindergarten wiederholt? Durch Abstimmung mit Mehrheitsmeinung? Wenn 15 Eltern den Satz „Ein Klaps zur rechten Zeit hat noch niemandem geschadet!“ zustimmen, dann darf oder muß die Erzieherin schlagen? Hinter dem Schlagwort von der notwendigen Kontinuität steht vielfach ein mittelschichtspezifisches Interesse: Man weiß sich im Besitz der richtigen Erziehungsvorstellung, und der Kindergarten hat für die Etappen der geplanten Bildungskarriere des eigenen Kindes einen ersten Auftrag zu erfüllen – häufig: auszurüsten für die Schule. Gegen das Schlagwort von der „Kontinuität“ setzen wir bewußt das der notwendigen Diskontinuität des Kindergartens: Kinderleben für 25 gleichaltrige Kinder zu organisieren, muß faktisch nach anderen Spielregeln wie in der Familie ablaufen, und diese Diskontinuität kommt der Entwicklung der Kinder entgegen. Sie ist Ausdruck eines weiteren Schrittes der Loslösung der Kinder von den Eltern, ein Schritt, der für einige Eltern schmerzhaft, für das Kind aber notwendig ist.

Ein weiteres Argument von Eltern, das gerade in Kindergärten aufkommt, die sich um eine hier vertretene kindorientierte Pädagogik bemühen, äußert sich in der Frage: Wie wird das Kind im Kindergarten auf die Schule vorbereitet? Wenn schon nicht mehr die Arbeitsmappen zum Schulreifetraining, dann hätten zumindest die regelmäßig nach Hause mitgebrachten Bastelprodukte gezeigt, daß in diesem Kindergarten gearbeitet werde, die Kinder hätten dadurch Fähigkeiten erworben, die ihnen den Schulstart erleichterten, und im Kindergarten hätten sie eine soziale Eingewöhnung in eine größere Gruppe gelernt, denn schließlich dürften sie in der Schule später auch nicht einfach ihren Launen nachgehen. Wenn der Kindergarten seine Konzeption von einer traditionellen Beschäftigungs- und Bastelorientierung auf eine stärker kind- und entwicklungsorientierte Pädagogik umstellt, ist mit diesen Argumenten in vielfachen Variationen zu rechnen. Es ist dann wichtig, sich mit den Eltern offensiv auseinanderzusetzen: die Bedeutsamkeit der Kindergartenzeit als eigenständiger Phase im Gesamt des menschlichen Lebens aufzeigen, die Veränderungen in der Grundschuldidaktik im Vergleich zu der Schulzeit der Eltern erklären, neue Elemente der eigenen Arbeit begründen etc. Die Auseinandersetzung sollte aber nicht dazu führen, falsche Kompromisse einzugehen, sondern sie sollte auf die Hoffnung setzen, einen Teil der Eltern argumentativ überzeugen zu können. Ein Stück der Kritik, nicht mehr genug zu basteln und den Kindern zu viel zu erlauben, wird man aushalten müssen, schließlich haben die Eltern ihr Bild vom Kindergarten durch den traditionellen Kindergarten selbst gelernt, und es bedarf Zeit, um die eigene Veränderung nach außen hinreichend zu dokumentieren.

Nachwort

Die Ideen zu vorstehender Konzeption sind zum Teil am Schreibtisch entstanden, indem indirekt eine Beschäftigung mit den Klassikern der Pädagogik in sie eingeflossen ist, und in diesem Sinne möchte ich die Schriften von Jean-Jacques Rousseau, Johann Heinrich Pestalozzi, Friedrich Fröbel und Janusz Korczak hervorheben. Zu einem weiten Teil verdanke ich die Gedanken einer unmittelbaren Auseinandersetzung in der pädagogischen Praxis des Kindergartens, die mir gezeigt hat, wie facettenartig und lebendig er sein kann. Dieses Buch wäre nicht möglich gewesen ohne den alltäglichen Austausch mit meinen Kolleginnen in Dortmunder Kindergärten – denen ich dafür danken soll und dies gerne tue. Mit ihnen gemeinsam konnte ich erfahren, daß Veränderungsprozesse in Regelkindergärten ein manchmal schwieriges, oft aber befriedigendes „Geschäft" sind. Schließlich fußt dieses Buch auf vielen Erfahrungen mit Kindern, von deren Lebendigkeit – Freuden und Ängsten, Nähe und Aggression – ich gelernt habe, wie oberflächlich die didaktische Orientierung angesichts der Intensität ihrer Entwicklung ist. So wie dieses Buch nicht entstehen konnte ohne den Kontakt zu vielen Menschen, die im Kindergarten leben, mithin ein Produkt von vielen ist, wenngleich ich für die Formulierungen die alleinige Verantwortung übernehme, so soll es keine festschreibende Normierung der Praxis sein, sondern Anlaß bieten zu lebendigen, bestätigenden, erweiternden, kritischen Auseinandersetzungen.

Witten, den 31.1.1994

Adresse des Autors:

Prof. Dr. Sigurd Hebenstreit
Ardeystraße 155

58453 Witten/Ruhr